Chuzhong Yuwen Zhihui Ketang

初中语文智慧课堂

阅读教学的智慧

U0831396

丛书主编　余映潮　张水鱼

本册主编　郑西银

编　　委　郑西银　余　青　葛　平

雷介武　邓　鑫　黄厚江

余映潮　李卫东　蔡　明

郑桂华　沈建军　张水鱼

山西出版传媒集团　山西教育出版社

图书在版编目（C I P）数据

阅读教学的智慧/郑西银主编. —太原：山西教育出版社，2015. 1
（初中语文智慧课堂/余映潮，张水鱼主编）
ISBN 978 - 7 - 5440 - 7474 - 2

Ⅰ. ①阅… Ⅱ. ①郑… Ⅲ. ①阅读课 - 课堂教学 - 教学法 - 初中
Ⅳ. ①G633. 332

中国版本图书馆 CIP 数据核字（2014）第 262977 号

阅读教学的智慧

YUEDU JIAOXUE DE ZHIHUI

出 版 人：雷俊林
责任编辑：郭志强
复　　审：刘晓露
终　　审：薛海斌
装帧设计：薛　菲
印装监制：贾永胜

出版发行：山西出版传媒集团・山西教育出版社
（太原市水西门街馒头巷 7 号　电话：0351 - 4035711　4729801　邮编：030002）
印　　装：山西臣功印刷包装有限公司

开　　本：720 × 1020　1/16
印　　张：24
字　　数：373 千字
版　　次：2015 年 1 月第 1 版　2015 年 1 月山西第 1 次印刷
印　　数：1—5000 册
书　　号：ISBN 978 - 7 - 5440 - 7474 - 2
定　　价：49. 00 元

总　序

余映潮

这套《初中语文智慧课堂》丛书由《文本解读的智慧》《阅读教学的智慧》《写作教学的智慧》《课堂生成的智慧》《课例品评的智慧》共 5 部作品构成，其策划充满了语文人的智慧：选取语文教师在教学技能上最需要提升的“点”及语文教师最需要获取的教学资料的“点”，进行了科学而又周全的覆盖。本丛书体例新颖、编写精细、内容翔实、案例众多、材料丰富，为广大初中语文教师提供了一套细致有用的教研教学参考资料。

丛书的书名“初中语文智慧课堂”意味深长。

其中，“语文智慧课堂”这 6 个字，要言不烦，切中肯綮，值得我们深思、体味。

语文课程，是一门让学生学习语言文字运用的综合性、实践性课程。语文智慧，说到底，还是要落脚到语文教师的教学业务水平上。智慧的有能力的语文教师能够更好地进行有效、高效的语文教学，从而让课堂教学灵动起来，扎实起来，丰美起来。

语文教师的智慧，主要表现在如下几个方面：

第一，良好的综合素养

这种综合素养，可以用《义务教育语文课程标准（2011 年版）》中的原文进行说明：

教师应确立适应社会发展和学生需求的语文教育观念，注重吸收新知识，不断提高自身的综合素养。应认真钻研教材，正确理解、把握教材内容，创造性地使用教材；积极开发、合理利用课程资源，灵活运用多种教学策略和现代教育技术，努力探索网络环境下新的教学方式；精心设计和组织教学活动，重视启发式、讨论式教学，启迪学生智慧，提高语文教学质量。

这段话说得很有分量，有力地指出了教师“应认真钻研教材，正确理解、把握教材内容，创造性地使用教材”，强调了教师应“精心设计和组织教学活动，重视启发式、讨论式教学，启迪学生智慧，提高语文教学质量”。这两点，不仅仅表现出对教师作用的重视，更重要的是对当前一些地方忽视教师的指导作用，要求教师统一使用粗浅、呆板的教学形式的做法提出了进行修正的指导性意见。

第二，正确的教学理念

这种正确的教学理念，集中表现在一个“点”上，那就是要深切地知道、真正地明白语文课程是一门综合性、实践性的课程，语文实践活动是培养学生语文能力的主要途径，学生应该在大量的语文实践活动中学习运用语文的规律。学生语文实践的关键是多读多写，日积月累。

由此，我们应清醒地做到：

重视课堂教学结构的改革，在课堂教学中给予学生大量的学习时间，在教学中精心设计由学生集体进行的语文学习实践活动。

在语文的课堂教学之中应关注学生的“积累”，重点突出对学生进行语言文字运用能力的训练。

不仅要在课内，也要在课外关注学生语文实践活动的开展，要创设更多语文实践的环境，要探求更多的语文活动的形式。

第三，娴熟的教学技能

语文教师的教学技能，最有价值的是三项。一是能够深读、美读、精读语文教材，从中提炼出用以增加学生知识、训练学生能力的教育教学资源。二是能够对教材进行艺术而科学的教学处理，如长文短教、难文浅教、短文细教、浅文趣教、美文美教、一课多篇、选点突破、穿插引进、比较阅读、课文联读、专题研讨、一课多案等，从而真正发挥教材在教学中的美好作用。三是能够设计灵动多姿的有效的课堂活动，让学生在“课堂”这个神圣的地方，真正得到闪烁着智慧之光的语文训练。

如果一位语文教师，能够从各类文章教学的角度，对诸如教读课文与自读课文、长篇课文与精短课文、繁难文章与浅易短文进行得体得法的教学处理；如果一位语文教师，能够从单篇课文的剪裁取舍的角度，进行如全篇课文的整体阅读教学、知识内容的线条式提炼、精美之处的板块式深入、突现目标的要点式品析以及多篇课文的提炼组合式教学，那么对于学生而言，这该是一生中多么幸福的事情！

“语文智慧课堂”这6个字，高屋建瓴、理念深刻，值得我们深思、实践。

课堂教学的灵动，关键表现在学生课堂实践活动的设计上。可以说，没有充分、扎实的课堂实践活动，一切“灵动”都是在浪费时间。所谓的“课堂实践活动”，指的是让学生更多地直接接触语文材料，在大量的语文实践活动中学语文、用语文，逐步掌握运用祖国语言文字的规律。

这是课标的核心理念之一。

据此，在课堂教学方面，从理念到手法，从教案的整体设计到细节的精心安排，从课堂上师生之间的关系到课堂教学结构，我们都必须而且应该有着根本性的变化——设计、组织与开展属于学生的大量的语文实践活动。这就是所谓的“学生活动充分”。

“学生活动充分”，指的是在教师的指导下，学生在充分占有时间的前提下进行的学习语言、习得技巧、发展能力、训练思维的学习实践活动。

“学生活动充分”，是语文课堂教学的高层次境界。这种境界能够表现出教师教学理念的时尚，同时又需要教师适应新的教学形式来形成熟练的教学技艺。

有了真正属于学生的扎实有用的训练活动，课堂才能灵动起来。

比如，我们可从“段式学用”的角度设计出丰富灵动的读写实践活动。句段读写，语言学用，就是学用课文中段落的表达技巧，通过这种运动量比较大的读写实践活动，达到既阅读课文又进行语言表达基本功训练的目的。

以几篇课文教学的写作活动设计为例，来进一步说明。

例一，《散步》教学的写作活动设计

学用下面的“段式”，写一段“由实而虚、叙议结合”的文字：

这南方初春的田野，大块小块的新绿随意地铺着，有的浓，有的淡；树上的嫩芽也密了；田里的冬水也咕咕地起着水泡。这一切都使人想着一样东西——生命。

例二，《安塞腰鼓》教学的写作活动设计

学用下面段落的表达特点，写一段“描绘场景”的文字：

一捶起来就发狠了，忘情了，没命了！百十个斜背响鼓的后生，如百十块被强震不断击起的石头，狂舞在你的面前。骤雨一样，是急促的鼓点；旋风一样，是飞扬的流苏；乱蛙一样，是蹦跳的脚步；火花一样，是闪射的瞳仁；斗虎一样，是强健的风姿。黄土高原上，爆出一场多么壮阔、多么豪放、多么火烈的舞蹈哇——安塞腰鼓！

例三，《苏州园林》教学的写作活动设计

学用下面的“段式”，写一则“景点介绍”：

苏州园林里的门和窗，图案设计和雕镂琢磨功夫都是工艺美术的上品。大致说来，那些门和窗尽量工细而决不庸俗，即使简朴而别具匠心。四扇，八扇，十二扇，综合起来看，谁都要赞叹这是高度的图案美。摄影家挺喜欢这些门和窗，他们斟酌着光和影，摄成称心满意的照片。

例四，《观舞记》教学的写作活动设计

学用下面语段的写法，写一则对珍贵客人的“欢迎词”或“欢送词”：

北京的早春，找不到像她们的南印度故乡那样的丰满芬芳的花朵，我们只能学她们的伟大诗人泰戈尔的充满诗意的说法：让我们将我们一颗颗的赞叹感谢的心，像一朵朵的红花似的穿成花串，献给她们挂在胸前，带回到印度人民那里去，感谢他们的友谊和热情，感谢他们把拉克希曼姐妹送来的盛意！

例五，《故宫博物院》教学的写作活动设计

学用下面的段落形式，写一则“先说明再描述”的文字：

后三宫往北就是御花园。御花园面积不很大，有大小建筑二十多座，但毫无拥挤和重复的感觉。这里的建筑布局，环境气氛，和前几部分迥然不同。亭台楼阁、池馆水榭，掩映在青松翠柏之中；假山怪石、花坛盆景、藤萝翠竹，点缀其间。来到这里，仿佛进入苏州园林。

例六，《孤独之旅》教学的写作活动设计

学用下面段落中的笔法，先概写，再细写，写一段“风景描述”的文字：

那天，是他们离家以来所遇到的一个最恶劣的天气。一早上，天就阴沉下来。天黑，河水也黑，芦苇成了一片黑海。杜小康甚至觉得风也是黑的。临近中午时，雷声已如万辆战车从天边滚动过来，过不一会儿，暴风雨就歇斯底里地开始了，顿时，天昏地暗，仿佛世界已到了末日。四下里，一片呼呼的风声和千万支芦苇被风撅断的咔嚓声。

例七，《济南的冬天》教学中的写作活动设计

学用下面的段落结构形式，写一段“绘景抒情”的文字：

最妙的是下点小雪呀。看吧，山上的矮松越发的青黑，树尖上顶着一髻儿白花，好像日本看护妇。山尖全白了，给蓝天镶上一道银边。山坡上，有的地方雪厚点，有的地方草色还露着；这样，一道儿白，一道儿暗黄，给山们穿上一件带水纹的花衣；看着看着，这件花衣好像被风儿吹动，叫你希望看见一点更美的山的肌肤。等到快日落的时候，微黄的阳光斜射在山腰上，那点薄雪好像忽然害了羞，微微露出点粉色。就是下小雪吧，济南是受不住大雪的，那些小山太秀气！

例八，《吆喝》教学中的写作活动设计

运用“春夏秋冬”的思维形式，学用下面的“段式”，写一则短文：

> 四季叫卖的货色自然都不同。春天一到，卖大小金鱼儿的就该出来了。我对卖蛤蟆骨朵儿（蝌蚪）的最有好感，一是我买得起，花上一个制钱，就往碗里捞上十来只……一到夏天，西瓜和碎冰制成的雪花酪就上市了。秋天该卖“树熟的秋海棠”了。卖柿子的吆喝有简繁两种。简的只一声“喝了蜜的大柿子”。其实满够了。可那时小贩都想卖弄一下嗓门儿，所以有的卖柿子的不但词儿编得热闹，还卖弄一通唱腔。……一到冬天，“葫芦儿——刚蘸得”就出场了。那时，北京比现下冷多了。我上学时鼻涕眼泪总冻成冰。只要兜里还有个制钱，一听“烤白薯哇真热乎”，就非买上一块不可。一路上既可以把那烫手的白薯揣在袖筒里取暖，到学校还可以拿出来大嚼一通。

如此角度丰美，如此形式优美，仅此一项训练活动就能让学生的课堂实践变得灵动起来，更何况智慧的语文教师们所设计的无数有训练力度的学生实践活动！

语文课堂教学的境界之高，莫过于“语文智慧课堂”。就此意义而言，《初中语文智慧课堂》丛书的编写，着实为中学语文教师做了一件大好事。

在本丛书中，《课堂生成的智慧》与《课例品评的智慧》更显新意盎然。前者用丰富生动的范例，从把握课堂教学进程、丰富教学活动、调整教学策略、显现教学艺术等不同的角度启迪着语文教师的课堂教学智慧；后者则是从学术研究、理性思考的高度，指点、示范了语文教师应该尝试、运用的品评教例、欣赏细节、概括经验、提炼规律等方面的技能技巧。

本套丛书，作者队伍实力雄厚，实用资料琳琅满目，一线的语文教师既可以将其作为提升自己、进行自我训练的好材料，又可以将其视为进行日常课堂教学实践的好参谋、好帮手。“智慧语文”的理念将激励每一位语文教师都成为聪明能干的好老师，“灵动课堂”的实践也会让我们把语文教学智慧的阳光洒在每一位学生身上。

是为序。

点亮教学智慧　生成精彩课堂

郑西银

在语文教学第一线行走近三十年，什么是智慧的设计，什么是理想的语文课，这样的问题时时叩击着我的心扉。我们常常看到这样一幅图景，进教室前教师信心满怀，开讲时激情飞扬，下课时师生面无表情，痛苦无奈。语文里有励志故事，催人奋进；有山水美景，陶冶性情；有先贤哲思，启迪人生；有无尽宝藏，令人向往。可为何课堂缺乏生机活力，如一潭死水？这里面纵然有多种原因，但有一种情形是存在的，就是课堂上老师追求大而全，面面俱到，把文本教得支离破碎，学生味同嚼蜡，无知无味。要改变这种现状，必须深入解读文本，智慧设计课堂，读精彩，品精华，赏美点，这样才能点燃学生的学习的热情，激发学生内心愉悦的生命和谐发展，让学生在学习中享受快乐，在快乐中健康成长，使教师找到职业幸福感。

翻开《阅读教学的智慧》一书，很多教学名家的名字都赫然在列，他们倡导的教学思想都在课例中呈现，十编内容设计精巧，从教学的思想、内容、教法、学法等方面来构建，精彩纷呈。

一、创建语文教学理念，引领教师课堂教学

教学理念决定教学态度。《本色语文之共生阅读教学》《生态阅读，快乐教学》两编提出了阅读教学的新思维，提出了本色语文、共生阅读和生态阅读三个概念。本色语文的核心主张是：把语文课上成语文课，用语文的方法教语文。共生教学是实现本色语文教学主张的主要教学方法和教学机制。所谓语文共生教学，就是运用共生理论促进语文教学中各种矛盾之间的协调和共生，从而实现学生语文素养提高的一种教学方法。将共生理论引入语文教学，用来解释语文教学中的种种关系，协调种种矛盾，指导我们的教学行为，改善课堂教学的状态，具有非同寻常的意义。生态阅读就是从生态的视角切入阅读，用生态的方式研究阅读。生态的视角，是全息性、生命化的视角；生态的方式，是关联的、发展的、绿色的、灵动的、变化的方式。生态阅读的理念是：阅读存在的地方，就是一所迷人的学校；教育是从阅读开始的。生态阅读是一个立体的、联系的、综合的文化建构。生态阅读教学永远有她的显著表情：我阅读，我快乐！

教学要有思路一直是余映潮老师倡导的，《教学思路》篇中写到，教学思路就是教学的蓝图，它表现出来的，就是指教学的步骤、层次。教学思路的安排于课堂教学具有重要的作用，人们常说的“教学既是科学又是艺术”就往往体现在这教学思路上。由于教学思路讲究教学过程的流畅之美，讲究教学内容的组合之美，讲究教学时空的造型之美，讲究教学双方的活动之美，所以不管是从“科学”还是从“艺术”的角度，人们都可以从“思路”上看到设计者的水平、风格和特色。

二、解读文本核心价值，提高课堂教学效率

选择好教学文本价值，有利于打造高效课堂。《用亮点点亮课堂，用智慧开启心灵》提出了亮点教学的观点。《语文课程标准》指出：“阅读教学是学生、教师、文本之间对话的过程。”语文亮点教学就是从解读语文文本入手，通过对一篇课文的特色的剖析，挖掘出属于这个文本独有的特征（或核心价值）、精彩美点，即亮点，然后针对亮点设计教学方案。通过教学方案的实施，引领学生准确、合理地解读文本，发现亮点，收获亮点，实现有效教学的目的。在亮点教学实施中，因材施教，让学生学有所思，学有所悟，学有所获！

《阅读教学：凸显文本的核心教育价值》强调文本核心价值，要选择更有价值的内容作为教学或学习目标、让有限的教学活动事半功倍。一个学习单元的阅读选文，往往是一个综合性的信息集合，文中既含有作者的思想倾向和审美情趣，又承载着一定的社会、历史和文化信息，同时还有语言表达的示范意义，这些虽然都是学生发展必不可少的养料，但语文教学时间的有限性却不允许将它们都作为学习内容，教师在设计一节课或文本单元的阅读教学目标时，必须有所选择，有所舍弃。

《精选文本核心价值，切合学生实际需求》同样提出，面对一篇篇存在诸多教学价值点的课文，语文教师要从文本中正确筛选、合适定位教学内容，选取文本的核心价值来教，选取符合学生实际需求的内容来教。探讨“教什么”“怎么教”的问题，来提高语文学科课堂教学的效益，特别是提高阅读教学的效益。

三、探寻阅读教学方法，增强学生学习兴趣

好的教学方法，能激发学习兴趣。《文本体式：实现阅读课“助学”的多样化》提出“学为中心”的阅读课必须确立多样化助学的指导思想。而多样化助学的阅读课必须遵循阅读的基本规律，依照文本的基本体式，进行有针对性的阅读指导。不同文本体式的课堂教学形态应有所区别；不同文本体式的能力提升点要有所侧重；不同文本体式的教学设计要有适当的突破口；不同文本体式的思维培养必须依托核心问题。阅读课堂必须从“主题化”向“问题化”转化，强化学生的问题意识。问题按来源不同分为学生问题和教师问题两大类，前者就学生存在的普遍性问题（预习中的反馈信息），通过有针对性的“点拨”来释疑解惑；后者是教师以有层次的具有思考价值的核心问题为主导，整合学习情景，设计学习活动的助学范式。可以说，没有问题就没有理解，没有理解就没有阅读。要避免以教师的分析代替学生的阅读实践，要避免用成人的思维代替学生的思维。

四、整合课程教学资源，创建有效教学体系

如何对课程资源进行整合，建立有效教学体系，这是一个难题。《课群设计，触摸诗歌灵魂》构建课例群意识：根据文体确定教学目标；对现用教材进行二次开发、进行重新编排，将同一种文体的文本集中在一起，并根据需要有意识地进行文本的增补与删减；根据教学的目标和单篇文本的特点以及学生的学情选择合适的教学内容，选用适当的教学方法，形成前后有关联的组课。《细化单元教学目标，统筹读写教学内容》发现教学中教学目标大而空、虚而泛，甚至完全缺失的现象相当普遍。依据《课标》细化教学目标，统筹听、说、读、写教学内容，进行单元教学。《重估鲁迅作品的教学价值》提出一个严肃的话题。阅读鲁迅，就是阅读我们自己；阅读鲁迅的过程，就是“认识你自己”，铸造我们精神世界的过程。鲁迅人文思想的博大，鲁迅文学世界的深邃，并非如生吞钙片似的就能消化得了，重估鲁迅作品的教学价值，就是重估我们自己，重估我们的价值观念。

掩卷沉思，欣喜不已，这本《阅读教学的智慧》，犹如一抹阳光，一缕春风，一股清泉，带给我们的是教学观念的转变，教学方法的创新，学习方式的革命，也必将在语文教学的园地里结出丰硕的果实！

contents
目录

第一编

用亮点点亮课堂，用智慧开启心灵

郑西银　余　青

【内涵阐释】

有位大师说：语文教学是雕刻心灵的钥匙，是智能的开掘、精神的渐染和文化的熏陶；教学的过程就是师生在探索新知的历程中获得丰富的体验和多方面的收获，激发内心愉悦的生命和谐发展的过程。而阅读教学作为中学语文教学的基础与核心，对培育学生的语文能力尤其重要。可是，目前仍有相当一部分老师的阅读教学存在着诸多不尽如人意之处：一是老师讲，学生听。一篇课文从字词句到结构、中心、写法面面俱到，把一篇文章教得支离破碎。上完一堂课，教了什么内容却无从回答。二是过于功利化，考什么讲什么，不考就不讲，学生语文素养根本无从提高。三是阅读课的技术化，让学生做大量的阅读训练题，为应试服务。结果是学生领略语言的美仍不得要领，朗读水平仍停留在“说话”阶段，作文能力仍无提高。这样的阅读教学，耗时低效，失去了语文教学的本位。

为了打造快乐高效的课堂，提高阅读教学效率，荆门市初中语文教研员引领荆门初中语文名师工作室，力图在阅读教学实践中找到一个新的突破口——开展初中语文亮点教学课题研究。经过近三年的教学实践，取得了良好效果。

什么是初中语文“亮点”教学呢？《语文课程标准》指出：“阅读教学是学生、教师、文本之间对话的过程。”语文亮点教学就是从解读语文文本入手，通过对一篇课文有特色的剖析，挖掘出属于这个文本独有的特征（或核心价值）、精彩美点，即亮点，然后针对亮点设计教学方案。通过教学方案的实施，引领学生准确、合理地解读文本，发现亮点，收获亮点，实现有效的教学目的。

在亮点教学实施中，我们做到深入解读文本，找准亮点，因材施教，让学生学有所思，学有所悟，学有所获！主要有这样几种课型：1. 长吟短诵　品味多样情感；2. 深度解析　琢磨言外之意；3. 选点突破　牵一发而动全身；4. 借词张力　倾吐胸中情怀；5. 诗文勾连　对比浮想联翩；6. 把握特色　品悟美妙文字；7. 咀嚼文字　触摸人物心灵。下面，我们就撷取五篇课例，展示“用亮点点亮课堂，用智慧开启心灵”的教学方法。

【课例展示】

课例一

读出你的自信

——《中国人失掉自信力了吗》教学设计

教学亮点

引导学生通过声情并茂的朗读去品味语言，感知、领悟、理解课文的思想内容，增强民族自信心和自豪感。

亮点设计思路

这篇杂文短小精悍，对敌人的讽刺犀利如刀，对中华儿女的歌颂热情似火，能够充分显示出鲁迅杂文的语言风格。在教学本文时，指导学生通过声情并茂的朗读，去感知、领悟、理解课文的思想内容，读出中国人的自信，从而使学生增强民族自信心和自豪感。

教学过程

一、导入

上课之前，老师问同学们一个问题：你是个自信的人吗？（学生回答。）

同学们，自信是走向成功的基石，是战胜困难的利剑，是到达理想彼岸的舟楫。有了它，就迈出了成功的第一步。希望这节课，我们都能充满自信地投入学习中，演绎属于我们的精彩，好吗？

二、初读，读出悲观失望

1．了解时代背景。

请看一则背景资料——

1934年9月25日，日本帝国主义的铁蹄在践踏了东北三省之后，又向关内步步紧逼，一时间，亡国灭种的危险迫在眉睫，悲观失望的情绪主宰了一部分人的头脑。1934年8月27日，在当时极具影响力的《大公报》也发出哀叹："民族的自尊心与自信力，既已荡然无存，不待外侮之来，国家固早已濒于精神幻灭之域。"为了批驳这种错误论调，鼓舞民族自信心，鲁迅先生在他53岁诞辰之际（也就是九一八事变三周年之际），用他饱含激情的笔触写下了这篇战斗檄文——中国人失掉自信力了吗。（师板书，少写了一个"吗"字。）

2．一读题目，读出悲观失望。

在同学们指出这个题目写漏了语气词"吗"之后，请一名同学朗读一下这个题目。师引导同学们用悲观的、失望的语气来读。

3．速读课文，理解文意。

过渡：请同学们放声朗读课文，边读边想，说"中国人失掉自信力了"是谁的观点？问"中国人失掉自信力了吗"又是谁的观点？

明确：说"中国人失掉自信力了"是国民党反动派及其御用文人的观点；问"中国人失掉自信力了吗"是鲁迅先生的观点。

三、品读，读出辛辣嘲讽

1．分析敌方论据，读出嘲讽之味。

国民党反动派提出这一观点的论据是什么呢？请大家找出敌方的论据。

明确：两年以前　总自夸着"地大物博"

不久　只希望着国联

现在　一味"求神拜佛"，怀古伤今了

同学们，由这些论据得出结论——中国人失掉自信力了，似乎无懈可击。事实果真如此吗？现在我们来看看，文中的"我们""有人"指的是谁呢？

明确：（1）国民党反动派。

（2）国民党反动派及其御用文人。

从这两段文字中，你能看出反动政府怎样的嘴脸？

明确：这两段文字写出了国民党反动派扬扬自得、炫耀的嘴脸。请一位同学读出这种丑陋的嘴脸。

（一生读。）老师引导分析：既然是写丑恶的嘴脸，就应该读出嘲讽的、戏谑的语调来，这样更能凸显鲁迅语言的泼辣、犀利。

你是从哪些词语里读出这种讽刺意味的？能具体分析一下吗？

通过讨论，得出结论："总"字写出了反动政府自我炫耀、夜郎自大的情态，感觉自己国家很富有。

九一八事变之后，日本帝国主义的铁蹄已经践踏了我东三省，山河破碎，民不聊生，国民党政府还在夸耀着地大物博，真是可悲啊！谁能用声音再现出他们夜郎自大的情态？

（一生读。老师相机指导朗读。）

"一味"体现了国民党政府万般无奈之下只有祈求鬼神的心理，把反动政府软弱无能之态揭露得淋漓尽致。

请一名学生再读课文，读出讽刺的味道。

师生合作共读，全体学生读第 1 自然段，读出嘲讽的味道；老师读第 2 自然段，读出悲观失望之意。

2．探究批驳方法，读出辛辣之味。

从刚才的分析中，我们知道了"中国人失掉自信力了"是敌方论点，那么，鲁迅先生是怎样批驳的呢？

明确：用批驳对方的论证来批驳敌方的论点。具体来说，他们信"地"、信"物"、信"国联"，都没有相信过"自己"。这是"他信力"，而非"自信力"，所以说论据不能证明论点。

自信就是相信自己，而反动派信"地"、信"物"、信"国联"，都没有相信过"自己"，那怎么能说中国人失掉自信力了？他们失掉的是什么？

明确：失掉的是"他信力"。"他信力"是作者仿造"自信力"新造出来的一个词，我们称这种手法为仿拟。作者仿造这个词的作用是为了嘲讽反动统治者自欺欺人、一味把救国的希望寄托在国联身上。指导学生把这种辛辣嘲讽的味道读出来，要让学生在朗读中感悟到鲁迅先生蕴含在文中的感情。

过渡：作者还从哪个方面批驳了敌方的观点？

明确：中国人现在是在发展着“自欺力”。“自欺力”和“自信力”只有一字之差，也属于仿拟，同样表达的是对敌方观点辛辣的讽刺。

请一位同学把这种辛辣的味道读出来。

3. 二读题目，读出愤慨之情。

同学们，从刚才的分析中，我们知道了国民党反动派失掉的是“他信力”，发展的是“自欺力”，根本和自信力无关。所以，鲁迅先生发出了这样的疑问：中国人失掉自信力了吗？（在板书上补充“吗”字。）

明确：文题补充完整后，是一个反问句，表达的意思更强烈，再读这个题目的时候，应该用愤慨的、激愤的语调来读。请一位同学朗读之后，全班齐读，读出愤慨之情。

四、赏读，读出自信自豪

1. 品析作者观点，读出扬眉吐气。

这个反问句表达的意思是中国人没有失掉自信力，这是鲁迅先生的观点。这一观点是在哪一段里出现的？（第6自然段）请一位同学来读一读。

作者是怎样提出这一观点的？

明确：和国民党的悲观论调恰恰相反，鲁迅用“然而”这个转折连词旗帜鲜明地提出了自己的观点——我们有并没有失掉自信力的中国人在。

请一位同学再读一遍，你能说说这句话应用什么样的感情读吗？

师指导朗读：请同学们深吸一口气，读出扬眉吐气的自豪感。这里的“我们”要重读，“中国人”应字字有力。

2. 分析中国脊梁，读出赞美之情。

作者是怎样证明自己观点的呢？

明确：鲁迅先生说，自古以来就有埋头苦干的人，有拼命硬干的人，有为民请命的人，有舍身求法的人……这些人，都是充满自信力的人，都是中国的脊梁。

这里，作者深沉的目光由近及远地转向了我们民族古老的历史，并热情洋溢地赞美了他们。

请一位同学有感情地朗读之后，让他和同学们分享自己的朗读技巧。教师在此基础上再加以指导：“这就是中国的脊梁”中可以在“这”的后面加一个逗号，起强调作用。此外，读这一句时可以辅以手势，举起拳头，表达一种坚定的信念。

全班齐读。请同学们握紧拳头，举在胸前。

好一个中国的脊梁！真可谓铿锵有力、掷地有声。从你们的朗读中，老师感受到了你们的自信和激情，相信同学们一定会成为未来社会的脊梁。

这些人指哪些人呢？请同学们仿照这个例子，写出这样几种人。

示例：我们有“我自横刀向天笑，去留肝胆两昆仑”的舍身求法的君子谭嗣同。

（生仿写朗读。）

3．面对敌人诬蔑，读出愤怒之情。

同学们都说得很好。可是，这时候突然有一种声音出现了，说这些人都早已作古了。现在的中国人，可是失去了自信力。面对这种指责，我们应该怎样来反驳呢？请一位同学替先生反驳。

明确：可用第 8 自然段的内容来反驳，要读得铿锵有力，读出鲁迅先生的心声。在此基础上结合背景材料探讨“这一类的人们”的深刻含义——指中国共产党领导下的革命者，他们为民族进步而奋斗不止，支撑起民族的精神，这就是中国的脊梁。

鲁迅先生在《野草》中说：“地火在地下运行，奔突；熔岩一旦喷出，将烧尽一切野草及乔木。”这处于地底下的革命者，就是中国的脊梁。他们有确信，不自欺，领导着中国人民与敌人进行艰苦卓绝的斗争，怎么能说中国人失掉自信力了呢？所以在读最后一句时应该语气愤怒，读出作者强烈的愤慨之情。

请一位同学读“说中国人……那简直是诬蔑”，注意重读“简直”，然后男女生用“两部轮读法”读“说中国人……那简直是诬蔑”，造成一种回环往复的效果。

4．三读题目，读出你的自信。

从古至今，一代又一代的中国脊梁，担负起振兴中华的重任，撑起了中国的命运，鲁迅先生对他们进行了热情的讴歌。现在我们再来看课文的题目，把它改成陈述句。

明确：可以改成“中国人没有失掉自信力”，也可以改成“中国人充满自信力”。

指导学生读“中国人充满自信力”，读出中国人的自信！

五、延读，读出豪迈坚定

“数风流人物，还看今朝。”今天，我们更是涌现出了许许多多充满自信力的人和事。你能给同学们讲讲你所知道的人和事吗？

（学生讲述。）

同学们知道的真多，真可谓“家事国事天下事，事事关心”啊！现在，让我们一起通过大屏幕，再次感受今日中国之自信。（播放幻灯片，配乐。）

结课：音乐声中，老师深情地诵读——“在无数的蓝色眼睛和褐色眼睛之中，我有着一双宝石般褐色的眼睛，我骄傲，我是中国人！在无数的白色皮肤和黑色皮肤之中，我有着大地般黄色的皮肤，我骄傲，我是中国人！”同学们，通过这节课的学习，我们深深地感受到了鲁迅先生身上强烈的民族自尊心和爱国精神。正是在这种精神的感召下，我们的祖国从过去的一穷二白走向今天的繁荣昌盛。今天，中华儿女正用满腔热情谱写出一曲曲动人的自信之歌，这种自信表现在你身上、我身上、他身上，在我们全体中国人民的身上！

下面，请全体起立，用自信的、坚定的、豪迈的声音告诉所有人：

伟大的祖国究竟有无自信力，且看我中华少年！

（课例设计：余　青）

智慧点示：

议论文教学是中学语文教学的重点之一。一篇优秀的议论文，总是从根本上反映着作者思想的深刻性、独创性和严密性，旗帜鲜明地表明自己的观点。通过议论文教学可以引导学生深入观察社会、理解人生，培养学生的思辨能力。但纵观当下的议论文教学，耗时、低效，老师视为畏途，讲得枯燥；学生听得云山雾罩，摸不着头脑，更不用谈培养思辨能力。能不能寻找到一种切实可行的方法，让议论文教学也学得轻松、高效，让学生学得快乐愉悦呢？

《中国人失掉自信力了吗》是鲁迅先生的一篇杂文，又是一篇驳论文。这篇文章秉承了鲁迅先生一贯的风格，语言犀利如刀，富于战斗性，对敌人进行了无情的批判和辛辣的嘲讽；同时对中华人民的优秀儿女又是衷心爱戴、热情似火。如果按照常规教法，两节课下来，学生也许仍茫然无知，而不能深刻理解文章的内涵，体会不出文章的语言特色，更不用说去领悟先生深邃的思想。结合我们开展的语文亮点教学研究之一——长吟短叹，品味多样情感，我决定把本篇文章设计为一节朗读课，通过初读—品读—赏读—延读，领悟文章复杂多样的情感。教学伊始，学生的朗读虽未能令人满意，但随着教学的深入，学生的朗读渐入佳境。敌论点、敌论据，在读中得以澄清；鲁迅先生的论点及论据，在读中更加明朗。及至教学最后，学生高举的拳头告诉我们：伟大的祖国究竟有无自信力，且看我中华少年！我们相信，一颗自信的种子在学生的内心悄然萌发，一种爱国情感在学生心中潜滋暗长。这，也许就是朗读的魅力吧！

课例二

心灵深处无声的呐喊

——《枣儿》教学设计

教学亮点

用多元朗读走进老人、男孩的童心、童愿，激发学生的感恩心、责任心。

亮点设计思路

文本以话剧的文学样式直击经济至上的社会大环境下人性的变异，家庭责任感的消弭；以对话的表现方式再现人物的童心、童愿。无论文本孕育的主题，还是对话的表现方式，都值得品味，值得玩味，需深度解析。

因此，在设计教学时采取“自主寻读——自我品读——小组擂读——展示评读”四位一体的朗读走进人物的心灵世界，触动学生的心弦，并产生共鸣；用针砭现实的辩读直击我们生活中的人性的变异、责任的消退，唤醒学生关注现实生活和社会问题，呼唤社会关心留守老人和儿童。

教学过程

一、创设情境，切入《枣儿》

师：今天上课前请同学们先欣赏一段视频，然后说说自己的感受。

课件播放：（1）背景：形如雕塑的老人坐在一棵挂满红枣的树下，村头孤独男孩翘首远望着村口的路。童谣："枣儿甜，枣儿香，要吃枣儿喊爹娘；爹娘给个竹竿竿，打下枣儿一片片；爹不吃，娘不吃，留给娃娃过年吃。"（2）背景：老人、男孩二人翘首远望，状如雕塑。喊童谣："枣儿甜，枣儿香，要吃枣儿喊爹娘；爹娘给个竹竿竿，打下枣儿一片片；爹不吃，娘不吃，留给娃娃过年吃。"（3）响起无数个童声呼唤声。

（学生观看，教师观察学生表情的变化。）

师：看到同学们由刚才嬉笑的表情一下子变得沉默无语时，相信大家感触颇多，谁能说一说。

（师生进行交流。）

过渡：的确像同学们说的，刚才的视频直击我们的内心。为了生存，我们有些同学的父母有了一个特殊称呼：农民工；我们有了一个特殊称呼：留守儿童；我们的爷爷、奶奶有了一个特殊称呼：空巢老人。

今天让我带着大家走进话剧小品《枣儿》，看看留守儿童和空巢老人的生活，想想我们能够为他们做些什么？

二、初读文本，走进《枣儿》

自主朗读：

1. 找出文中有趣、有情、有意思的事件或句子，先读一读，然后说说你的感受。

2. 小组交流补充。

学法提示：

1. 抓住关键词，解读人物的内心世界。

2. 汇报小组学习情况，先说老人，再说男孩。

（学生自主学习，教师巡视了解学情，与学生互动。）

交流示例：

1. "那你急啥？来——（拉着不大情愿的男孩到匾子前，拿起一颗枣儿给他）”“又是爹呀爹的，快坐下吃。”“（对男孩）咱们学猫叫？（见男孩摇头）咱们学狗爬？（见男孩摇头）咱们过家家？（见男孩摇头）那，爷爷给你讲故事。”其中“急啥”“又是”写出了老人担心男孩走，禁不住流露出着急的心情；三个“咱们”表现出老人想方设法留住男孩。

2. “听好，我讲完一个故事，你才能吃一颗枣。噢，慢慢吃才能吃出个甜味。”“时辰还早呢，再坐坐。”其中的“讲完一个”“才能吃一颗”“慢慢”“吃出甜味”“再坐坐”，一览无遗地再现了老人内心的孤独，对亲情的渴望，希望有人能陪他说说话的简单愿望。

3. “（心事重重）你有了巧克力，就不会来了。”“怕是你嘴甜吧？那我问你，我树上的枣儿全光了，你还来不来？”老人连续追问写出了他的强烈愿望，折射出他生活的孤独、心灵的孤独。

4. “我们拉勾。（伸手与男孩拉勾）”“金勾勾，银勾勾，骗人是小狗。”“拉勾”这种童心般的行动，表现了老人童心般的愿望，希望儿子能够常回家看看自己，享受亲情。

5. “（愣住，继而激动不已）这地上的、匾子里的、树上的枣儿全是你的。想给你爹留多少就留多少。”写出了男孩的行动触动了老人的灵魂深处，父子同心，只不过换了个位置。

……

小结：同学们的述说让我们看到了一位老人如同小孩，有一个童心、有一个童愿、有一个童行，事实上小男孩的所言、所行，更是完美地描绘了童心、童愿、童行。下面，我们再一起走进小男孩的世界。

（板书：童心　童愿　童行）

教学预设：

1. “（拍拍口袋）爷爷，我带回家吃”“（低声地）……我在等我爹。”“我要。（抓一把枣儿）我带回家去，给爹留着。（转身欲走）”让我们看到了男孩一心牵挂的是父亲，什么时候都不忘父亲，渴望父爱，生怕父亲回来自己不在家，错过了见到父亲的机会。

2. “咱们学猫叫？（见老人没反应）咱们学狗爬？（见老人没反应）咱们过家家？（见老人还没反应）那，我讲故事给你听。”“（清清嗓子）哎哟，我的故事给忘了。我爹的故事才多呢——我该回去了，我要回去等我爹。（将口袋里的枣放入匾子里）”。小男孩看到老人失落时，机灵地用老人追问的方式想方设法地安慰老人，表现小男孩的童心；刚准备讲故事又说“回去”，说明小男孩的童愿。

3. “——哎，爹带巧克力回来，我分你吃。（踌躇欲下，又垂头丧气站住）”“爹不会回来了。”“我爹在城里又有了一个家。”“爷爷，我没有巧克力给你吃了。”其中“分你吃”“没有巧克力给你吃”，前后的变化可见小男孩善良天真的本性；“不会回来了”“又有了一个家”，点出了小男孩的父亲在浮躁的社会下的变异，失却了父亲的责任、家庭的责任。

4. “不，还是留给枣儿叔叔吧。爷爷，枣儿叔叔会回来的。”“我娘说，出远门的人有时候不认识回家的路了，只要家里人天天喊，他早晚会回来的。”“二人翘首远望，状如雕塑。响起无数个童声呼唤声。”临别的安慰，让我看到了一个历经家庭变故的小男孩的早熟、懂事；临别的呼喊，让我看到了千万个老人内心的呐喊，千万个小男孩心底的呼唤。

……

小结：从同学们的赏析和朗读中，我们看到了一个善良天真懂事的小男孩，读到了小男孩的童心、童愿、童行——渴望父亲回家，有父亲的感觉真好！

三、品读文本，感悟《枣儿》

过渡：从同学们的品析和朗读中，我们知道了老人、男孩共同的童心、童愿、童行，那么他们共同的愿望是通过什么串联起来的？

明确：枣儿。因为故事的主人公在枣儿中出场，情节围绕枣儿展开，主题在枣儿的呼喊声中升华。

过渡：分析得太到位了！确实，一颗平常的枣儿，有着太多的内涵。下面咱们分角色朗读，深度感悟枣儿的言外之意。

分角色朗读（男生读男孩、女生读老人）、分角色感悟枣儿（男生从老人的角度、女生从男孩的角度）。

教学示例：

1. “枣儿”表现出我们的社会对处于老龄化的老人关注不够。

2. “枣儿”映射出现代人大都热衷于经济利益，追求金钱至上，留守儿童的教育缺乏，在他们的成长中由于亲情的缺失导致出现了大量的社会问题。

3. “枣儿”象征了新时代留守儿童、空巢老人这一特殊的社会现象，象征了他们的童心、童愿、童行，渴望家的温暖、家人的亲情呵护。

4. “枣儿”寄托了作者的希望：我们的社会多一点朴实的生活，“巧克力”寄托了作者的希望：我们少受一点外面的诱惑，回归原生态的生活。

……

过渡：从同学们的分析中我们可知文章的写法是象征，主题是责任、亲情、渴望。（板书：象征　责任　亲情　渴望）

四、辩读文本，走出《枣儿》

师：听了大家的感悟，更让我看到了大家能够从课文中走出来，对社会有较深刻的认识。那么如何化解空巢老人的问题、破解留守儿童的问题、唤醒社会人的责任感，营造一个幸福温馨的新社会？下面请大家思考，咱们再交流。

教学示例：

1. 可适度放宽计划生育政策，从农村的二胎政策延伸到城镇居民。

2. 可每镇建一个老人服务中心，集中照顾空巢老人，利用网络连线亲情。

3. 可出台子女带薪探望制度，作为职工年度考核的一项内容。

4. 可出台随亲异地就读、异地升学的制度，减少留守儿童的现象。

5. 各地政府应吸引外来投资，扩大本地农民的就业机会，减少农民外出务工。

6. 社会舆论媒体应宣传家庭责任，唤醒社会人常回家看看的责任，关心自己的家庭、关心自己的亲人。

……

师：大家的建议让我们看到了一个个温馨幸福的家庭，看到了我们的社会和谐健康的发展。希望大家从自己做起，关心自己的亲人、关心身边的每一个人，做一个有家庭责任感的人、有社会责任感的人。

（课例设计：龚清平）

智慧点示：

阅读文本，文学的艺术性，是语文教学的核心，是学生文学素养提升的重要途径。《枣儿》中朴素的文字、简洁的对话，却意味深远。教学中引导学生，以点拨重读、重读的内涵等方式，在体味老人、小男孩的童心、童愿、童行中，自然水到渠成勾连文本的关联节点：枣儿，体会到文章的写法是象征，主题是责任、亲情、渴望。如此以朗读教学扣住学生的情感的体验，形神浑然一体，巧然天成。

阅读文本，文学的思想性，是语文教学的原点，是学生思想认知度提高的重要方式。《枣儿》，以小小枣儿的高度彰显了大千世界，再现了现代社会变型时期带来的人性变异、感情淡漠、责任消退、留守儿童和空巢老人等社会热点。

阅读文本的过程，实际是人的知识积淀、情感积累、阅历集合等多元体的外化。学生生活的视角，如今大多局限在学校，关注的往往是虚幻的世界，忽略生活的现实。因此，在教学过程中利用视频阅读，唤醒了学生的情感世界，回忆和自己同龄的小男孩相似的生活经历；辅以文学艺术解读中的情感碰撞，无疑激发了学生的共鸣点；最后的辩读环节，使学生自觉思考如何应对未来社会留守儿童、空巢老人的生活问题，促进学生正能量情愫潜滋暗长，学会关注社会，形成积极向上的人生观和世界观。

因此，阅读教学，要绘制心动的阅读世界：心灵交流碰撞，心智萌发升华，心神冲动向往。在阅读文本中穿透文字的艺术魅力，绽放文学样式的思想性，并由此直面社会的温情抑或无情的万象，呼唤每一个人，特别是学生群体去关注思考。

课例三

遗世孑立者的痴情记忆

——《湖心亭看雪》教学设计

教学亮点

探微钩沉，短文深教，引领学生游历奇景，品味奇人。

亮点设计思路

作者生活在明清交替之际，前朝官宦子弟的身份让他在新朝的现实生活中不能肆意宣泄自己的情感，幽微难言处只好藏于寻常文字中。平常的语言、简短的记述，不做探究是很难体味其中深意的。夜赏西湖雪，奇行见奇景；亭中遇奇人，知音无须约。其实，寂寞是寂寞者的另类豪情，孤独是孤独者的避世盛宴。教师需要引导学生探微钩沉，领悟寻常字句中的艰涩情怀。

教学过程

一、揭示境遇，感失“国”之涩

（一）导语入题

“功名耶落空，富贵耶如梦。忠臣耶怕痛，锄头耶怕重，著书二十年耶仅堪覆瓮。”这是张岱《自题小像》一文中的自述，也是他在写《湖心亭看雪》时内心真实的写照。当清朝的八旗铁骑横扫过江南，触目望去人间尽是长辫子时，作为明朝的遗民，一位汉族的官宦世家子弟——张岱，在经历过短暂的抗争过后，无可奈何地遁入了西湖不远处的剡溪山，与清朝统治者、与俗世中归顺大清的“顺民”们保持着距离，做了一个遗世孑立者。在沉湎与清醒的交织中，他梦忆着前尘繁华，缅怀着往昔风月。《陶庵梦忆》收录的小品文，多有这种沧桑和酸涩之感。今天，我们一起去解读《湖心亭看雪》。

（二）整体感知

1. 学生自读课文，借助工具书，疏通文义。

2. 质疑、交流，教师帮助学生归纳整理重点文言知识。

（教师着重指出一词多义的现象，主要有“一”“更”“是”“白”等词；并提醒学生注意“客此”一句中“客”字，名词用作动词，是“客居”之意。）

3. 男女生分别齐读两个自然段，教师作朗读指导后再指名朗读。

4. 感知各段大意。

师：文中的两个段落都以第一人称述说，请同学们用最简洁的语言概述各自侧重写了什么。

生1：我觉得第1自然段写作者在西湖赏雪景。

师：很准确，还可以更简洁。不过，所赏之景与平时所见的西湖之景相比，可以用一个什么字来概括其特点呢？

生2：就是“赏景”吧，与平时所见的西湖明艳之景不一样，很是独特，用一个字来概括的话，我用“奇”字，这一段就是在“赏奇景”了。

师：太好了，非常准确！那么第2自然段，又写了什么？

生3：写作者在湖心亭遇见两个客人。

生4：写作者在湖心亭跟客人喝酒。

师：用简单的词汇概括吧，突出主要事情就可以了。

生5：我套用第1自然段的概括方式，觉得是“遇奇人”。

师：真让我高兴，能触类旁通，活学活用，可见十分用心在思考问题、解决问题，同学们给他掌声以鼓励！

二、细解景语，悟“独”行之傲

（三）解读景语的写作

师：我们还是先随着张岱去欣赏一下他所见到的奇景吧！（请一位同学朗读第1自然段。）

师：哪位同学能把你所找到的写景的句子解说一下？

生6：我找的写景句是“雾凇沆砀，天与云与山与水，上下一白。湖上影子，惟长堤一痕、湖心亭一点、与余舟一芥、舟中人两三粒而已”，我觉得就是白茫茫一片的天地间，只可见湖堤、湖心亭、小船和船上的几个人。

生7：我觉得就是以大雪做背景，像画简笔画一样简单勾勒出一条长横线、一个方块、交叉的两三条短横线和几个点。

师：很好，你经常画画吗？那你给我们详细解释一下你所说的点、块、线条，好吗？

生7：白雪茫茫是背景，可以看作是“画”，长堤则是“线”，湖心亭是“块”，人是“点”，交叉的几条线是“小舟”，整个画面点与线、块与面、白与灰黑简单结合，就成了一幅神韵无限的西湖雪景画。

师：看来前几周学《桥之美》，你深得吴冠中先生的美学精髓。这种简笔勾勒的写法让你们想起哪篇文章中的相关文字？

生8：我想起来了，是七年级时学的课文《竹影》，丰子恺向孩子们介绍中国画和西洋画时的相关文字。

师：回忆一下，他讲了什么？张岱所用的是什么画法？

生8：具体我回忆不起来，只隐约记得说的是中国画讲究“神似”，西洋画讲究“形似”，这里张岱所用的画法应该和我们现在使用的课本的封面所用的方法一样，讲究的是“神似”，应该是中国画的技法，老师说过那个名词应该叫“白描”吧？

师：对，就是白描，简笔勾勒，注重神韵，不在意外形、色彩与实物的一致。看来张岱的美学素养也不错啊，绘景技法称得上“奇”！

师：我提醒同学们注意一下那些量词：痕、点、芥、粒，和我们常用来称呼这些物品的量词不一样，有什么意味？

生9：显得很细小。

师：实物应该很大或很宏伟啊，为什么张岱要写成这样？

生9：张岱是远观的吧，雪后来到西湖，极目远眺，就是这样的感觉了，突出景“奇”。

（四）感悟景语中的深意

师：不知大家读书时发现了没有，第1自然段里有自相矛盾的文字。

生10：老师，我发现了，前面说“独往湖心亭看雪”，这里写的却是“舟中人两三粒”，不是“独往”的。

师：很好，同学们来讨论一下这个问题。

生11：可能是写别人的船上的人。

生12：我觉得不是，大雪三日后，又是更定时分，湖上应该只有作者这条船，作者才说是“独往”？

师：那你又怎么理解“两三粒”呢？

生12：我觉得张岱船上是有其他人，文章结尾就有“舟子喃喃说”，船夫肯定有。

师：那“独”字岂不矛盾？

生13：我觉得是这样，张岱觉得自己“独往”，是指没有朋友同往，他在心里没有把船夫作为可以交谈的同道人，可以说是精神上的“独往”。

师：有道理，我赞同。从这个“独”字，你感受到张岱的精神世界了吗？

生14：张岱很是清高孤傲，他有着文人风骨。

生15：张岱内心很孤独，现实生活中没有知己。

师：对，很符合他遗世隐居的身份和心态。

三、详探奇遇，品“强”饮之欢

（五）说奇人奇行，领悟“强”饮之意

（请一位同学朗读第2自然段。）

师：前面说这段写的是“遇奇人”，请同学们从文中找出能体现二人“奇”的地方。

生16：和作者一样，在大雪三日后的夜晚到西湖湖心亭喝酒赏雪，举止够“奇”。

生17：回答作者问话，答非所问，也够“奇”。

师：有吗？在哪里？

生17：作者问其姓氏，他答金陵人。

师：真的呢，大家来说说，是不是答非所问？为什么这样？

生18：张岱是随口问吧，并没有希望他们如实回答，所以他们也随便答了一句。

生19：我觉得不是他说的那样，应该是答非所问，大概这两人不想让张岱知道姓名，这两人不知张岱根底，有所保留，顾左右而言他。

师：我同意，不知底细的人之间有些戒备，也是正常心理。当然，他们此举，可能给张岱感觉不好，所以，离别时，张岱心底的孤寂可能又涌了上来。

生20：老师，那前面张岱“三大白”岂不白饮？

师：是啊，张岱其实不胜酒力，但此时却因酒逢“知己”，他还是“强饮”了“三大白”。然而，客居的两个人是否有他同样的感受呢？无法得知。

四、勾连人生，参子立之“痴”

（六）结合背景，突破主题

生21：老师，我觉得不是你说的那样，那二人看见张岱时“大喜”，“拉余同饮”，可见他们还是把张岱当“知音”的，张岱并没有白饮。

师：也有道理，那怎么解决这个纠结之处呢？

生22：老师，我觉得他们还是把张岱“雪后夜游西湖”的举止视为知音行为的，但仅此而已。我的意思是，他们在思想上够不上“知己”，因为他们没有共同生活、战斗的经历，彼此也无法毫无保留地畅谈，所以，张岱饮完“三大白”就离去，他们也没再挽留，张岱和他们彼此都只是此时、此地、此境认同此行，凭这点，这酒也不算白饮。

师：是啊，“同是天涯沦落人，相逢何必曾相识”，只是这一别后，张岱只怕心里涌上更多的孤傲和寂寥情感来！所以多年以后，遗世孑立、倍感孤寂的张岱，才会回忆这记忆深处偶尔的“知音”一刻，他痴情于这些前尘旧事，回味着那难得的一刻温情。

（七）课堂小结，下课。

（课例设计：刘少波）

智慧点示：

《湖心亭看雪》以精练的笔墨记叙了湖心亭看雪的经过，描绘了幽静深远、洁白广阔的雪景图，表达了作者幽远脱俗的闲情雅致。文章以独特的审美情趣构筑了独特的审美意境，表现了他独特的人生况味：在苍茫如太虚之初的雪景中完成了他与自己、自然、社会的三次心灵对话。教学时据此切入文章，引导学生探微钩沉，赏奇景、品奇人。

“大雪三日”后的“更定”时分，这是黎明前最黑暗的时候，其时“湖上人鸟声俱绝”，一片凄清孤寂。这还不算，他又刻意“独往湖心亭看雪”，将自己放逐于孤独之中。或许他正是想借这种苍茫寂寥的天地为自己的心灵营造一个完整的空间，来释放自己的孤怀雅兴。显然，这已不仅是赏雪，他的行为已成为一种极致，超越于尘世，标高于现实，成为一种行为之艺术。此刻，是他与自己心灵的对话。

接下来的景物描写是历来备受推崇的雪景画面。“天与云与山与水”，三个“与”字大胆重复，一气呵成，自上而下，描绘出“雾凇沆砀”的迷蒙全景，画面开阔，意境旷远。再点以长堤、圆亭、扁舟，疏落有致，丰而不满，构筑了散淡空灵的意境。而张岱不仅是这幅画的欣赏者，更是这幅画的创作者：他以独特的眼光发现了这种美，更以发现美的行为创造了这种美——“余舟一芥、舟中人两三粒而已”。假如没有人的参与，自然界的美就等于不存在。此时，你能说他不是用心灵在与自然对话吗？

作者一生特立独行，孤高自赏，不愿与流俗为伍，始终以看客的姿态与社会保持一段距离。湖中见相同举动之人，自然“心有戚戚焉”，岂能不喜出望外？酒逢知己千杯少，有“强饮三大白”为证。然而，作者的审美情感依然含蓄不张扬，只言“（客）大喜曰：‘湖中焉得更有此人！’”实则借客之言道出了自己的心声。事实上，哪一个生活的理想者、行为的艺术家不曾忍受孤独与寂寞呢？他理解社会，而社会并不完全理解他。他与社会的这段心灵对话沉重感太强！

传统文学中不乏文人墨客赏雪咏雪的风雅韵事，但唯有张岱与众不同，《湖心亭看雪》是其小品文的代表作，亦可解读为他对自己一场行为艺术的再现。也许从这个视角来解读，可能会更贴切一些吧。

课例四

最美是家醅

——《春酒》教学设计

教学亮点

把握散文的语言特色，在细节描写中品味作者“以自然之笔，写真实之情”的艺术特色。

亮点教学设计

《春酒》是一篇短小却充满诗意的散文，作者琦君用细腻的笔触描绘了故乡浓郁的风土人情，抒发了对故乡、母亲、乡亲的无限追思。诗化的语言让童年与故乡的人和事都笼罩着一层别样的美丽。在教学设计中，要将语言特色的赏析落实到文中的细节描写分析中去，在“悟”中品味琦君语言下的人之善、情之真、文之美。

教学过程

一、导入

上课伊始，老师与同学们聊一聊自己的家乡哪些最让人念念不忘，忘不了的缘由是什么。（学生畅所欲言。）

没有大家细心的观察，故乡不会这般美丽动人。故乡是用来怀念的，而时间将拉长这种怀念，牵扯出许多情怀。对于那些身处异乡的人们来说，尤其如此。今天，我们就一起走进琦君的《春酒》，来品尝这位台湾作家对故乡饱含深情的回忆。（多媒体展示：春酒　琦君）

再次朗读课文，对课前同学们做的初步预习进行巩固，注意读准字音，把握文章的主要内容。

二、第一口：品“酒”

师生一起品一品春酒。请一位学生在黑板上写一个大大的“品”字，让同学们将其拆成三个“口”字。

过渡：看来这一“口”两“口”还无法咂摸出春酒的滋味，那么咱们就来细细品尝这“三口”春酒的滋味。

首先，请同学们结合课文内容思考：贯穿全文的线索是什么？

明确：春酒。

（板书：第一个“口”中书写“酒”字）

酒是作者情感的寄托，在文中，作者仅仅写了春酒吗？

明确：不是，还有母亲酿的八宝酒以及喝会酒。

（教师引导学生补充。）

明确：还有文章结尾作者在美国炮制的八宝酒。

通过学生回答和补充，对之前两个问题的答案进行归纳：文中作者以春酒为线索，主要追忆了童年时新年喝春酒、喝会酒以及如今自泡八宝酒三件事。

教师继续追问：其实老师觉得这几件事都是一个味，一个道地的什么味呢？

大部分学生能够答出“家乡味”。

三、第二口：品“人”

第一口我们品出了道地的家乡味，温暖绵长。有同学不禁会问，作者的家乡在哪里呢，就让我们一起走进作者。

（多媒体展示“琦君简介”：

琦君（1917—2006），原名潘希真，当代台湾女作家、散文家。作品多以儿童故事为主。1917 年 7 月 24 日生于浙江温州市瓯海区瞿溪乡一个旧式家庭，14 岁就读于教会中学。看琦君的文章就好像翻阅一本旧相册，一张张泛了黄的相片都承载着如许深厚的记忆与怀念，时间是这个世纪的前半段，地点是作者魂牵梦萦的江南。林海音写活了老北京的“城南旧事”，而琦君笔下的温州，也处处洋溢着“三秋桂子，十里荷花”的美好气息。）

如诗如画的江南哺育了单纯本色的琦君，她写故乡的酒，更多的是怀念酿酒、喝酒的故乡人。点滴小事，在琦君笔下往往生动感人；寥寥几笔，人物往往就栩栩如生了。接下来，请同学们分小组讨论，在琦君生动语言的刻画下，哪一个人物最让你印象深刻。

（板书：第二个“口”中书写“人”字）

这一环节中，教师先将同学们回答的人物列出，再由学生根据文本的内容进行赏析，在赏析中老师明确分析人物的方法与所起的作用。

人物一：童年的“我”

生 1：我喜欢童年时的琦君，她“总是一马当先，不请自到，肚子吃得鼓鼓的跟蜜蜂似的，手里还捧一大包回家”，运用比喻的修辞手法，将孩子贪吃的天性、憨态可掬的样子写得真实而传神。

明确：运用修辞手法。生动传神。

生 2：“我端着、闻着，走来走去”写出了“我”对酒的珍惜，舍不得喝，又有点炫耀的意味。

明确：运用动作描写。直观、动态感强。

生 3：我找到了这一句：“我没等她说完，早已偷偷把手指头伸在杯子里好几回。”这句话中“偷偷”写出了“我”的调皮和机灵劲儿。

明确：侧面描写。烘托人物形象，使其更加鲜明。

人物二：母亲

生 1：我对文中的“母亲”过目不忘 ，因为“她总是笑眯眯地说：‘大约摸差不多就是了，我也没有一定分量的。’但她还是一样一样仔细地告诉别人”，这句话写出了母亲的善良热情和认真严谨的性格。同时母亲的“鞋差分、衣差寸，分分寸寸要留神”这句话也证明了这一点。

明确：语言描写。突出人物性格特点。

生2：还有：“母亲得意地说了一遍又一遍，高兴得两颊红红的，跟喝过酒似的。”运用细节描写，突出母亲得到乡邻赞扬后既得意又有些许谦逊的难为情，真切动人。

明确：神态描写。表现人物思想品质和性格特点。

生3：在母亲酿成八宝酒后对乡亲的慷慨与对“我”的“吝啬”形成了对比的几处细节描写中，体现了母亲对“我”的关心与慈爱。

明确：对比手法。对照比较，使形象更鲜明，感受更强烈。

人物三：阿标叔

生1：这些人物中我对花匠阿标叔情有独钟，因为他给我们带来乡里人最率性的幽默。请看：“花匠阿标叔也巴结地把煤气灯玻璃罩擦得亮晶晶的，呼呼呼地点燃了，挂在花厅正中。”一连串的动作描写，活脱脱地刻画出了阿标叔殷勤好客的个性。

明确：个性化的语言描写。让人物活灵活现。

生2：我认为阿标叔只是家乡民风淳朴的典型代表，作者在文中还原那个时代故乡人代代相传的热情好客、其乐融融的景象，就是为了塑造一群可爱的家乡人。

明确：以典型的个体形象代表普遍的群体形象。以点带面，展现群体风貌。

从这些乡亲的言行上仿佛看到了一幅世外桃源的图景。然而，这些人毕竟不是作者着墨最多的人，琦君倾力塑造的核心人物应该是谁呢？

明确：母亲。

作者寥寥几笔就勾画出人物形象，把事情写得那么富有情趣，你们知道作者采用的是什么描写方法吗？

明确：细节描写。

（多媒体展示：细节描写的作用

“细节”顾名思义，就是细枝末节，它是人物、情节、环境的最小单位，如人体的细胞。好文章所以能动人心弦，精彩的细节描写功不可没。成功的细节可以增强艺术感染力，是文学创作不可忽视的技巧。细节描写的作用如下：(1) 可以刻画人物性格；(2) 细节可以深化主题；(3) 细节可以推动情节的发展；(4) 细节可以渲染时代气氛、地方特色等。)

细节描写是文章鲜活的催化剂，使得琦君的语言如此美，春酒的味道如此香醇。同学们不妨也学学母亲，将酿酒的原材料找出来好吗？

明确：对母爱的追思、乡亲的纯朴，还有浓浓的年味和童年生活的无忧无虑。

琦君用三分无忧的童年、三分芬芳的母爱、三分淳朴的乡情，再加上故乡浓郁的年味，为我们酿造了一坛醉人的春酒，而沉淀在最底层的是让人辗转反侧、感怀神伤的思乡之情。

四、第三口：品“情”

（板书：第三个“口”中书写“情”字）

回忆纵然甜蜜，但旅居海外的作者在文中也流露出淡淡的惆怅，同学们找出来了吗？

明确：文章的最后两段。

让学生纵情地朗读作者这份思乡之情。

多年后，“我”也如法炮制，泡了八宝酒，可是为什么味道和记忆中的不一样呢？

明确：因为与故乡的八宝酒联系在一起的有童年的记忆、对母亲的怀念、对家乡风土人情的难忘情结，这些才是春酒的滋味之所在，因此离开故土的作者虽酿出八宝酒，却总喝不出那份道地的家乡味了。

琦君的八宝酒让人遥想起鲁迅笔下的罗汉豆，以及汪曾祺念念不忘的咸鸭蛋。对故土的魂牵梦萦成为一代文人墨客深情书写的文化母题。下面，让我们一起到琦君绵长又朴实的文字中去品读她的乡愁情怀吧。

［多媒体展示琦君其他文学作品中对思乡之情的描写，播放背景音乐《故乡的云》。

1. “像树木花草似的，谁能没有根呢？我常常想，我若能忘掉亲人师友，忘掉童年，忘掉故乡，我若能不再哭，我宁愿搁下笔，此生永不再写，然而，这怎么可能呢？”(《烟愁》后记)

2. “来到台湾，此心如无根的浮萍，没有了着落，对家乡的苦念，也就与日俱增了。”

3. “莼莱鲈鱼长入梦，他乡虽好总添愁。”恋乡的人，终于忍不住喊出：“故乡，我们哪一天回去？家乡味，我们哪一天能再尝呢？”（《家乡味》）]

（学生积极参与。）

五、结束课文

读琦君的散文就好像翻阅一本旧相册，一张张泛了黄的相片讲述的是分分寸寸的记忆与怀念。一杯春酒，醉了母亲、醉了我、醉了无数读者的心，撩惹起我们多少或感伤或甜蜜的心绪，最后让我们一起大声朗读屏幕上的文字，为天下所有的思乡离人送去最真挚的祝福。

生（齐）：人有悲欢离合，月有阴晴圆缺，此事古难全。但愿人长久，千里共婵娟。

下课，同学们再见！

（课例设计：陈　梦）

智慧点示：

语言是情感的外壳。教师欲带领学生走进创作者的情感世界，就要根据不同体裁的文学类型，挖掘其语言特色，调动学生的语言细胞，引导学生去品读、去品悟，从而借助文本语言的力量深入地走进创作者的情感世界。散文以其生动而形象、统一而鲜明的语言特色，在看似云淡风轻中为欣赏它的人们带来含蓄、深刻的艺术享受和精神陶冶，因而在散文教学上应该强调其语言美的教学。

散文中的细节描写又是散文语言特色的载体，承担了传情达意的枢纽。要培养学生的语言感受能力，就要将语言特色的赏析融入细节分析中去，从文本中认真找寻细节描写的枝枝节节，认真揣摩文章的语言特色，准确感知散文语言的朴实、含蓄的美丽。

《春酒》是一篇细腻而又质朴的散文，全文虽处处写酒，但作者琦君“醉翁之意不在酒”。写春酒实则是为写情，这情是对童年、故乡、母亲的无限追思之情，归纳为一点就是剪不断的思乡之情。但这种情感不是我们显而易见的，是需要通过文本分析来深入挖掘的。学生虽一方面善于分析人物形象，能够总结细节描写的作用，但另一方面却缺少对文本语言的进一步揣摩与总结。在教学中，需要循序渐进地引导学生在品析文本的人物形象和细节描写后，揣摩文本的语言特色，以及散文言尽而意无穷的独特审美意蕴。让流淌在散文文字中的真善美去调动沉睡在学生内心的情感细胞，让琦君那似水胜酒的文字一次次将学生沉醉其中。

课例五

苦涩的邂逅　苦涩的人生

——《我的叔叔于勒》教学设计

教学亮点

咀嚼文字，触摸人物心灵。

亮点教学设计

用一个句式“________！于勒真在这只船上，那会叫人多么__________呀！”贯穿课堂，用沉入文字、深情诵读的方法来感悟人物心灵。

教学过程

一、导入，整体感知

这节课，我们一起学习文学大师莫泊桑的短篇小说《我的叔叔于勒》。左拉曾赞美他说：“他的作品无限的丰富多彩，精彩绝妙，令人叹为观止。”今天，我们一起来细细品读，去感受大师作品的精彩绝妙，去品味小说人物的酸甜苦辣，去聆听人物的心灵之音。

请同学们快速浏览课文，自由发言，说出两个方面的内容：

（多媒体展示：1. 说一说小说中的人物，理清他们之间的关系。2. 说一说小说的故事，梳理故事的情节。）

二、读十年思盼，望穿秋水

1．菲利普一家是怎样苦苦期盼于勒的呢？

（多媒体展示：那时候，只要一看见从远方回来的大海船开进港口来，父亲总要重复他那句永不变更的话："唉！如果于勒竟在这只船上，那会叫人多么惊喜呀！"）

思考：怎么读这句话？读出什么感情？

明确：重读"惊喜"。读出十分惊喜和欢快的感情。指导朗读。

2．为什么期盼于勒回来？于勒回来会带来怎样的惊喜？请同学们沉入课文，从课文里找依据。

明确：第 8 自然段，他"写信来说，他赚了点钱，并且希望能够赔偿我父亲的损失"。第 10 段，"我发了财就会回哈佛尔的。我希望为期不远，那时我们就可以一起快活地过日子了"。第 12 段，"只要这个好心的于勒一回来，我们的境况就不同了"。

3．于勒一回来，菲利普一家的境况就不同了，那他们现在的境况怎么样呢？

（多媒体展示：我小时候，家在哈佛尔，并不是有钱的人家，也就是刚刚够生活罢了。我父亲做着事，很晚才从办公室回来……

我母亲对我们的拮据生活感到非常痛苦。那时家里样样都要节省，有人请吃饭是从来不敢答应的，以免回请；买日用品也是常常买减价的，买拍卖的底货；姐姐的长袍是自己做的，买十五个铜子一米的花边，常常要在价钱上计较半天。）

点拨：这两段写的是菲利普一家的生活状态，关键词语要特别注意："刚刚够生活"的"刚刚"，"很晚才从办公室回来"的"很晚"，"非常痛苦"的"非常"，"样样都要节省"的"样样"，"从来不敢答应"的"从来不"，"常常买减价"的"常常"。

4．除经济的拮据外，菲利普一家还有一件十分发愁的事，是什么？

明确：大姐那时 28 岁，二姐 26 岁。她们老找不着对象。给二姐夫看了于勒叔叔的信，他才向二姐求婚。于勒叔叔的信是"我们"的福音书啊，全家人"甚至计划到要用这位叔叔的钱置一所别墅"。

5．分析期盼于勒回来为什么用叹词"唉"？全班齐读。

（多媒体展示：“唉！如果于勒竟在这只船上，那会叫人多么惊喜呀！”）

明确：“唉”字既表达了一种担忧，担忧他们的苦日子会一直持续下去，也表达了一种埋怨，埋怨于勒还不回来，更表达了一种苦盼不归的失望而又有着满怀期望的情绪。可能需要一个长长的“唉”，才能够表尽等待的希望又失望、痛苦又喜悦的复杂情绪。

三、品一朝邂逅，避之不及

1. 十年思盼，望穿秋水。事情真那么巧合，于勒真在这只船上，又会叫人怎样呢？菲利普、克拉丽丝、若瑟夫三人的表现很显然不一样，请选择一个你最感兴趣的人，仔细咬文嚼字，进行分析总结。

（多媒体展示：先从文中找依据，然后用“________！于勒真在这只船上，那会叫人多么________呀！”句式总结。）

明确：菲利普：从第25自然段中可以看出：于勒真在这只船上，那会叫人多么不安呀！（指导朗读。）

从第34自然段中可以看出：看到自己的亲弟弟，居然跟见了鬼一样，吓得脸色煞白，所以，于勒真在这只船上，那会叫人多么恐慌呀！语气词可以加“啊”，借第34段中的“啊”，表明他的惊讶、恐慌。

（多媒体展示：啊！于勒真在这只船上，那会叫人多么恐慌呀！）

2. 分析：于勒真在这只船上，那会叫克拉丽丝多么______呀！

明确：第38自然段“母亲突然暴怒起来，说：‘我就知道这个贼是不会有出息的，早晚会回来重新拖累我们的。’”哼，于勒真在这只船上，那会叫人多么愤怒呀！加语气词“哼”，表现了母亲的暴怒。

3. 指导朗读，仔细品味：还读出了什么？

明确：她叫于勒是“贼”，读出了母亲非常仇恨于勒。

她怕于勒会回来重新拖累“我们”，读出了母亲的自私。

于勒有钱时就望眼欲穿，没钱时就是“贼”，读出了母亲的势利、自私、冷酷。

4. 指导去掉“就”大声读，读出克拉丽丝心中的一点儿秘密。

明确：通过对比读，读出：原来菲利普夫人早就知道于勒是不会有出息的。

菲利普夫人早就怀疑于勒发财的问题了，她早就想到于勒完全有可能回来重新拖累他们。

菲利普夫人抱着一线希望，希望奇迹出现，他们是不愿相信于勒没钱这个事实的，他们宁可在做梦。

四、叹灰色人生，五味杂陈

1．一次巧合，让金钱利益与不堪一击的亲情邂逅，面对着父母的势利、冷酷、无情，若瑟夫呢？

（多媒体展示：我看了看他的手，那是一只满是皱纹的水手的手。我又看了看他的脸，那是一张又老又穷苦的脸，满脸愁容，狼狈不堪。我心里默念道："这是我的叔叔，父亲的弟弟，我的亲叔叔。"）

明确：唉！于勒真在这只船上，那会叫人多么同情呀！

2．指导朗读：带着同情和对父母的不满，语速慢点儿，重音应该加在"我的""父亲"上。（范读、点生读、男生读，女生读。）

3．在同学们的朗读中，我仿佛听到一句话在若瑟夫心中奔涌：叔叔，我们回家吧！他说了吗？课文里为什么写"我心里默念道"？第47自然段为什么"后来大家都不再说话"？

明确：他不能说。因为他们家生活本来就很拮据，刚刚够生活。与于勒相认，等于使生活更加穷困，可能会导致二姐婚姻的破裂。因为二姐夫是看上叔叔的钱才跟二姐结婚的。

4．因为于勒，菲利普一家不得不忍受生活的艰辛，因为贫困，连女儿出嫁都成了问题。于勒发财的消息，成了他们摆脱窘迫生活唯一的救命稻草。而现在梦想破灭了，面对自己的亲叔叔却不能相认，从中，你感受到了什么？

明确：底层人民生活的痛苦、无奈。小人物生活的辛酸。

5．《我的叔叔于勒》在选入教材的时候被删去了开头和结尾，我们再来看一看你又会读出什么——

（多媒体展示：

开头：

一个白胡子的老头儿向我们要求布施。我的同学若瑟夫给了他一枚值五个金法郎的银币。我吃惊了。他向我说了这样一件故事……

结尾：

这就是你会看见我有时候拿出一块值得一百个铜子儿的银币施给流浪者的理由。）

明确：读出了善良，于勒的遭遇让若瑟夫成为一个善良的人。

读出了人生还是有温暖的。

读出了悲悯的情怀。

结课：若瑟夫对亲情的呼唤，对人性的呼唤，给这个灰色的故事增添了一抹亮色。左拉曾评价莫泊桑：“读他的作品，可以是哭，或者是笑，但永远是发人深思的。”这节课，我们阅读作品，思考作品；阅读生活，思考生活，希望这种阅读和思考一直伴随我们的人生！

（课例设计：王 燕）

智慧点示：

莫泊桑没有用一句话来挖苦菲利普，没有用一句话来贬斥克拉丽丝，只是不动声色地描写，疏疏落落的几处写他们好笑的言谈举止，这一可鄙又可怜的形象便跃然纸上。他的人物，在语言动作之中有内心世界的表露；他的情节，在平铺直叙之中有波澜起伏；他的描写，在平实朴素之中有锋芒；他的幽默，在轻浅素淡之中有辛辣。所以，他的作品需要我们去品味，去思考，去想象。

品味、思考、想象需要一个支点，这个支点一定是文本。所以，需要沉入文字，借词张力，通过深情地诵读来感悟人物情怀。引导学生认真品读原文，借助重点词句，读思结合，反复咀嚼，就像咀嚼橄榄那样，嚼出味道，嚼出甘甜，从而走进人物心灵。比如，若瑟夫心灵独白的那段文字。反复读，以多种方法来读：男生读、女生读、点生朗读、老师示范读、师生配合读、配上音乐读，借助重点词“我的”“父亲的”来理解，读出若瑟夫的同情与不满，读出他心灵独白后面的潜台词，读出他的悲悯与无奈。一个“唉”字，期盼的欣喜，等待的痛苦，梦幻般的希望，过尽千帆皆不是的失望……仔细咀嚼，意蕴万千。“我就知道这个贼是不会有出息的”删掉“就”字对比朗读，母亲的暴怒，母亲的自私冷酷，母亲的自欺欺人，学生就能心领神会了。

引导学生用心去揣摩文字，通过文字去感悟人物、去思考人生，我们语文教师责无旁贷。

【知识链接】

链接一 关于教什么与怎么教

语文课堂教学的有效性不是看课上得如何漂亮，如何热闹，如何掌声雷动，而是要衡量学生学到了什么，知识有无增长，能力有无锻炼，求知的主动性、积极性如何，思想情操方面有无泛起涟漪，甚至掀起波澜，受到文本佳作“感情的传染”。

因此，教什么必须放到课堂教学的第一位来考虑。课，须有明确的教学目标。这堂课达到怎样的教学目标，心中应十分清楚。目标是课堂教学的主宰，用怎样的方法教，师生之间的活动怎样组织，怎样开展，均应紧紧围绕教学目标，为实现教学目标服务。

当下的太多竞赛课、展示课、公开课，主办方及观众，看重的是教师神采飞扬的表现，课堂的精彩。这不是本末倒置了吗？这些课，教案上目标一定写得明确，可惜的是在教学实践过程中已不自觉地把它丢在一边。过多地考虑教学过程，发现课文里有什么就教什么，于是，课就成了货郎担，什么货物都有，多目标成了无目标。教学过程中很多是蜻蜓点水，学生弄不清楚究竟要学什么，掌握什么。

课上得有效与否，功夫在课外。课前准备是教学高效的基础，基础不牢，课就飘飘忽忽。两个方面的准备必不可少。一是文本解读。必须潜下心来，由语言文字到思想内容，由思想内容到语言文字，来来回回几次。把静躺在纸上的文字读得站立起来，与作者对话，与编者交流，读出文章的个性，抓准文章的基调，抓住最动人、最精彩的笔墨，读出独特的心得体会，领悟编者的编辑意图。此时此刻，就不是人是人，书是书，而是人读懂了书，乃至在思想情感、价值取向等方面呼吸与共，互补互融。教学目标的多而杂或大而化之、笼笼统统，往往源于浅阅读，或有甚者误读，错解作者意。问题出在未潜心钻研文本，独立思考，受各种各样的参考资料所左右。二是研究学生。学生的现状是教学的出发点，必须了解、研究。课前往往只见文章，不见学生，目中无人的糊涂观念至今对教师影响很大。须知，在教学工作中，学习者是第一因素，没有学习者就没有学习。教学是教师的教和学生的学两个方面的活动，施教之功就在于启发、引导、点拨、开窍，充分调动学生学习的自觉性和主动性，促使他们积极地发挥认识主体的作用。课要上得有效、高效，就须对学生的知识基础、认知水平、能力状况、内心需求作一番研究。学生已知、已掌握的，再去“炒冷饭”，学生味同嚼蜡，十分厌烦；未知的、疑难的，又轻易带过，乃至疏漏，学生求知欲受到抑制、伤害，兴味寡然。

学有所得，是课的质量的生命。无效、低效，就是浪费学生的青春，浪费他们的生命。学生学有所得，课堂有效，是教师教课的底线。学有兴趣，是学习的润滑剂，在欢悦中加大课的有效性，就能增添动人的色彩。解读文本与研究学生的基本功是否扎实，制定一堂课的教学目标就有了基础。要中心突出，重点明确，难点找准。教学不是一次完成，它具有连续性、阶段性、层次性、反复性。教怎样的课文，达到怎样的目标，须放在特定的学习阶段、学习单元中思考，要减头绪，削枝强干，有所为，有所不为。切实根据学生的知识水平和接受能力制定教学目标，教什么心中有底。以目标为准绳，设计怎么教，对教学内容进行裁剪，决定取舍详略，课就眉目清楚。一堂课时间有限，大胆舍弃，化繁为简，不让枝枝叶叶掩盖主干，是教好课的本领，也是达到教学目标的必由之路。目标清晰，方法合理，学生努力的方向明确，哪些地方该咀嚼、推敲、着力，心领神会，学习效果就比较理想。（于漪《谈语文课堂教学的有效性》）

链接二　**语文教学的真正亮点在哪里**

一是老师的朗读，二是学生的朗读，三是老师对关键词语的理解和处理。

语文教学的所谓“亮点”，首先应该在朗读上。老师读得正确、流利、有感情，并引导学生读得正确、流利、有感情，是一种美妙的境界。叶圣陶先生说：“阅读教学总得读。”张田若先生说：“阅读教学，第一是读，第二是读，第三还是读。”学生把课文读得正确、流利、有感情，就证明对课文的内容理解了，文章的思想感情也就体会出来了。把课文的内容和感情通过自己的声音再现出来，这是一种再创造，是赋予作品以生命。师生能读得入情入境的语文课堂，一定是充满生机、充满灵性、充满情趣的语文课堂。老师的范读能引起学生的共鸣，深深地打动他们，学生的朗读能入情入境，并博得大家的掌声，能说不是亮点吗？（于永正《语文课堂教学的“亮点”在哪里》）

链接三　怎样上好一堂课

第一，“挖掘文章内在的思想性，揭示其寓含的深意”。

第二，“重锤敲打关键词句，使它们溅出耀眼的火花”。

第三，“变换提问的角度，选择最佳入口处，激发学生的感情”。

第四，“创设情境，带领学生置身于情境之中，使他们耳濡目染，受到熏陶”。

第五，“联系、扩展，增添感情浓度，形成余音缭绕”。

（于漪《谈语文课堂教学的有效性》）

第一编

课群设计，触摸诗歌灵魂

葛平

【内涵阐释】

近年来，高等院校课程建设实践中出现了一项新的课程开发思路叫作“课程群建设”，其基本思路是把内容联系紧密、内在逻辑性强、属同一个培养能力范畴的同一类课程作为一个课程群组进行建设，打破课程内容原有的归属性，从学生培养的目标层次来把握课程内容的分配、实施、保障和技能的实现。课群的组成过程是课程体系、教学内容的重新整合过程，课群内的课程具有关联性，课程之间的衔接具有逻辑性。课群围绕培养目标，具有相对的独立性和完整性。

我们可以将这种思路借鉴到初中语文教学实践中来，在初中语文教学中构建课例群意识，其基本思路可以这样：根据文体确定教学目标；对现用教材进行二次开发、进行重新编排，将同一种文体的文本集中在一起，并根据需要有意识地进行文本的增补与删减；根据教学目标和单篇文本的特点，以及学生的学情选择合适的教学内容，选用适当的教学方法，形成前后有关联的组课。不同的文本将承载不同的功能，不同的功能目标将选用合适的课型，这样既可以有效解决目前语文教学内容随意、无序的问题，又对学生进行较为系统的语文知识的学习、能力的训练、活动的开展，并且在一定程度上关注教学内容的系列性、系统性、梯度性，优化语文教学资源的配置，提高语文教学的效率。

【课例展示】

课例一

《繁星》《春水》，初中诗歌教学启蒙之作

第一课时

教学内容

1. 通过实例，让学生认识到：诗，离我们并不遥远，它离我们很近。

2. 通过冰心的《荷叶　母亲》与《繁星·一五九》作比较阅读，让学生明白写诗并不难。

3. 以冰心《繁星》《春水》中歌咏母亲的诗歌为例，让学生了解诗歌可以由某事、某物、某情景、某细节等生发出感慨，抒发情感，表达思想。

教学过程

一、导入

同学们，刚开学的时候，我在全区六所初中作了一个初一新生诗歌基础情况调研。每所学校抽一个班的同学作为调研对象。调研内容共有四项：第一，谈谈你对诗歌的认识；第二，请默写出你所知道的诗歌；第三，老师从你们学习的小学一至三年级的课本中挑选出十首古诗，每首古诗设计了一个小问题，看看你们对诗歌的理解情况；第四，请同学们写一首诗歌。

参与调研工作的老师用这样的两句话概括了这次调研结果：第一，在同学

们的眼里，诗歌离我们真是太遥远了；第二，让同学们写诗，那真是太难了。

诗歌离我们真的很遥远吗？诗歌真的很难写吗？如果写，可以写些什么呢？今天，我们就一起来探讨这几个问题。

二、探讨问题一：诗歌离我们真的很遥远吗

1. 请看这样一首诗歌：

弹　歌

断竹，
续竹，
飞土，
逐宍（ròu，古同肉）。

断竹，截断竹子。续竹，把竹子用弦接续起来，制成弓箭；飞土，打猎时尘土飞扬。逐宍："宍"就是"肉"的意思，箭头射到猎物了。把一个原始的狩猎场面写得生动而有气势！

这是黄帝时代的一首歌谣，距今大约4400多年，是现今最古老的民歌。

中国历史上的第一个王朝是夏朝，建立于公元前2070年；接下来是商朝，建立于公元前1600年。我国有文字可考的历史，便是从商朝开始的。商朝人刻写在龟甲或兽骨上的文字，被称为"甲骨文"。

小结：诗歌的出现，在文字的出现之前，与人类的语言几乎同时产生。当然，之后中国的诗歌发展一直都是非常繁荣的，所以，中国被称为诗的国度。

2. 请看这样一组诗：

"摇啊摇/摇到外婆桥/外婆夸我是好宝宝"

"风不吹/树不摇/鸟儿也不叫/好宝宝要睡觉/眼睛闭闭好"

……

——摇篮曲

"小白兔/白又白/两只耳朵竖起来/爱吃萝卜和青菜/蹦蹦跳跳真可爱"

"锄禾日当午/汗滴禾下土/谁知盘中餐/粒粒皆辛苦"

"床前明月光/疑是地上霜/举头望明月/低头思故乡"

……

——学前

“幼儿园像我家/老师爱我我爱她/老师叫我好娃娃/我说老师像妈妈”

“妈妈您别说我小/我会穿衣和洗脚/爸爸您别说我小/我会擦桌把地扫/奶奶您别说我小/我会给花把水浇/现在我呀长大了/会做的事儿真不少”

——幼儿园

“大公鸡/oo 啼/阿姨带我到村西/小白鹅/ee 叫/连声问我‘早上好’”

“人有两个宝/双手和大脑/双手会做工/大脑会思考/才能有创造”

“江南可采莲/莲叶何田田/鱼戏莲叶间/鱼戏莲叶东/鱼戏莲叶西/鱼戏莲叶南/鱼戏莲叶北”

——小学

小结：诗歌几乎是人一生中最早接触的文体，并始终伴随着我们。

3. 生活中也是处处有诗歌的存在，请举例说说，你觉得生活中哪里有诗的存在？

参考：

有形的诗：

门联是诗、歌词是诗、旅游时到处可见文人墨客留下的诗句。

无形的诗：

夜游濠河，赏水波荡漾、周边灯光璀璨，这是诗；

登临狼山，观水天一色、水上白帆点点，这是诗；

星期天，你把自己的房间打扫得干干净净，桌子一角放置一盆小花，床头墙壁上张贴一幅小画，你有没有觉得你的房间顿时诗意盎然了呢？甚至看我们班的这位小女生，你看她长得眉清目秀、穿着也是清新可爱的，老师禁不住想说：你好诗意啊！

有人说：生活离不开诗歌，有诗则雅，无诗则俗。

小结：生活离不开诗，生活中处处有诗。诗，离我们并不遥远，它离我们很近。

三、探讨问题二：诗歌真的很难写吗

比较阅读冰心的《荷叶　母亲》（《往事·七》）和《繁星·一五九》，回答下列问题。

1. 比较两段文字的相同点。

2. 比较两段文字的不同点。

3. 从诗歌难不难写的角度得出你的结论，并阐述理由。

荷叶　母亲

父亲的朋友送给我们两缸莲花，一缸是红的，一缸是白的，都摆在院子里。

八年之久，我没有在院子里看莲花了—— 但故乡的园院里，却有许多；不但有并蒂的，还有三蒂的，四蒂的，都是红莲。

九年前的一个月夜，祖父和我在园里乘凉。祖父笑着和我说："我们园里最初开三蒂莲的时候，正好我们大家庭中添了你们三个姊妹。大家都欢喜，说是应了花瑞。"

半夜里听见繁杂的雨声，早起是浓阴的天，我觉得有些烦闷。从窗内往外看时，那一朵白莲已经谢了，白瓣儿小船般散飘在水面。梗上只留个小小的莲蓬，和几根淡黄色的花须。那一朵红莲，昨天还是菡（hàn）萏（dàn）的，今晨却开满了，亭亭地在绿叶中间立着。

仍是不适意！—— 徘徊了一会子，窗外雷声作了，大雨接着就来，愈下愈大。那朵红莲，被那繁密的雨点，打得左右攲（qī）斜。在无遮蔽的天空之下，我不敢下阶去，也无法可想。

对屋里母亲唤着，我连忙走过去，坐在母亲旁边—— 一回头忽然看见红莲旁边的一个大荷叶，慢慢地倾侧了下来，正覆盖在红莲上面……我不宁的心绪散尽了！

雨势并不减退，红莲却不摇动了。雨点不住地打着，只能在那勇敢慈怜的荷叶上面，聚了些流转无力的水珠。

我心中深深地受了感动——

母亲啊！你是荷叶，我是红莲。心中的雨点来了，除了你，谁是我在无遮拦天空下的荫蔽？

繁星·一五九

母亲啊！
天上的风雨来了，
鸟儿躲到它的巢里；

心中的风雨来了，

我只躲到你的怀里。

参考：

相同点：

背景相同。文与诗材料的来源是同一件事：一个雨天，作者看到一张大荷叶遮护着一枝红莲，触景生情写下此文此诗。

主旨相同。无论是文还是诗，作者都歌颂了“母爱”的博大无边、伟大无私。

不同点：

冰心曾说：“《往事》那就是放大的《繁星》和《春水》。”

文体不同:《荷叶　母亲》是散文;《繁星·一五九》是诗歌。

情节不同:《荷叶　母亲》对事情发生的时间、地点、人物、起因、经过、结果交代得较为完整；《繁星·一五九》只表达了一个小小的细节和因此而产生的一点点想法。(故意往简单里说，为的是消除学生对诗歌的神秘感、距离感。)

用字不同:《荷叶　母亲》522个字;《繁星·一五九》38个字。

结论：诗歌不难写。它可以用更简单的材料、更简省的文字、更简短的篇幅来表达其他体裁能表达的同样的主题，思维可以是零碎的、感叹可以是刹那的。

四、探讨问题三：诗歌可以写些什么呢

读下面歌咏母爱的小诗，揣摩每首小诗的写作背景，体悟诗人的情感。读后，结合具体的诗歌说一说：诗，可以写些什么呢？

纸　船

寄母亲

我从不肯妄弃了一张纸，
总是留着——留着，
叠成一只一只很小的船儿，
从舟上抛下在海里。

有的被天风吹卷到舟中的窗里，
有的被海浪打湿，沾在船头上。

我仍是不灰心的每天的叠着，
总希望有一只能流到我要它到的地方去。

母亲，倘若你梦中看见一只很小的白船儿，
不要惊讶它无端入梦。
这是你至爱的女儿含着泪叠的，
万水千山求它载着她的爱和悲哀归去。

简析：对诗人于海上折纸船抛到海里，希望纸船漂到母亲的梦里的这样一件细小事情的叙写，表达了诗人对母亲的怀念和依恋之情。

结论：诗可以记叙一个细节。

繁星·三三

母亲啊！
撇开你的忧愁，
容我沉酣在你的怀里，
只有你是我灵魂的安顿。

简析：让母亲不要烦心，把忧愁告诉我，让我一起分担，因为母亲是我灵魂栖息的港湾。

结论：诗可以表达刹那的想法。

繁星·八〇

母亲啊！
我的头发，
披在你的膝上，
这就是你付与我的万缕柔丝。

简析：用“万缕柔丝”（头发）作为比喻，更凸显出母亲那数不尽的温柔如丝的对作者的爱！“披在你的膝上”，为什么是披在“你的膝上”而不是其他地方呢？因为作者（女儿）懂得了母亲的爱，从而做出亲昵的举动！说明了女儿对母亲的爱与感恩！

结论：诗可以表达作者对某个细节的感慨。

繁星·一〇二

小小的花，
也想抬起头来，
感谢春光的爱——
然而深厚的恩慈，
反使她终于沉默。
母亲啊！
你是那春光吗？

简析：也许诗人看到了灿烂的阳光下的一朵小小的花，一朵低头不语的带有羞涩的小小的花，于是想到花儿其实是应该感谢春光的，因为春光对花的恩慈真的是太多太大了，由花儿的不语让她也许想到了“大爱不言”吧，于是想到自己，就是那朵小小的花，而母亲就是那春光。

结论：诗可以由某物或某现象生发出感慨，表达丰富的意蕴。

春水·九七

寥廓的黄昏，
何处着一个彷徨的我？
母亲啊！
我只要归依你，
心外的湖山，
容我抛弃罢！

简析：冰心诗歌中的母爱总是给人一种包容一切的感觉。在诗人的笔下，母亲是彷徨郁闷时倾诉的对象。

结论：诗可以表达刹那的想法。

总结：内容上——读着这些小诗，不禁回忆起那一幕幕最温暖宁静的时刻。母爱是多么无私、柔和、美好，而与这样的母爱相呼应的，是女儿对母爱的回应与反馈。

形式上——短小，用三言两语表达突发的感触、瞬间的喟叹、刹那的思绪、零碎的思想。而这些感触、喟叹、思绪、思想可以是因为事、可以是因为物、可以是因为景，等等。

五、探讨问题四：什么是诗

参考：诗，就是人的内心对外在世界的感触。

六、布置作业

1. 欣赏《繁星》《春水》中歌咏父爱、颂赞小弟弟的诗歌。

2. 学着创作诗歌。

泰戈尔说过："如果我能一天写一首诗，我的生命将在一种喜乐中度过。"那就学着每天创作一首或多首诗歌吧，相信，这样你的生命会多了许多的喜乐。

阅读冰心的诗，联想或观察自己的生活片段，学习用冰心的方式将零碎的片段、想法、感受表达出来。精心选择一本自己喜欢的笔记本，可以设计封面、内页等，每天写下自己的小感触，隔一段时间我们来评一评，谁的诗集最精美。

提醒：不要刻意地正襟危坐于书桌前，明确无误地告诉自己：我要开始写诗了，那样反倒可能写不出来；存有创作诗歌的意识，留意你的生活，留意你突发的感触、瞬间的喟叹并及时地记录下来，那就是诗。

第二课时

教学内容

以《繁星》《春水》中歌咏"自然"的诗篇为例，强化第一课时所获得的对诗歌的感受和认识。

教学过程

一、了解冰心家庭生活，探讨生活与诗歌创作的关系

（略。）

二、欣赏《繁星》《春水》中歌咏自然的诗篇

冰心除用简短的文字真实地记录了对"母亲"的情感外，对"自然"同样有许多突发的感触、瞬间的喟叹、零碎的思想、刹那的思绪，同样采用简短的文字、短小的篇章记录下当时的真实感受，我们今天就一起来欣赏这类诗歌。

1. 阅读《繁星》《春水》中歌咏“自然”的诗歌。要求：静静地读，静静地想，想象情景，体验情感，感悟感受，读后，就其中一首或多首诗歌谈谈自己的阅读感受。

《繁星》《春水》中歌咏“自然”的诗歌参考篇目：《繁星・一》《繁星・三》《繁星・二八》《繁星・三二》《繁星・三四》《繁星・三六》《繁星・四八》《繁星・五二》《繁星・五五》《繁星・五六》……

2. 交流阅读感受。

三、小结：什么是诗

学生根据以上阅读，谈谈你觉得究竟什么才是诗呢？

明确：生活中的人、事、物、景在人的内心所引发的感慨。

四、布置作业

1. 继续欣赏《繁星》《春水》中歌咏“自然”的诗篇，读、体会、思考。

《繁星》《春水》中歌咏“自然”的诗歌参考篇目：《繁星・六〇》《繁星・六九》《繁星・七〇》《繁星・七七》《繁星・一二一》《繁星・一二七》《春水・二七》《春水・三一》《春水・三三》《春水・一六七》……

2. 创作诗歌。

第三课时

教学内容

以《繁星》《春水》中歌咏“童真”及其他题材的诗篇为例，强化第一、第二课时所获得的对诗歌的感受和认识。

教学过程

一、导入

她在家庭生活小范围里看到了“爱”，而在社会生活这个大范围里看到了“憎”。

——茅盾《冰心论》

她不愿描绘苦难的人生，赚取人们的“泪珠”，因而就选择了“理想的”人生，作为自己讴歌的对象。在冰心“理想的人世间”里，“只有同情和爱恋”，“只有互助和匡扶”（《往事集自序》）。所以，母爱、童真和对自然的歌颂，就成了冰心作品的主旋律。

——《繁星》《春水》导读

我们在第一节课上欣赏了冰心歌咏母爱的诗篇，在第一节课后，阅读了写父亲、小弟弟的诗篇，在上一堂课上及课后，我们又阅读了大量的歌颂自然的诗歌，我们对以上评论是不是也有了深切的感受。今天，我们再来欣赏冰心歌颂“童真”及对万事万物的感慨的诗。

二、欣赏《繁星》《春水》中歌咏“童真”的诗篇

过渡：通过大量阅读冰心的《繁星》《春水》，我相信同学们对诗歌应该有了比以前更为直观的感受，今天我们继续阅读《繁星》《春水》，看看诗人对童年、对世间万物还有些怎样的感慨。

1. 阅读《繁星》《春水》中歌咏“童真”的诗歌。要求：静静地读，静静地想，想象情景，体验情感，读后，就其中一首或多首诗歌谈谈自己的阅读感受。

参考篇目：《繁星·二》《繁星·一五》《繁星·三五》《繁星·四三》《繁星·七四》《繁星·一〇六》《春水·六四》……

2. 交流阅读感受。（略。）

三、读《繁星》《春水》中其他题材的诗篇

参考篇目：《繁星·一七》《繁星·一八》《繁星·一九》《繁星·二〇》《繁星·二一》……

四、《繁星》《春水》的影响

冰心这些初期的诗作就像诗人的一首小诗——“好似一颗小石头抛在水里，一声清响，跳起水珠来；接着漾出无数重重叠叠的圈儿”（《影响》）——所说的那样产生了巨大的影响。冰心的这种小诗被称为“冰心体”，20 世纪 20 年代，它受到了很多诗人的模仿，曾经盛行于诗坛，也涌现了一大批著名的诗人，如刘大白、郭绍虞、叶绍钧、徐玉诺、宗白华等，这些小诗以真实简练的文字，含蓄地表现了诗人在刹那间对于平凡事物的独特感兴和情思的变迁。它们和冰心的小诗一起，形成了一片晶莹而又遥远的星群，永远地闪烁在新诗发展的路途上。

但愿同学们也能成为这星群中的一颗。

五、小结：什么是诗

1. 学生交流。

2. 赏析宗白华的《诗》《小诗》。

诗

宗白华

啊，诗从何处寻？
在细雨下，点碎落花声！
在微风里，飘来流水音！
在蓝空天末，摇摇欲坠的孤星！

小　诗

宗白华

生命的树上
凋了一枝花
谢落在我的怀里，
我轻轻地压在心上。
她接触了心中的音乐
化成小诗一朵。

六、布置作业

1. 继续阅读《繁星》《春水》中其他题材的诗篇。要求：静静地读，静静地想，想象情景，体验情感。

参考篇目：《繁星·三一》《繁星·四五》《繁星·九四》《繁星·九六》《繁星·一四九》《春水·一五》《春水·一六》《春水·二〇》《春水·四九》《春水·九四》……

2. 创作诗歌。

（课例设计：葛　平）

智慧点示：

美国著名的教育心理学家奥苏伯尔有一段经典的论述："假如让我把全部教育心理学仅仅归纳为一条原理的话，那么，我将一言以蔽之：影响学习的唯一最重要的因素就是学生已经知道了什么，要探明这一点，并应据此进行教学。"（《新课程理念与初中语文课堂教学实施》）

当学生的诗歌基础相对比较薄弱的时候，我们该如何进行诗歌教学呢？那就要拉近学生与诗歌的距离，让学生走近诗歌。如果能够选择内容理解难度不大、形式不复杂、语言不隐晦的诗作让学生大量阅读、充分感受诗歌的魅力，就能较顺畅地将学生领进门，能够当此大任的文本应当是《繁星》《春水》。

《繁星》《春水》是冰心早期的两部诗集，都是作者"随时随地的感想和回忆"，是"零碎的思想"的汇集，"表现了诗人在刹那间对于平凡事物的独特感兴和情思的变迁"（几段引用文字均见人民文学出版社出版的冰心诗集《繁星》《春水》"导读"部分），冰心的这些诗歌从内容上来讲，容易引起学生的情感体验；从形式上来讲，容易引发学生的仿写冲动。

以上一组课的设计，以《繁星》《春水》为阅读范本，分三步引导学生慢慢走近诗歌。

首先从三个方面让学生感知，诗歌是离我们很近的一种文学样式。

以黄帝时代的歌谣《弹歌》为例，让学生知道：诗歌是人类历史上出现最早的文学样式，诗歌的出现，远在文字的出现之前，与人类的语言几乎同时产生；接着，通过列举人的成长过程中基本上每个人都听过、背过的儿歌、古诗等，让学生感受到：诗歌应该是人一生中最早接触的文体，并始终伴随着我们；再通过身边的实例提醒学生意识到：生活离不开诗，生活中处处有诗歌。通过这样的三个环节，让学生真切地感受到我们离诗歌并不遥远，它离我们很近，为学生"走近诗歌"打下良好的感性及理性基础。

接着，通过冰心的《荷叶　母亲》和《繁星·一五九》作比较阅读，明白了写诗是一件很简单、很容易的事情，这就为学生进一步走近诗歌有了更为感性的认识，也慢慢地激发出学生写诗的愿望。

最后，通过分类阅读《繁星》《春水》中的“母爱篇”“自然篇”“童真篇”及其他篇章，再一次从具体的诗作中感受到诗歌，就像冰心那样，是人的内心对外在世界的小感触，这些小感触可以是因为事、可以是因为物、可以是因为景，并用语言记录下这些小感触便是诗歌了。

在学生阅读、思考的同时要求学生仿照冰心的诗作，把自己内心的小感触也写下来，不要过于在意学生写作的好与坏，只在于激发学生的那份兴趣。

课例二

感受，触摸诗歌灵魂之基础

第一课时

教学内容

选择教材中“总分总”结构的诗歌，并进行适当的改写；比较改写后的诗歌与教材中的诗歌，进一步加强学生对诗歌的感性认识：诗歌无论篇幅长短，都是人的内心世界对外部世界的感触；仿照这种结构来写诗。

教学过程

一、导入

有同学问我：冰心的三言两语的“冰心体”诗歌是诗人对世界的感触，那么，长一些的诗歌也是诗人对世界的感触吗？今天，我们就来读一读篇幅较长的诗歌。

二、比较下面两首诗

（一）欣赏两首诗歌。

1．第一首：

生活是多么广阔，
生活是海洋。
凡是有生活的地方就有快乐和宝藏。

简析：表达了生活是广阔的、是快乐的这样一种生活观，反映了诗人对生活的热爱。

（注：这其实就是何其芳的《生活是多么广阔》中的第一节诗，让它单独成篇，有点类似《繁星》《春水》中的小诗。）

2. 第二首：

生活是多么广阔

何其芳

生活是多么广阔，
生活是海洋。
凡是有生活的地方就有快乐和宝藏。

去参加歌咏队，去演戏，
去建设铁路，去作飞行师，
去坐在实验室里，去写诗，
去高山滑雪，去驾一只船颠簸在波涛上，
去北极探险，去热带搜集植物，
去带一个帐篷在星光下露宿。
去过寻常的日子，
去在平凡的事物中睁大你的眼睛，
去以自己的火点燃别人的火，
去以心发现心。

生活是多么广阔，
生活又多么芬芳。
凡是有生活的地方就有快乐和宝藏。

简析：表达了生活是广阔的、是快乐的这样一种生活观，反映了诗人对生活的热爱。

（二）比较两首诗歌的异同。

同：主题相同。

异：第二首比第一首篇幅长。第二首诗歌，第一节诗表达了生活是广阔的，是快乐的，是有宝藏的。如海洋般广阔的生活里有哪些快乐和宝藏呢？第二节诗歌就有了具体的阐述，可以到许多地方，做各种各样的事情，在多姿多彩的生活描述中，就让我们读者真切感受到了诗人的快乐。第三节基本与第一节相同，只是稍作变换，首尾呼应，强调的同时还显沉稳。

结论：对一刹那间的思绪进行具体阐述，就可以使诗歌的篇幅变长，内容变得更为丰富具体。

三、继续阅读两首诗，并比较异同

1. 第一首：

绿

好像绿的墨水瓶倒翻了
到处是绿的……

2. 第二首：

绿

艾　青

好像绿的墨水瓶倒翻了
到处是绿的……

到哪儿去找这么多的绿……
墨绿、浅绿、嫩绿、
翠绿、淡绿、粉绿……

刮的风是绿的，
下的雨是绿的，
流的水是绿的，
阳光也是绿的；

所有的绿集中起来，
挤在一起，
重叠在一起，
静静地交叉在一起。

突然一阵风，
好像舞蹈教练在指挥，
所有的绿就整齐地
按着节拍飘动在一起……

简析：第二首是将第一首诗歌中“绿”的颜色、地点等具体化，短诗成了长诗。

四、小结

用概括的语言写出刹那间的思绪，创作的也许是短诗；将思绪具体化，可能就成了长诗。

五、布置作业

1. 课后阅读《艾青诗选》，并挑选一两首作简要分析。

2. 创作诗歌。

第二课时

教学内容

通过阅读教材上的一组并列式结构的诗歌，进一步加强学生对诗歌的感性认识：诗歌无论篇幅长短，都是人的内心世界对外部世界的感触；仿照这种结构来写诗。

教学过程

一、检查作业

1. 自选一两首艾青的诗歌，谈谈自己的理解。

2．交流、品评创作的诗歌。

二、阅读下面几首诗歌并作简析

1．第一首：

繁星·一〇

冰　心

嫩绿的芽儿
和青年说
“发展你自己！”

淡白的花儿
和青年说
“贡献你自己！”

深红的果儿
和青年说
“牺牲你自己！”

师生共同讨论诗歌的内容与结构特点：

诗歌共分三节，诗人借“芽儿”“花儿”“果儿”的口，以植物的生长来比喻青年的成长，劝勉青年人要奋发努力，不断充实、提高、发展自己，甘愿为人类社会作出更大的贡献和牺牲。

2．第二首：

我的思念是圆的

艾　青

我的思念是圆的
八月中秋的月亮
也是最亮最圆的
无论山多高、海多宽
天涯海角都能看见它
在这样的夜晚
会想起什么？

我的思念是圆的
西瓜、苹果都是圆的
团聚的人家是欢乐的
骨肉被分割是痛苦的
思念亲人的人
望着空中的明月
谁能把月饼咽下？

师生共同讨论诗歌的内容与形式特点：

诗歌共分两节，诗人由“思念是圆的”，想到“八月中秋的月亮”，想到“西瓜、苹果都是圆的”，表达了对团聚、亲情、友情的珍视和怀想。

3. 第三首：

在希望的田野上

晓 光

我们的家乡，
在希望的田野上，
炊烟在新建的住房上飘荡，
小河在美丽的村庄旁流淌。
一片冬麦，一片高粱，
十里荷塘，十里果香。
我们世世代代在这田野上生活，
为她富裕，为她兴旺。

我们的理想，
在希望的田野上，
禾苗在农民的汗水里抽穗，
牛羊在牧人的笛声中成长。
西村纺花，东港撒网，
北疆播种，南国打场。

我们世世代代在这田野上劳动，
为她打扮，为她梳妆。

我们的未来，
在希望的田野上，
人们在明媚的阳光下生活，
生活在人们的劳动中变样。
老人们举杯，孩子们欢笑，
小伙儿弹琴，姑娘歌唱。
我们世世代代在这田野上奋斗，
为她幸福，为她增光！

师生共同讨论诗歌的内容与形式特点：

全诗共分三节，分别歌唱家乡、歌唱理想、歌唱未来，节与节结构相似。这是一首歌唱祖国繁荣富强的歌，通过对家乡充满希望的田野的赞美，抒发了对美好生活的赞美，歌颂了新生活，歌颂了新时代。歌词把希望和未来巧妙地结合起来，既歌颂了改革开放后的新变化、新面貌，又憧憬着富裕、兴旺和幸福的未来。

三、小结

今天课堂上读到的这些诗，比起“冰心体”来讲，篇幅要长一些，内容要丰富一些，作者的思绪要起伏一些。从结构上来讲，诗歌分节，结构相仿，从不同角度反复咏唱。

四、布置作业

1. 课后阅读朱湘的《少年歌》《长征组歌·四渡赤水出奇兵》及《革命烈士诗抄·花》，并作简析。（注：这三首诗歌结构与课堂所学比较一致，同时是苏教版教材中的“诵读欣赏”中的诗歌。）

2. 创作诗歌。

第三课时

教学内容

通过教材中按照事情发展的顺序写成的诗歌，进一步加强学生对诗歌的感性认识：诗歌无论篇幅长短，都是人的内心世界对外部世界的感触；仿照这种结构来写诗。

教学过程

一、检查作业

1. 自选一两首艾青的诗歌，谈谈自己的理解。

2. 交流、品评创作的诗歌。

二、从熟悉的故事与同题材的诗歌入手，感受叙事诗的写法

1. 请一名学生讲一讲小英雄王二小的故事。

2. 再请一名学生读一读小学二年级时学过的《歌唱二小放牛郎》这首诗歌。

（见苏教版小学语文教材第四册第17课。）

3. 师生共同讨论诗歌的内容与形式特点。

简析：这是小学二年级学过的一首叙事诗，共六个小节。第二至第五节，记叙了王二小跟敌人斗争并英勇牺牲的经过。

三、阅读下面两首诗歌，并作简要分析

1.《纸船》（见苏教版七年级上册第一单元第三篇课文《冰心诗四首》。）

简析：这首《纸船》是冰心的作品，从篇幅上来讲，比前面几节课所学的短诗要长一些，写的是诗人于海船上的一个细节——折纸船以及对纸船去向的叙写，表现了诗人对母爱的怀念和依恋之情。

2.《回延安》（见苏教版七年级下册第六单元第二十五课《现代诗二首》。）

简析：诗人按照时间的顺序，依次抒写了诗人离别延安十年后，再踏上延安土地时的兴奋、激动，以及见到亲人的喜悦之情；回忆了自己在延安时期的生活，抒发诗人和延安的血肉关系、母子深情，表现出对延安的感激和怀念；描述了亲人欢聚一堂、亲切话旧的热烈场面；喜看延安城市新面貌，表现了诗人对延安建设成就的赞美；回顾延安的光荣历史，展望延安的锦绣前程，表达了作者的惜别之情。

四、小结

按照事情发展的顺序，将事情的真实、内心的真实抒写出来就是一首好诗。

诗歌可以是刹那间的小感受，也可以是缠绕心间多时的感想；可以是三言两语就能表达清楚的情感，也可以是具体细致的描绘才能表达清楚的感慨……当然，无论篇幅长短，都是外部世界在人的内心里引起的反应。

五、布置作业

1. 课后阅读泰戈尔的诗三首《金色花》《告别》《榕树》，并试着分析。
2. 创作诗歌。

（课例设计：葛　平）

智慧点示：

以上这一组课例是建立在第一组课例的基础之上的，是为了强化第一组课例给学生的感受：诗歌是人的内心对外在世界的感触，当然，要让学生走近诗歌，并能更快地亲近诗歌甚至走进诗歌，充分感受诗歌的魅力，我们应从以下诸方面作出努力：

一、从简单的诗歌入手。如第一组课例设计的感受冰心的《繁星》《春水》。在学生基础相当薄弱的情况下也不要用特别规范、特别严格要求的诗歌呈现给学生，那会使学生在一开始学习就排斥、远离，是无法进入真正的学习状态的。但是也不能一味停留在这样的基础上，我们应该让学生坚信：诗歌是人的内心对外部世界的感触，在这种理性认识的基础上慢慢地带着学生接触形式上更为复杂多样的诗歌，这样，学生会在不经意间，阅读、写作的水平及能力随着阅读的加深而慢慢提升。

二、从大量的阅读入手。刚开始学习诗歌，带着学生大量阅读，重点不在于学生能够准确地分析诗歌的思想性、艺术性，只在于揣摩诗人写作时所见、所闻、所感。感诗人所感，悟诗人所悟，这样就更容易产生亲近诗歌之感，从而消除畏难情绪，跟着诗作走近诗歌氛围，积累丰富的情感经验，为深刻领会诗作内涵、体悟诗人情感打下扎实的基础。

三、从写作的训练入手。读写结合是语文教学的原则，“任何一个写过诗的人，可能一辈子都会记住诗，不管他以后生活中需不需要诗。诗歌只要写过，就已经流进你的血液里了，是洗不掉的”（濮靖《新课程理念下高中语文现代诗歌教学的反思》，摘自《教改聚焦》2010 年第 8 期）。让学生带着写作的任务开始他们的诗歌学习，知道写诗也不是件难的事情。这种认识非常重要，因为有了这一次初啼，他们就能亲近诗歌了，从自己的写作中感知诗歌的平易、简单，明白有些小感触在很难梳理成大文章的情况下，可以用三言两语写成诗，边读边写，边写边读，以读促写，以写促读，读读写写，水平、能力呈螺旋式上升。在学习诗歌的初期，无论学生的诗歌写作有多糟糕，我们都要给予肯定；不要急于用好诗的标准来衡量学生，那样会框住学生的思维，框住写作的激情，框住阅读的兴趣，框住坚持的耐心，会得不偿失；同时，在诗作的引领下，让学生学着走进自己的内心世界，学会用准确的语言捕捉并及时抒写自己内心的真实感受。

课例三

了解诗歌基本常识，从感性逐步走向理性

第一课时

教学内容

了解诗歌的一般特点。

教学过程

一、导入

中国素有“诗国”之称，在世界所有的民族当中，中国的诗歌文化历史渊源最早，延续时间最长，跨越空间最辽阔，酷爱诗歌的阶层最广泛，我们从小到大一直都与诗歌打交道，也已经阅读了大量的诗歌，那谁能告诉我：什么是

诗歌？诗歌具有什么特点呢？

（学生自由回答。）

二、通过回忆阅读过的诗歌，概括诗歌内容上的特点

相信，因为前面六节课的学习，所有学生应该能明白：诗歌就是人的内心对外在世界的感触。

三、通过回忆阅读过的诗歌，概括诗歌选材特点

可以叙述一件事情，可以描述一个情景，可以抒发一种情感，选材非常广泛自由。

四、通过回忆阅读过的诗歌，概括诗歌形式特点

1．分行排列

学生根据所学的诗歌举例并概括。

小结：分行排列。这是诗歌区别于其他文体样式的、最基本的外在形式上的特点。

2．押韵

学生根据所学的诗歌举例并概括。

小结：押韵。大多数诗歌都要求押韵，这也是诗歌同其他文学体裁的最大区别之一。

3．形式自由

学生结合具体诗歌概括诗歌句式上的特点：句式可以工整、可以参差，排列也很自由。

学生结合具体诗歌概括诗歌篇幅上的特点：篇幅可长可短。补充两个例子：

（1）最长的诗歌：

格萨尔（节选一）

美丽的姑娘在岭国，
她往前一步能值百匹骏马，
她后退一步价值百头肥羊；
冬天她比太阳暖，
夏天她比月亮凉；

遍身芳香赛花朵。
蜜蜂成群绕身旁；
人间美女虽无数，
只有她才配大王；
格萨尔大王去北方，
如今她正守空房。

格萨尔（节选二）

春三月若不播种，
秋三月难收六谷；
冬三月若不喂牛，
春三月难挤牛奶；
骏马若不常饲养，
临战逢敌难驰骋。
虽饿不食烂糠，
乃是白唇野马本性；
虽渴不饮沟水，
乃是凶猛野牛本性；
虽苦不抛眼泪，
乃是英雄男儿本性。

简析：藏族史诗《格萨尔》，又称《格萨尔王传》。大约产生于11世纪以后，已经存在有一千多年，是一部唱体诗歌，流行在中国西藏和中亚地区，目前在西藏、蒙古和土族中间尚有约140位演唱艺人在说唱这部史诗，是世界上目前尚在被传唱的最后一部史诗。《格萨尔》至今已经收集了150万行，1500多万字，是世界上最长的史诗，讲述传说中的岭国国王格萨尔的故事，对藏传佛教影响很大。

（2）最短的诗歌：

生　活

北岛

网

简析：诗人高度概括“生活”，用一个“网”字揭示了芸芸众生的生命状态，带有寓言般的深沉和精确。

五、通过设例，概括诗歌情感特点

阅读下面两段文字，比较异同。

第一段：有一则新闻是这样的，昨天在七号公路上，一辆汽车时速为一百公里时猛撞在一棵法国梧桐树上，车上四人全部死亡。

第二段：

昨天在七号公路上
一辆汽车
时速为一百公里时
猛撞
在一棵法国梧桐树上
车上四人全部
死亡

相同点：内容相同。

不同点：形式不同。

这样分行排列后首先造成视觉效果，让读者一望就知：首先这是诗；然后是富于诗的节奏感；再就是富有感情，不像新闻那样客观冷静、语气平缓。

小结：诗歌感情强烈。

六、结语

有人说：能读诗的人，是世界上最幸福的人。我们把世间最美的状态称为诗境，把心中最美的意念称为诗意，最美的感情称为诗情，把文字中最精妙的语言称为诗句。让我们多读诗、多背诗，尝试写诗，诗意地栖居在大地上，让我们的青春与诗为伴。

七、布置作业

1. 课后阅读《艾青诗选》，并选一两首作简析。

2. 创作诗歌。

第二课时

教学内容

了解中国古代诗歌发展概况，加深对现代诗歌的了解。

教学过程

一、导入

通过学习这些诗歌，通过回忆学过的诗歌，通过阅读冰心、艾青等著名诗人的诗作，我们不仅知道诗歌是外部世界在人的内心的反映，还知道诗歌样式是丰富多彩的，并且，我们还通过具体的诗歌了解了诗歌形式上的一般特点：分行、押韵、形式自由，诗歌的感情色彩也比较浓郁。中国被称为诗的王国，中国的诗歌形式上经过了一个怎样的发展历程呢？我们今天不妨来了解一下中国诗歌发展的概况。

二、简单复习中国历史年表

1. 一起回顾中国历史朝代名称。

2. 要求每位学生在自己心爱的摘录本上或者诗歌创作本上腾出几个页面，写出历史发展的朝代更替。

三、简单介绍中国古代诗歌发展概况

（注：用多媒体快速呈现，不要求细读每首诗歌，只对不同历史时期呈现的诗歌样式作大体的了解，对具有代表性的作品作快速浏览。）

1. 《诗经》

《诗经》是中国汉族文学史上最早的诗歌总集，收入自西周初年至春秋中叶大约五百多年的诗歌（前 11 世纪至前 6 世纪）。

没有具体的行数要求，每句可以是四字，也可以是六字等。总的来讲，句式比较整齐。

作品欣赏：

蒹　葭

蒹葭苍苍，白露为霜。
所谓伊人，在水一方。

溯洄从之，道阻且长。
溯游从之，宛在水中央。
蒹葭凄凄，白露未晞。
所谓伊人，在水之湄。
溯洄从之，道阻且跻。
溯游从之，宛在水中坻。
蒹葭采采，白露未已。
所谓伊人，在水之涘。
溯洄从之，道阻且右。
溯游从之，宛在水中沚。

2. 楚辞

楚辞又称“楚词”，是战国时代的伟大诗人屈原创造的一种诗体。作品运用楚地的文学样式、方言声韵，叙写楚地的山川人物、历史风情，具有浓厚的地方特色。汉代时期，刘向把屈原的作品及宋玉等人“承袭屈赋”的作品编辑成集，名为《楚辞》，成为继《诗经》后，对我国文学具有深远影响的一部诗歌总集，并且是中国汉族文学史上第一部浪漫主义诗歌总集。

作品欣赏：

离　骚

屈　原

帝高阳之苗裔兮，朕皇考曰伯庸。
摄提贞于孟陬兮，惟庚寅吾以降。
皇览揆余初度兮，肇锡余以嘉名：
名余曰正则兮，字余曰灵均。
纷吾既有此内美兮，又重之以修能。
扈江离与辟芷兮，纫秋兰以为佩。
汩余若将不及兮，恐年岁之不吾与。
朝搴阰之木兰兮，夕揽洲之宿莽。
日月忽其不淹兮，春与秋其代序。
惟草木之零落兮，恐美人之迟暮。
……

《离骚》是战国时期著名诗人屈原的代表作，是中国古代诗歌史上最长的一首浪漫主义的政治抒情诗。诗人从自叙身世、品德、理想写起，抒发了自己遭谗被害的苦闷与矛盾，斥责了楚王昏庸、群小猖獗与朝政是非，表现了诗人坚持“美政”理想，抨击黑暗现实，不与邪恶势力同流合污的斗争精神和至死不渝的爱国热情。

楚辞也没有总的行数限制，每句以七字为主，句式整齐。

3．汉乐府

乐府是自秦代以来设立的配置乐曲、训练乐工和采集民歌的专门官署，汉乐府指由汉时乐府机关所采制的诗歌。这些诗，原本在民间流传，经由乐府保存下来，汉人叫作“歌诗”，魏晋时始称“乐府”或“汉乐府”。后世文人仿此形式所作的诗，亦称“乐府诗”。它们多出自下层人民群众之口，反映了当时某些社会矛盾，具有较高的认识价值；同时，其风格质朴率真，不事雕琢，颇具独特的审美意趣。

每句五字，句式整齐。

作品欣赏：

江　　南

江南可采莲，
莲叶何田田。
鱼戏莲叶间，
鱼戏莲叶东，
鱼戏莲叶西，
鱼戏莲叶南，
鱼戏莲叶北。

4．《古诗十九首》

最早见于《文选》，为南朝梁萧统从传世无名氏《古诗》中选录十九首编入，编者把这些作者已经无法考证的五言诗汇集起来，冠以此名，列在“杂诗”类之首，后世遂作为组诗看待。

《古诗十九首》是在汉代民歌基础上发展起来的五言诗，内容多写离愁别恨和彷徨失意，思想消极，情调低沉。但它的艺术成就却很高，长于抒情，善用事物来烘托，寓情于景，情景交融。

每句五字，句式整齐。

作品欣赏：

行行重行行

行行重行行，与君生别离。
相去万余里，各在天一涯。
道路阻且长，会面安可知？
胡马倚北风，越鸟巢南枝。
相去日已远，衣带日已缓。
浮云蔽白日，游子不顾返。
思君令人老，岁月忽已晚。
弃捐勿复道，努力加餐饭。

5．建安风骨

汉末建安时期文坛巨匠“三曹”（曹操、曹丕、曹植）、“七子”（孔融、陈琳、王粲、徐幹、阮瑀、应玚、刘桢）继承了汉乐府民歌的现实主义传统，普遍采用五言形式，以风骨遒劲而著称，并具有慷慨悲凉的阳刚之气，形成了文学史上“建安风骨”的独特风格，被后人尊为典范。曹操是建安文学的倡导者，他的作品主要是诗歌。

没有具体行数要求，每句可以是四字，也可以是五字等，句式整齐。

作品欣赏：

龟　虽　寿

曹　操

神龟虽寿，犹有竟时。
螣蛇乘雾，终为土灰。
老骥伏枥，志在千里。
烈士暮年，壮心不已。
盈缩之期，不但在天；
养怡之福，可得永年。
幸甚至哉，歌以咏志。

6. 晋朝诗人

晋朝时期玄言诗盛行。大诗人陶渊明对古代诗歌艺术的发展做出了杰出的贡献。

每句五字，句式整齐。

作品欣赏：

归园田居（其三）

陶渊明

种豆南山下，草盛豆苗稀。
晨兴理荒秽，带月荷锄归。
道狭草木长，夕露沾我衣。
衣沾不足惜，但使愿无违。

7. 南朝乐府民歌《西洲曲》

《西洲曲》，南朝乐府民歌名，是南朝乐府民歌中最长的抒情诗篇，历来被视为南朝乐府民歌的代表作。诗中描写了一位少女从初春到深秋，从现实到梦境，对钟爱之人的苦苦思念，洋溢着浓厚的生活气息和鲜明的感情色彩，表现出鲜明的江南水乡特色和纯熟的表现技巧。每句五字，句式整齐。

作品欣赏：

西　洲　曲

忆梅下西洲，折梅寄江北。
单衫杏子红，双鬓鸦雏色。
西洲在何处？两桨桥头渡。
日暮伯劳飞，风吹乌桕树。
树下即门前，门中露翠钿。
开门郎不至，出门采红莲。
采莲南塘秋，莲花过人头。
低头弄莲子，莲子青如水。
置莲怀袖中，莲心彻底红。
忆郎郎不至，仰首望飞鸿。
鸿飞满西洲，望郎上青楼。

楼高望不见，尽日栏杆头。
栏杆十二曲，垂手明如玉。
卷帘天自高，海水摇空绿。
海水梦悠悠，君愁我亦愁。
南风知我意，吹梦到西洲。

8. 北朝乐府民歌《木兰诗》

一首著名的北朝民歌，又名《木兰辞》选自宋代郭茂倩编的《乐府诗集》，在中国文学史上与《孔雀东南飞》合称为“乐府双璧”。《木兰诗》讲述了一个叫木兰的女孩，女扮男装，替父从军，在战场上建立功勋，回朝后不愿做官，只求回家团聚的故事。热情赞扬了这位女子勇敢善良的品质、保家卫国的热情和英勇无畏的精神。

每句五字，句式整齐。

木兰诗

唧唧复唧唧，木兰当户织。不闻机杼声，惟闻女叹息。

问女何所思，问女何所忆。女亦无所思，女亦无所忆。昨夜见军帖，可汗大点兵。军书十二卷，卷卷有爷名。阿爷无大儿，木兰无长兄。愿为市鞍马，从此替爷征。

东市买骏马，西市买鞍鞯，南市买辔头，北市买长鞭。旦辞爷娘去，暮宿黄河边，不闻爷娘唤女声，但闻黄河流水鸣溅溅。旦辞黄河去，暮至黑山头。不闻爷娘唤女声，但闻燕山胡骑鸣啾啾。

万里赴戎机，关山度若飞。朔气传金柝，寒光照铁衣。将军百战死，壮士十年归。

归来见天子，天子坐明堂。策勋十二转，赏赐百千强。可汗问所欲，木兰不用尚书郎；愿驰千里足，送儿还故乡。

爷娘闻女来，出郭相扶将；阿姊闻妹来，当户理红妆；小弟闻姊来，磨刀霍霍向猪羊。开我东阁门，坐我西阁床，脱我战时袍，著我旧时裳。当窗理云鬓，对镜帖花黄。出门看火伴，火伴皆惊忙：同行十二年，不知木兰是女郎。

雄兔脚扑朔，雌兔眼迷离；双兔傍地走，安能辨我是雄雌？

9. 唐诗

唐代是我国封建社会的鼎盛时期，文学发展也极为繁荣，诗歌成就最为突出；诗体大备，名家辈出，流派众多，作品丰富。唐代是我国古代诗歌发展的高峰，著名的诗人如：王勃、陈子昂、孟浩然、王维、高适、岑参、王昌龄、崔颢、王之涣、李白、杜甫、孟郊、刘禹锡、白居易、李贺、杜牧、李商隐等。

每句五言、七言都有。句式整齐，平仄要求高，音韵和谐。

作品欣赏：

山　　行

杜　牧

远上寒山石径斜，
白云生处有人家。
停车坐爱枫林晚，
霜叶红于二月花。

10. 词

词产生于民间，中唐时期已有不少文人开始了词的创作，晚唐五代文人词的创作日益增多，词作为一种新的诗歌形式逐渐确立下来。到宋代，大批优秀词人的出现，使词的创作日趋繁盛，并出现各具特色的不同风格流派，词的艺术达到顶峰。

句式不像诗歌那样齐整，可有长短句，但每一词牌都有固定字数、平仄、对仗、押韵等要求。

作品欣赏：

卜算子·咏梅

陆　游

驿外断桥边，寂寞开无主。已是黄昏独自愁，更著风和雨。
无意苦争春，一任群芳妒。零落成泥碾作尘，只有香如故。

11. 元曲

曲是继词而起的一种合乐诗体，它和词一样，最初都是起源于民间的音乐文学。形式要求类似于词。

作品欣赏：

天净沙·秋思

马致远

枯藤老树昏鸦，
小桥流水人家，
古道西风瘦马。
夕阳西下，
断肠人在天涯。

四、概括古代诗歌的一般特点

参考：我们可以把古代诗歌分为古体诗、格律诗、词曲等，其中古体诗就像我们读过的《诗经》、楚辞、汉乐府、《古诗十九首》等，每首诗歌每句诗的字数基本一致，句式排列也很整齐，也押韵，但要求不是很严，没有“平仄”上的要求；格律诗，有固定的字句规则，有固定的平仄要求，且句与句要求对仗；词曲和音乐有着密切的关系，有本身词牌的规定格式。

五、布置作业

1．将学过的诗歌填写在相应的朝代里，如果是同一朝代的作品按照时间的先后顺序排列。

2．创作诗歌。

第三课时

教学内容

1．通过比较古代诗歌和现代诗歌的异同，进一步了解中国现代诗歌的特点。

2．大致了解中国现代诗歌的发展概况。

教学过程

一、比较古代诗歌和现代诗歌的异同，进一步了解中国现代诗歌的特点

前几节课，我们读了大量的现代诗歌，上一堂课我们一起对中国古代诗歌的发展概况作了简单的了解，同学们比较看看，古代诗歌和现代诗歌有什么异同？

参考：

1. 从内容上来讲，我们读到的所有诗歌，无论是古代的，还是现代的，都可以用我们第一节课上得出的结论“诗歌是人的内心对外在世界的感触”来概括。

2. 从形式上来讲，古代诗歌形式要求较高，字数、句数、句式、排列等都有一定的规定性；现代诗歌除格律诗之外，形式相当自由，无论是字数、句数还是句式、排列组合等，都可以由作者根据自己的喜好、表达的需要自由选定。

二、了解中国现代诗歌发展概况

自“五四”之后，诗歌写作因时代不同、环境不同，因此内容不同、风格不同，形成了不同的流派，有着时代的烙印；但若从形式上来讲，基本沿袭着“五四”时期形成的那种自由的风范，不像古体诗那样要求句式工整，更不像格律诗、词曲那样在字数、句数、押韵、对仗、平仄上都有诸多限制，形式极为自由。

下面就来欣赏不同的历史时期的作品，感受形式自由的同时，体会诗歌内容，并与时代联系起来，从诗歌里寻找历史的痕迹。

（注：用多媒体快速呈现，不要求细读每首诗歌，只对不同历史时期呈现的诗歌样式作大体了解，对具有代表性的作品作快速浏览。）

1.“五四”时期（1915—1921）和第一次国内革命战争时期（1924—1927）

新诗最早的开拓者有胡适等。胡适的《尝试集》是我国现代诗歌史上的第一部诗集。其中的《人力车夫》一诗，是新诗史上较早描写劳动人民的疾苦及知识分子的人道主义思想，反映了五四时期“劳工神圣”新思潮的诗作。形式自由，音韵和谐，语言通俗，完全突破了旧体诗的束缚，是早期白话诗的成功之作，显示了胡适对新诗的开创之功。

作品欣赏：

人力车夫

胡　适

“车子！车子！”车来如飞。
客看车夫，忽然心中酸悲。
客问车夫：“今年几岁？拉车拉了多少时？”
车夫答客：“今年十六，拉过三年车了，你老别多疑。”
客告车夫：“你年纪太小，我不能坐你车，我坐你车，我心中惨凄。”
车夫告客：“我半日没有生意，又寒又饥，
你老的好心肠，饱不了我的饿肚皮，
我年纪小拉车，警察还不管，你老又是谁？”
客人点头上车，说：“拉到内务部西。”

2．第二次国内革命战争时期（1927—1937）

流派纷呈。

作品欣赏：

老　马

臧克家

总得叫大车装个够，
它横竖不说一句话，
背上的压力往肉里扣，
它把头沉重地垂下！
这刻不知道下刻的命，
它有泪只往心里咽，
眼里飘来一道鞭影，
它抬起头望望前面。

3．抗日战争时期（1937—1945）和解放战争时期（1945—1949）

流派纷呈。

作品欣赏：

大堰河——我的保姆（节选）

艾　青

大堰河，是我的保姆。
她的名字就是生她的村庄的名字，
她是童养媳，
大堰河，是我的保姆。

我是地主的儿子，
也是吃了大堰河的奶而长大了的
大堰河的儿子。
大堰河以养育我而养育她的家，
而我，是吃了你的奶而被养育了的，
大堰河啊，我的保姆。

……

4. 社会主义初期（1949—1956）

名实相符的颂歌时代。

作品欣赏：

我们最伟大的节日（节选）

何其芳

中华人民共和国
在隆隆的雷声里诞生。
是经过了如此长期的苦痛
而又如此欢乐的诞生，
就不能不像暴风雨一样打击着敌人，
像雷一样发出震动着世界的声音……

5. 激进时期（20 世纪 50 年代末 60 年代初）

中国文学政治化。

作品欣赏：

悬崖边的树

曾 卓

不知道是什么奇异的风
将一棵树吹到了那边——
平原的尽头
临近深谷的悬崖上
它倾听远处森林的喧哗
和深谷中小溪的歌唱
它孤独地站在那里
显得寂寞而又倔强
它的弯曲的身体
留下了风的形状
它似乎即将倾跌进深谷里
却又像是要展翅飞翔——

6. 红色文学繁荣时期（20 世纪五六十年代）

20 世纪五六十年代，反映社会生活中重大事件的政治抒情诗，具有鲜明的英雄主义的浪漫色彩。代表诗人有郭小川、贺敬之等。

作品欣赏：

雷锋之歌

贺敬之

雷锋，
你出发了……
——在黎明前的
一阵黑暗中……
你带着
满身
燃烧的血泪，
好像在梦中一样，

扑向
党呵——
温暖的
温暖的
母亲怀中……
……就是这样，
雷锋，
就是这样，
雷锋，
你站起来！
接受
“共产主义新战士”
——党给你的
命名。
……

7. 朦胧诗（20 世纪 70 年代末 80 年代初）

20 世纪 70 年代末 80 年代初的这一时期，朦胧诗产生过非常大的轰动效应。代表诗人有：顾城、舒婷、北岛、江河、杨炼等。

作品欣赏：

远　和　近

顾　城

你
一会看我
一会看云
我觉得
你看我时很远
你看云时很近

8. 第三代诗人（20 世纪 80 年代中期）

20 世纪 80 年代中期，一批年轻诗人开始了新的艺术探索。这些诗人出现于 1986 年前后，被称作“第三代诗人”。代表诗人有韩东、于坚、李亚伟等。

作品欣赏：

一切安排就绪

韩　东

一切安排就绪
我可以坐下来观赏
或在房间里
踱来踱去
这是我的家
从此便有了这样的感觉
卧室里
我妻子的船只出没
凡高的成熟的向日葵
顿时使四壁生辉
四把椅子
该写上四位好友的大名
供他们专用
他们来
打牌至天明鸡叫
有时候安静下来
比如黄昏
所有的门窗都开着
从这个房间
可以看到另一个房间
一块漂亮的桌布
一本书
都使我的灵魂喜悦
又总怀疑它们不该为我所用

三、小结

交流：读了以上的一些诗歌或诗歌片段，你有何感想？

（学生畅所欲言。）

教师引导，重点有两点：

1．不同时期的诗歌有不同的特点，诗歌的内容、诗人的情感烙上了时代的烙印。

2．现代诗歌写作比古诗写作自由，大多数现代诗歌比古诗好理解一些，模仿着写也容易些。

四、布置作业

1．将学过的诗歌填写在相应的朝代里，如果是同一朝代的作品按照时间的先后顺序排列。

2．继续创作诗一首或多首，形式自由。

（课例设计：葛　平）

智慧点示：

这一组课设计的目的是想让学生对诗歌更加亲近一些，主要希望完成这样几项内容：一是了解一点诗歌的最基本的知识。笔者在对初一新生的诗歌基础情况调研中有这样一项：同学们，诗歌是起源最早的文学样式，它几乎是和人类的语言同时产生的。那么，你知道什么是诗歌吗？诗歌具有哪些特点？你知道诗歌可以分为哪些类别？参加调研的有243名学生，90%的学生没有文体概念，不知道诗歌最基本的特点和类别。也许，学生看到诗歌样式就知道那就是诗歌，不少专家学者也认为要求学生说出诗歌的概念是没有必要的，而且，至今诗歌也没有一个很科学的概念。但是，我认为，如果我们可以用很短的时间让学生知道诗歌的一般性知识，或者学生能够根据自己感性的认识概括出对诗歌的理性认识，那又有什么不好呢？所以，在“了解诗歌”这一板块，我设计了让学生了解诗歌最基本的知识的教学环节，但并不是用说教的形式，而是通过大量的作品，由感性到理性。二是让学生对中国诗歌的发展概况有一个大致的了解。我认为这一了解意义深远，它可以将学生所学到的诗歌一首首地安插在合适的位置，帮助学生建立思维的网络结构，便于知识的系统化；同时还容易跟其他学科知识如历史、地理等相勾连，便于知识的融会贯通。一定的历史、地理知识有助于学生迅速了解诗歌创作的背景、了解诗歌形象诞生的环境，这样也就有助于理解诗歌的内涵，有助于帮助学生体悟诗人情感。三是通过古代诗歌与现代诗歌的比较阅读，对现代诗歌形式上的“自由”的特点有更加深刻的印象，对诗歌写作产生更大的兴趣。为了达到这一效果，笔者在选取诗歌作品时，尽量选取那种既能反映时代特色又在内容理解上难度不是很大的作品。

课例四

理解，触摸诗歌灵魂之关键

第一课时　《周总理，你在哪里》教学设计

教学目标

1. 通过了解总理生平、观看人民哀悼总理的视频，了解写作背景来感知诗歌内容、理解诗人的情感。

2. 通过朗读来体悟诗人的深情，并感受总理的人格魅力。

教学设想

主要采用“知人论诗法”“诵读法”来教学这首诗歌。

对于初一学生来说，这首诗歌内容理解难度不大，难就难在因对周恩来总理缺乏了解而无法理解诗人的情感。所以，教学这首诗歌涉及另一重要学习方法：知人论诗法。学生对总理有了一定的了解，学习难点也就迎刃而解了。

诵读，是学习诗歌的重要途径和方法，笔者认为教会学生有感情地朗读诗歌应该也是诗歌教学的重要内容之一。因为这首诗歌不存在字词理解上的障碍，所以主要采用“诵读法”“知人论诗法”来教学这首诗歌。

教学过程

一、导入

1. 课前播放《百年恩来》的几组镜头。

2. 导语：1998年，中央电视台为了纪念周恩来总理诞辰100周年拍摄了一部大型纪录片《百年恩来》。拍摄的时候离总理逝世已经有二十多年了，可是在拍摄过程中一提总理，人们还是泪流满面，泣不成声。刚才视频中出现的几位就是其中的代表。

二、了解总理生平，了解写作背景

1. 照片+配音介绍。

2. 播放纪录片《十里长街送总理》的片段。

3. 简介写作背景。

三、感知诗歌内容，体会诗人情感

1. 自由朗读诗歌。

2. 正音正形。

3. 概括诗歌内容。

（1）读着诗歌，你的眼前出现了哪些画面？

参考：在革命征途上不停奔走、操劳；深入农村、汗洒谷穗，与百姓同甘共苦的品质；深入工地，与工人笑谈，对工人和蔼可亲、平易近人的品质；深入边防，给战士披衣，表现了对边防战士的无限关怀；在天安门广场接见外宾、出席会议；行走、忙碌在世界各个角落、革命需要的每一个地方。

（2）一个个画面组合起来，你能感受到总理是一个怎样的人？

参考：为革命辛勤操劳、不停奔波、鞠躬尽瘁的人。

（3）你对这样的人怀有一种怎样的情感？

参考：崇敬。

（4）就是这样一个人，他离我们而去了，永远地离开了我们，你的心情如何？

参考：悲痛、伤心。

（5）你能体会生活在总理那个时代的人们、深受总理关怀爱护的人们，当他们听说总理永远地离开了他们的时候的心情吗？

参考：更悲痛、更伤心。

四、通过朗读体会诗人的深情，感知总理的人格魅力

（一）分析并朗读第1小节。

1. 自由朗读第1小节。

2. 指一名学生读第1小节，并请其他学生点评。

3. 朗读指导。朗读节奏要慢，为什么？慢，才能表达出伤感的心情。

（1）分析。

提问：同学们，柯岩的这首诗写在周总理逝世一周年的时候，那么她写这首诗的时候知不知道总理已经离开了我们？那她为什么还要问：周总理，你在哪里？而且第1小节诗歌中还连用了两个“你在哪里呵，你在哪里？”（板书：询问）

参考：这里已不是一般性的询问，而是深情的呼唤。（板书：呼唤）这种呼唤表达的是诗人内心的伤痛。

追问：这一节诗中有直接抒发想念之情的句子吗？

参考：有。“我们想念你，——你的人民想念你！”

追问：人民为什么如此想念周总理呢？请用诗中的语句来回答。

参考：因为周总理是“我们的好总理”。一个“好”字概括了总理伟大的一生，虽然只有一个字，但我们脑海中却呈现出周总理的种种的好，所以老师赞成刚才那位同学的观点——要慢，慢，不仅能读出悲伤的情感，还能读出诗歌精练、概括的语言背后丰富的内容。

（2）请点评学生朗读。

（3）调动学生已有的情感体验，并且想象自己是诗人柯岩。

（4）老师范读；学生齐读。

（二）分析并朗读第2~8小节。

1. 概括梳理第2~8小节。

（1）概括内容。

悲伤之余，诗人重新整顿心情，她要带着大家去寻找周总理（板书：寻找），都找了哪些地方？请同学们浏览第2~8小节，诗人都到哪些地方去找周总理了？

参考：高山、大地、森林、大海、整个世界、天安门广场……

（2）朗读指导。

为什么没有找到周总理？是因为周总理没有到过这些地方？到过？你怎么知道的？谁告诉你的？山谷、大地、松涛、海浪、广场……这里让自然万物来作答（板书：应答）运用的是什么修辞手法？（板书：拟人）有何作用？诗人赋予天地万物以人的情感，更突出总理精神之伟大，品质之高尚，不仅感人，而且连本无情感的山川大地都为之动容啊！所以朗读第2～8小节时要满怀深情。

（3）朗读训练。

请同学们从第2～8小节中任选一节进行朗读，一会儿读给大家听。

2. 以“大海”为例进行朗读指导。

3. 请同学们从第2～8小节中再任选一节诗歌进行朗读训练，同桌互读、互评。

（三）分析并朗读第9小节。

五、总结

1. 结束语：同学们，柯岩的这首诗歌《周总理，你在哪里》采用“询问—呼唤—寻找—应答”这样一种形式，描绘了亿万人民在广阔的世界里齐声呼唤、四处寻找总理的动人情景，她让天地万物深情应答，热情讴歌了周总理为革命、为人民辛勤操劳、鞠躬尽瘁的崇高品质，表达了亿万人民深深怀念周总理的强烈感情。（板书：给“深深怀念”加圈）周总理的光辉形象就像一座丰碑将永远矗立在人民心里。（勾勒板书。）

2. 齐读全文。

六、布置作业

1. 背诵全诗。

2. 创作诗歌。

第二课时　《诗人　领袖》教学设计

教学目标

1. 通过了解主席生平、了解写作背景来理解诗歌内容。

2. 通过理解诗句内容来理解诗歌内涵、诗人情感。

3. 通过朗读来加深对诗歌内容及诗人情感的理解。

教学设想

主要采用知人论诗法、释义法、诵读法学习这首诗歌。

本课教学相比上一堂课来讲，除运用“知人论诗法”及“诵读法”来学习诗歌之外，还必须运用“释义法”来学习这首诗歌。因为这首诗歌涉及诗歌创作的有些术语、涉及毛泽东的许多诗词，如果学生对诗歌创作的术语及毛泽东的诗词不了解，理解诗歌内容、诗人情感就有困难。

教学过程

一、导入

1. 课前播放歌颂毛泽东的歌曲来营造气氛。

2. 导语：毛泽东（1893 年 12 月 26 日—1976 年 9 月 9 日），湖南湘潭人。他不仅是伟大的革命家、政治家、军事家，领导人民缔造了新中国；他也是一位伟大的诗人，他的很多诗篇响彻中国。今天就让我们一起来读一读将毛泽东诗人与领袖身份完美结合的诗作——《诗人　领袖》。

二、简单回忆毛泽东作为政治家的一生

（略。）

三、简单回忆毛泽东作为诗人的一生

（略。）

四、朗读诗歌，理解每句话的字面含义

1. 你用平平仄仄的枪声
写诗

注：平仄——古代汉语的声调分平、上、去、入四声。“平”指四声中的平声，相当于现代汉语的阴平、阳平二声；“仄”指四声中的上、去、入三声，相当于现代汉语的上声、去声。平声和仄声，泛指由平仄构成的诗文的韵律。

2. 二万五千里是最长的一行

注：二万五千里——指1934—1935年中国工农红军在毛泽东领导下由江西转移到陕北的二万五千里长征。

3. 常于马背上构思
便具有了战略家的目光
战地黄花　如血残阳
成了最美的意象

注：战地黄花——《采桑子·重阳》（一九二九年十月）
人生易老天难老，岁岁重阳。今又重阳，战地黄花分外香。
一年一度秋风劲，不似春光。胜似春光，寥廓江天万里霜。

注：如血残阳——《忆秦娥·娄山关》（一九三五年二月）
西风烈，长空雁叫霜晨月。霜晨月，马蹄声碎，喇叭声咽。
雄关漫道真如铁，而今迈步从头越。从头越，苍山如海，残阳如血。

注：意象——意象就是寓“意”之“象”，就是用来寄托主观情思的客观物象。就是主观的“意”和客观的“象”的结合，也就是融入诗人思想感情的“物象”，是赋予某种特殊含义和文学意味的具体形象。

4. 有时潇洒地抽烟
抬头望断南飞雁

注：望断南飞雁——《清平乐·六盘山》（一九三五年十月）
天高云淡，望断南飞雁。
不到长城非好汉，屈指行程二万。
六盘山上高峰，红旗漫卷西风。
今日长缨在手，何时缚住苍龙？

5. 宽阔的脑际却有大江流淌
雪天更善畅想

神思飞扬起来

飘成梅花漫天的北国风光

注：梅花漫天——《七律·冬云》（一九六二年十二月二十六日）

雪压冬云白絮飞，万花纷谢一时稀。

高天滚滚寒流急，大地微微暖气吹。

独有英雄驱虎豹，更无豪杰怕熊罴。

梅花欢喜漫天雪，冻死苍蝇未足奇。

注：北国风光——《沁园春·雪》（一九三六年二月）

北国风光，千里冰封，万里雪飘。望长城内外，惟余莽莽；

大河上下，顿失滔滔。山舞银蛇，原驰蜡象，欲与天公试比高。

须晴日，看红装素裹，分外妖娆。江山如此多娇，引无数英雄竞折腰。

惜秦皇汉武，略输文采；唐宗宋祖，稍逊风骚。

一代天骄，成吉思汗，只识弯弓射大雕。

俱往矣，数风流人物，还看今朝。

6. 相信你是最严肃的诗人

屈指数算

一首气势磅礴的诗

调动了半个世纪的酝酿

注：半个世纪的酝酿——毛泽东在新中国成立前的近半个世纪里，一直都投身革命。

7. 轻易不朗诵

天安门城楼上只那一句

注：天安门城楼上只那一句——指1949年10月1日毛泽东在天安门城楼上向全世界发出的“中国人民从此站起来了”的庄严宣告。

8. 便成了世界的诗眼

注：诗眼——诗歌中最能开拓意旨和表现力最强的关键词句。

9. 嘹亮了东方！

五、朗读诗歌，从诗歌中找出体现毛泽东政治家、革命家特点的字词句，找出体现毛泽东诗人气质的诗句

政治家、革命家：枪声　二万五千里　马背上　战略家的目光　战地　宽阔的脑际却有大江流淌　半个世纪的酝酿　天安门城楼上　嘹亮了东方

诗人：写诗　构思　战地黄花　如血残阳　成了最美的意象　抬头望断南飞雁　雪天更善畅想　神思飞扬起来　飘成梅花漫天的北国风光

六、朗读诗歌，说说诗人任先青是怎样将毛泽东的诗人气质与政治家的气质结合起来的

（学生讨论并交流。）

参考：

第 1 节是从诗的形式入笔，将战争中的枪声比作诗韵，将二万五千里长征比作诗行，诗句运用比喻，将毛泽东的革命生涯与写诗生涯糅合在一起，既生动又形象。

第 2 节从内容上设喻，把领袖的战略谋划与战斗生活变成了诗人的马背吟诗（构思）和意象选择，并巧妙借用其词，与诗融合。

第 3 节刻画诗人的形象与风格，以“潇洒抽烟、雪天畅想”的细节描写，刻画了一位挥洒自如、想象丰富、豁达豪放的诗人形象与领袖风范。

第 4 节用代表诗巧妙设喻，把毛泽东一生最伟大的贡献——领导大家创业开国——比作诗人酝酿诗作，从诗歌创作的主要方面设喻。

第 5 节用吟诵诗歌来比喻“中国人从此站起来了”的宣言，“嘹亮了东方”写出了毛泽东功绩的历史地位。

诗歌看似闲散，实则笔笔关紧两面，内部结构非常严密地化用了毛泽东的不少诗句，丰富了诗作的内涵。

七、反复朗读诗歌，读出崇敬之情

八、布置作业

1. 背诵全诗。

2. 创作诗歌。

3. 熟读、初步理解这首诗歌中涉及的毛泽东的诗词。

第三课时 《再别康桥》教学设计

教学目标

1. 诵读。认知诗意美，音乐美，建筑美，绘画美。

2. 品味。引导学生感受康桥柔美秀丽的风光，体味作者对康桥依依惜别之情。感受作者对“爱”“自由”与“美”的追求。

3. 感悟。通过教师的指导，学会从诗歌的意象及形式等方面入手赏析诗歌。

教学设想

主要采用“诵读法”“知人论诗法”“释义法”和“意境体悟法”学习这首诗歌。

教学过程

一、教学铺垫

课间播放蔡琴的一首歌曲《再别康桥》，创设情境，渲染氛围。

二、导人新课

师：同学们，古人云：黯然销魂者，唯别而已矣！所以在古人的作品中，既有“西出阳关无故人”的豪迈，也有“相见时难别亦难”的苦涩，更有“杨柳岸，晓风残月”的伤感，这些都是古人对于离别的理解，那么现代人是如何看待离别的呢？今天我们就来学习徐志摩的《再别康桥》，领略一下现代人笔下的离别之情！（板书：再别康桥）

活动：学生齐读诗题，思考从诗歌的题目中能捕捉到哪些信息？

知识链接：

徐志摩（1896—1931），浙江海宁人。1918 年赴美留学，1920 年赴英国，就读于剑桥大学，攻读博士学位。

《再别康桥》这首诗，较为典型地表现了徐志摩诗歌的风格。诗歌记录了诗人 1928 年秋重到英国、再别康桥的情感体验，表现了一种蕴含着淡淡忧愁的离情别绪。康桥，即剑桥，英国著名剑桥大学所在地。康桥的一切，早就给他留下美好的印象，如今又要和它告别了，千缕柔情、万种感触涌上心头。康河的水，开启了诗人的性灵，唤醒了久蛰在他心中的激情，于是便吟成了这首传世之作。

胡适说："他（指徐志摩）的人生观里，只有三个词：一个是爱，一个是自由，一个是美。"

三、一轮诵读，因声求气

活动：请同学们按照自己喜欢的方式将诗歌朗读一遍，注意圈画出读不准或读不懂的字词。

结果呈现：

1. 交流字词。

青荇（xìng） 沉淀（diàn） 长篙（gāo）

漫溯（màn sù） 斑斓（bān lán） 笙箫（shēng xiāo）

漫溯：随意地逆流而上，随心地向着某个目标前进。

2. 指名朗读。

相机提问：同学们觉得这首诗应该带着什么样的感情去朗读呢？结合诗句说说理由。

过渡：同学们说得很好，我想除感情的投入以外，朗读的技巧也很重要，比如我们在朗读时还要注意语气的轻重缓急、注意声调的抑扬顿挫、注意咬字的准确、吐音的清晰等。

3. 教师范读。

四、二轮诵读，缘景明情

活动1：同学们，古语有云："情是诗之胚，景是诗之媒。"读了许多遍诗歌，同学们知道诗人将离别之情寄托在哪些景物上吗？借助这些景物，诗人为我们营造了关于康桥的哪些画面？你能不能抓住景物为每幅画面取个动人的名字？我们用"__________图"这样的句式来概括每一小节。

结果呈现：第一幅：作别云彩图；第二幅：金柳夕照图；第三幅：青荇招摇图；第四幅：清潭虹影图；第五幅：泛舟寻梦图；第六幅：沉默康桥图；第七幅：挥别云彩图。

活动2：接下来，请同学们选择你最欣赏的一两个美的画面读一读，说说你被徐志摩的哪个词或哪个句子或哪种感情打动了。

过渡：同学们说得非常好，不同的人眼中的美点和美感是不一样的，徐志摩在这首诗中的感情也是细腻而又复杂的，我们要有自己的感受和体悟。

活动3：假如你就是诗人徐志摩，请放飞想象的翅膀，选择你喜欢的一两个诗段用散文化的语言再现徐志摩“心中美丽的康桥”。（注意融情于景，发挥想象，运用修辞。50字左右。）

示例呈现：我选金柳夕照图：黄昏中的夕阳真多情啊！为河边的柳树镀上了一层妩媚的金色。金色的柳条随风摇摆，姿态婀娜，影子映在清澈的水中，就像美艳的“新娘”，这波光里的艳影在康河的水波中荡漾，也在我的心头荡漾，如此美景叫我怎能离去！

五、三轮诵读，比较迁移

活动：同学们，自古写离别的诗作可以说是数不胜数，大家比较熟悉的有哪些诗句？

结果呈现：骆宾王的《于易水送人一绝》：“此地别燕丹，壮士发冲冠。昔时人已没，今日水犹寒。”王勃的《送杜少府之任蜀州》：“与君离别意，同是宦游人。海内存知己，天涯若比邻。”王昌龄的《芙蓉楼送辛渐》：“寒雨连江夜入吴，平明送客楚山孤。洛阳亲友如相问，一片冰心在玉壶。”李白的《赠汪伦》：“李白乘舟将欲行，忽闻岸上踏歌声。桃花潭水深千尺，不及汪伦送我情。”等等。

探究：请同学们与《再别康桥》进行比较，想想有没有什么异同点。

师：很好，同学们提出了各种各样的不同点，比如情感的体现、意象的选择等。大多数同学都有一个共同的发现，那就是这首诗和一般的离别诗其离别的对象不同。一般离别诗离别的是人，那这首诗呢？是“西天的云彩”？是“母校剑桥大学”？那有没有可能是其他东西呢？是某一个让他魂牵梦萦的人？还是他跋涉追寻的西洋梦？还是五四时期文学青年的强国梦？

小结：同学们，诗人已逝，但诗情永存，希望我们的同学日后能以诗性的眼光去审视我们周边的风景，去体悟我们多彩的生活。

六、布置作业

1. 背诵全诗。
2. 继续创作诗歌。
3. 阅读《康桥再会吧》，与《再别康桥》作比较。

（课例设计：葛　平）

智慧点示：

通过两组“感受诗歌”的教学，学生对诗歌一定有了较感性的认识，建立在此基础上的“了解诗歌”组课的教学，又让学生在感性认识的基础上了解了一些必要的诗歌知识，学生由感性逐步地走向理性，但要真正让学生触摸诗歌灵魂，“理解诗歌”是关键步骤。这一步需要教师对现有教材进行深入研究，吃透教材，根据教学的需要，对现有教材进行适当的重新排序，并根据需要选择合适的教学内容。这就需要教师广泛吸收多种诗歌助读理论来解读诗歌，选取不同视角去挖掘教材所蕴含的意义。

以上设计的这一组课是带着学生走进诗歌的组课，也是积累具体的诗歌知识、培养诗歌阅读能力、教授诗歌理解方法的组课。所选择的诗歌是教材上的经典篇目，采取的教学方式是一首一首扎扎实实地学，同时，还在教会学生这一首的同时掌握理解诗歌的一般途径与方法。这是诗歌教学中的重头戏。

诵读，是学习诗歌的重要途径和方法。笔者认为，教会学生有感情地朗读诗歌应该也是诗歌教学的重要内容之一，好的朗读也是教学效果的呈现，所以，笔者以为理解诗歌的首要方法、贯穿课堂教学始终、理解每首诗歌都会用到的方法就是“诵读法”。

知人论诗法，是学习诗歌的重要方法之一。很多诗歌作品因为年代、历史背景的缘故，给学生理解作品带来了一定的困难，了解了诗歌创作的年代，了解了诗歌所创作的形象所处的背景，就有助于对诗歌作品进行理解。

有些诗词对于学生来讲，字词的识别及理解有困难，这势必会影响学生对诗歌作品的理解，所以扫清字词障碍是解读某些诗歌作品的重要步骤，笔者称之为“释义法”。

意象，诗歌中寄寓着作者思想情感和审美趣味的特定景象，是抒情作品中最基本的组成因素，是构成意境的基本单位。要读懂诗歌，必须要懂得意象，笔者称之为“把握意象法”。

意境，是作家的思想情感同客观景物的有机结合所形成的一种情景交融、虚实相生、富于韵味的艺术境界或氛围。“意境体悟法”，是理解诗歌的重要方法。

当然，理解诗歌还有其他途径与方法，而且，不同的诗歌作品，需要运用的方法也是多种多样且相互交融的。

【知识链接】

链接一　合宜的教学内容，是有效课堂的首要特质

语文知识的重建，语文课程与教学内容的重构，是一件踏踏实实的工作。语文知识除旧纳新，是具体的；除什么旧、纳什么新，需要一项一项地、一个一个地具体研究—— 在与学术界研究现状的关联中，在与语文课程目标的关联中，在与学生具体情形的关联中，来一项一项、一个一个地具体研究。研究语文知识问题，总的原则应该是打持久战，做点点滴滴的工作，不断地把研究往前推进，使语文课程、教材、教学一天胜似一天地谋求改善。我建议，语文教师最好能用自己的一堂课、一个教案、一次作业的批改、一项活动、一点体会等等，来加入“语文知识”问题的讨论。（王荣生《关于“语文教学内容”问题的思考》，摘自《中学语文教学》2010 年第 9 期）

链接二　根据教材中文本的不同功能，将文本分为：“定篇”“例文”“样本”和“用件”四类

1. “定篇”。“定篇”的材料应该是一篇完整的，没有经过任何删改的经典作品。这种处理方式的目的是“使学生彻底、清晰、明确地领会作品”，这种方式想生成的课程内容（或者说课堂教学内容、学生学习的内容）就是“文化、文学学者对该作品的权威解说”。学生重点学习经典作品的“丰厚内涵”，这种“丰厚内涵”，以最权威的解说为主，并且这些解说要想方设法固定下来，让每一批、每一代的学生都掌握。这种对经典作品权威解说的“丰厚内涵”，通过教材的注释、助读、课后练习题来体现。

2. “例文”。材料要能够“足以例证知识”，同时，“又能避免篇章中其他部分可能会引起注意，导致精力涣散而干扰了所‘例’的主题”，所以，材料

不一定要求是完整的，也可以是片段。

3.“样本”。作为样本的材料要注重典型性，“必须从学生现在在读的或将来要读的现实情境中真实取样”。“具体的学生”“依了自己的经验”“在与特定的文本交往过程中”，形成怎样读，怎样写的方法或能力。这种方法或能力，就是这种类型想要生成的课程内容。这样的内容不是约定俗成的、固定的，而是由学生在特定的情境中、在“通过形式把握内容”的过程中揣摩和发现的。“样本”，便是学生揣摩和发现方法或能力的凭借。我觉得这样处理教材的方法很符合“建构主义”的理论。该理论强调，知识是由学生建构的，教师是学生建构知识、发现知识的支持者和帮助者。

4.“用件”。用件的要求是适用，提供足够的材料。其实质是，提供信息，介绍资料，使学生获知所讲的事物。用件的材料是引导性的，可替换的。其材料有三个品种：一是语文知识文，二是引起议题文，三是提供资料文（可以是文，也可以是画）。利用这些材料的目的是服务于要进行的语文学习活动。“在这种类型里，学生其实不是去学文，而主要是用这篇文章里的东西，或者借选文所讲的东西、或者由选文所讲的东西来触发，去从事一些与该选文或多或少有些相关的语文学习活动。”（王荣生《语文教材的选文类型鉴别》，摘自《语文科课程论基础》）

链接三　语文教学改革的突破口，是语文教学内容的重构

语文阅读教学内容体系的工作流程：1. 列出一个学段的“内容清单”，是目前最需要做、最可做的事情。第一项工作，是在所使用的教材中，列出堪称经典的文章和作品，定为定篇。第二项工作，根据《课程标准》和各地制定的考试纲要，列出本学段学生需要掌握的“语文知识”点。第三项工作，根据《课程标准》和各地制定的考试纲要，列出本学段所需要开展的语文活动。2. 对教材进行适度加工，完成教学内容的布点图，是最关键的一步。文本是教学内容开发的材料，问题是几十篇上百篇的文章（作品）本身是没有体系性的，而教学内容本身却不允许脚踩西瓜皮走到哪儿算哪儿，教学内容是有计划地安排，是完整的结构性体系。问题解决的办法有两个：一个是将一个学段教材中的所有课文依据本学段的教学内容体系重新编排。第二个办法是建构一个非线性的内容体系。一个相对独立的学段内，其阅读教学内容体系应该是完整

的，不能残缺，应该是结构化的，不应该一盘散沙，这就是所谓体系的含义。但是体系有两种：一种是线性体系，其各要素之间构成连续性和递进关系；一种是非线性体系，即各要素之间不构成连续和递进关系，但各要素之和则形成完整的和结构化的体系。第二种办法所追求的就是这种结果之和的完整性和结构化。在列出本学段阅读教学内容清单后，逐篇研究所有的文本，将内容清单里的内容分配到各个文本中去，即配对的工作。这个过程所需要考虑的，不是内容与内容之间的连续和递进关系，而是文本与教学内容之间的契合度，即哪一个文本最适合教哪一个知识和活动。也就是：哪一个文本最典型地承载了某一语文知识，哪一个文本最适宜用来开展某项活动。单独看一节节的课，看不出体系来，但将所有的课所教的内容加起来，则是相对完整的，是相互结构起来的。（李海林《如何构建一个可用的阅读教学内容体系?》，摘自《中学语文教学》2010 年第 11 期）

链接四　精读文章，只能把它认作例子与出发点

精读文章，每学年至多不过六七十篇。初中三年，所读仅有两百篇光景，再加上高中三年，也只有四百篇罢了。倘若死守着这几百篇文章，不用旁的文章来比勘，印证，就难免化不开来，难免知其一不知其二。所以，精读文章，只能把它认作例子与出发点；既已熟悉了例子，占定了出发点，就得推广开来，阅读略读书籍，参读相关文章。这里不谈略读书籍，单说所谓相关文章。比如读了某一体文章，而某一体文章很多，手法未必一样，大同之中不能没有小异；必须多多比较，方能进一步领会优劣得失的所以然。（夏丏尊《精读指导举隅》）

链接五　通过“简化”语文教学的内容和形式，达到“净化”“纯化”“美化”的目标

“简化”的前提是：就文本特质为文本细致分类，并在此基础上形成更加简洁和易于操作的课型。只有有效地区分文本特质，才能在备课过程中迅速给文本定位，然后准确地选择教学方法，尽可能地减少备课和教学过程中的繁冗环节。

根据文本特质，我把所有课文（苏教版）大致分为以下几种类型：

一、主题型文本

此类文本相当于传统的“精读课文”。

主题型文本是经典之中的经典，语文教师要视这样的文本为至宝，要在透彻研究的基础上，拿出具有全局意识的文本解读方略和教学设计。主题型文本的教学，以教师主导型为主，教学目标一是教思维方法和鉴赏方法，二是强调情感熏陶和思维提升。这样的文本，在整本教材约22篇现代文中有三四篇即可。它应该成为一学期后每一位教师风格独具的“精品课”和“代表课”。

二、语用型文本

此类型文本全名应该叫作“语言应用训练型”文本。教材中的大部分文章都应该属于这一类型。这类文本，学生对主题思想的理解基本没有障碍，其呈现的外部特征是语言的多彩多姿，值得学生去积累应用。在教学这类文本时，不要在剖析主题上绕圈圈，也不要在句子理解上大费周章地讲解，而要直截了当地针对文本的特点，组织学生去灵动地参与与语言有关的积累和训练活动。在传统教学中，我们常常比较多地着力于重点词语的咀嚼和人物形象的分析，其他方面的语言训练相对薄弱。其实，语言积累训练的途径很多。

三、诵读型文本

一个文本可能兼具多种类型的属性，但必然有一个“主打类型”的属性。我们在设计教学的时候，一定要立足于这一主打类型的属性，攻克某一个教学目标即可。

文本生命力无限，而课堂时间有限，所以什么都想教的结果，往往是什么都没有教好。因此，全面出击往往不如定点突破，一课一得永远是硬道理。至于对文本的“附属类型特质”的处理，可以作为“主打类型特质教学设计”的铺垫内容，也可以和其他文本的“附属类型特质”组合形成新的课型。

四、写作型文本

这类文本的典型特征是整体或者局部具有鲜明的写作示范功能。所以，我们可以取其可用之处，来作为学生的写作示范素材。

五、思辨性文本

教材中有一些具有明显缺陷的文本，这其实是一种独特的文本资源。巧妙而充分地利用好这些文本，以培养学生“深思慎问的质疑精神”，无疑是很有价值的。（王君《文本特质与课型创新》，摘自《中学语文教学参考》2012年第8期）

第二编

精选文本核心价值，切合学生实际需求

雷介武

【内涵阐释】

用以进行阅读教学的文本，其内容是丰富的，其教育教学的价值也是多样的。面对着“丰富”和“多样”，我们拿什么来奉献给学生，这是语文教师进行阅读教学面对文本时首先要回答的问题。正因为如此，在语文教学中，“教什么”永远比“怎么教”更重要。

面对一篇篇存在诸多教学价值点的课文，在进行教学设计时，我们只能有所选择，有所舍弃，这就要求语文教师从文本中正确筛选、合适定位教学内容，选取文本的核心价值来教，选取符合学生实际需求的内容来教。只有把“教什么”的问题解决好，“怎么教”的问题才有讨论的价值，而提高语文课堂教学的效益，特别是提高阅读教学的效益，才有实现的可能。

如何做到上述要求？这就需要语文教师在进行教学选择时，首先要处理好三个要素。

阅读课的这种“教什么”的选择涉及三个要素的综合处理问题：一是课文，面对“这一篇”课文选择教什么；二是学生，面对“这一班”学生选择教什么；三是课时，在“一课时”这个时空内选择教多少。综合起来，关于阅读课“教什么”的问题，是指教师如何从班级学生语文学习实际出发，从“一课时”可以实际解决问题的量出发，从“这一篇”课文中选择的教学内容，与学生一起完成有效的语文学习的过程。

阅读课的这种“教什么”的选择还必须经历两个层次：第一层次是“筛选教学价值，确定核心目标”，第二层次是“筛选教学内容，支撑核心目标”。这两个层次是由粗到细、由浅入深的过程，是相互依存、相互支撑的关系。

另外，在进行教学选择时，我们还要把握好十个原则。

于学生来说，要将教学价值定在学生知识的空白处；定在学生认知的模糊处；定在学生思维的发展处；定在学生能力的提高处；定在学生情感的爆发处。

于文本来说，要将教学价值定在教材的编排意图上；定在文本恰当的主旨上；定在文本精彩的语言上；定在文本关键的词句上；定在文本突出的手法上。

【课例展示】

课例一

教学价值定位于学生知识的空白处

——《人的高贵在于灵魂》课例展示

教学选择

一、核心目标

材料和观点的关系，掌握材料如何有效地、充分地论证观点。

二、支撑核心目标的主要教学内容

品析重点段落，理解议论性句子和叙述性句子的关系。

分析主要论据，理解议论文选材的典型性和准确性。

品味关键语言，理解议论文服务于观点的议论性语言的精练性。

教学过程

一、直接入题

今天我们学习新课《人的高贵在于灵魂》。

二、复习旧知

本文的体裁是议论文，议论文的三要素是……（板书：论点、论据、论证）

三、感知全篇

思考：那么本文的论点是什么？又有哪些论据呢？请同学们认真地读课文，

然后思考并解决问题。（老师下位参与讨论。）

请两名学生上讲台列出文章的脉络。

示例：论点——人的高贵在于灵魂

论据——阿基米德、第欧根尼、王尔德、少女、青年

总结：课文用了五个事例论证了“人的高贵在于灵魂”，是事例论证法。

提示：这五个事例之间用了一个明显的过渡段，在哪里？请学生一齐朗读。

四、分析叙述和议论的关系

同学们，到此为止，文章的论点清楚了，论据清楚了，文章的思路清楚了，举例论证的方法也清楚了。但是我们的学习还没有结束，这节课，我们还得完成以下四个学习任务。

1．精读一段。

（1）画出第2自然段中的议论性的句子。——明确：其他的自然就是叙述性的句子了。

（2）请女生读叙述性的句子，男生读议论性的句子。

（3）写第欧根尼的事例时，当亚历山大问他：“我能替你做些什么？”第欧根尼说的“不要挡住我的阳光”一句，教师感觉答非所问；根据口语交际的常识，如果将这句话改为直接回答“我什么也不要”是不是更好些？请思考。

（学生集体讨论。）

结论：不好。改后，对于权势来说，蔑视味道差多了，不能突出对亚历山大大帝的轻视；对于精神生活来说，珍爱的味道也差多了。

（4）根据我们对上面这句话的理解，请2～3名同学读文章后面两句：“在他看来，相对他在阳光下的沉思，亚历山大大帝的赫赫战功显得无足轻重。这两则传为千古美谈的小故事表明了古希腊优秀人物对于灵魂生活的珍爱。”

①师提示：注意重读的词语。

②师提问：选择一名重读正确的同学：你重读的词语是“无足轻重”和“珍爱”，你为什么要重读它们？请联系上文进行思考。

（学生集体讨论。）

结论：看来，前面这个答非所问用得好，它与“无足轻重”和“珍爱”的关系，可谓是相当紧密。

（板书：记叙要与议论紧密相连）

（5）学生朗读“他们爱思想胜于爱一切包括自己的生命，把灵魂生活看得比任何外在的事物包括显赫的权势更加高贵”一句。讨论：上文议论似乎已经足够，此句是否多余？

结论：不多余。这两句通过对比议论，突出对灵魂生活的珍爱。上面一句还没有说清“爱有程度之深”，因此这一句是升华。——议论中修饰语、补充语的作用。

2. 更换一段。

师：请同学们看第3自然段，我们将英国作家王尔德的事例换成以下事例怎么样？（提示：从选材方面考虑，或者说从论据的选用角度去考虑。）

（多媒体展示：同样是科学家，同样是在生命的最后关头，意大利天文学家布鲁诺因为到处宣传地动学说，被教会驱逐出境，最后在罗马被捕。在狱中八年，布鲁诺始终坚持自己的学说。1600年，布鲁诺被异端分子活活烧死在罗马的鲜花广场上，临刑时，他高呼：“火，不能征服我！”）

（1）这个例子同样能证明本文论点，但不可以换。（2）因为作者选取的三个事例，有科学家、哲学家、文学家，非常典型，具有代表性。换成布鲁诺的就跟阿基米德的例子重复、雷同！（有古代的，有现代的；有中国的，有外国的；有贤哲，有普通人。故事发生的时刻也不同，有生命的关键时刻，也有平常时刻——这样有代表性的事例放在一起，才有说服力，才能更好地论证观点。）

结论：作者从不同角度各个方面选择最典型的事例，体现了议论文举例的代表性。（板书：事例要有代表性）

3. 添改一段。

（1）请看第6自然段，同学们先一齐朗读一遍。

（2）老师觉得这一段的描写，生动性还不够，形象性还不够。我已将这段进行了巧妙的添改，同学们欣赏一下，画家的形象是不是鲜明多了呢？

（多媒体展示：“便有许多默默无闻长发披肩的青年画家节衣缩食，自筹旅费，从全国各地风尘仆仆风度翩翩来到首都看名画。”）

（学生集体讨论。）

师：对，“长发披肩”和“风度翩翩”这两个只是描写外貌的词，与人物精神无关，完全多余；而“流连忘返”比“看名画”更能突出人物的内心世界。看来，议论文中的叙述不能乱写，它的目的在于后面的议论：一是需要精练，二是同样需要突出与强调。但突出什么，强调什么，一定要指向后面的议论。总而言之，议论文中的记叙是议论的基础，要为议论服务。（板书：叙述要为议论服务）

（3）这段文字很优美，也很动情，表达出作者对青年画家发自内心的喜爱！我们自由读几遍，准备背诵。

4. 增加一段。

老师准备在第6自然段后面，补充一个具有时代意义的事例，你们看文章是不是更好？

（多媒体展示：赈灾晚会上，随着一片欢呼，刘德华出现在舞台上！这个德艺双馨的影视歌三栖明星，一直是我的偶像。看吧，舞台上的刘天王，一颦一笑，举手投足，那么大气，那么高贵！一曲《中国人》唱起，刚劲有力，唱出了中国精魂，唱出了民族气势，我心中不禁涌起一种莫名的感动！）

明确：事例隐含的观点是错误的，完全不能证明中心论点，观点与材料背道而驰。因此，在议论文中，事例要准确。（板书：事例要准确）

结论：一篇好的议论文，举事例，不能信手拈来，要精心选择；作议论，不能信口开河，要精确点评！

五、学生表达训练

师：我们知道，这篇文章论证的中心是“人的高贵在于灵魂”，哪一位同学能告诉我：课文中所说的“灵魂”是什么？

生：是精神生活（是思想，是才华，是读书，是艺术追求）。

师：精神生活多种多样，有好的，也有坏的。而真正高贵的精神生活必须具备“纯正追求”的本色。

是的，在战争年代，在灾难面前，曾经有太多的精神让我们感动过。而在和平时期，在平凡的生活、平凡的事迹中，同样有许许多多让人感动的高贵灵魂，它们不一定惊天动地，不一定生死攸关，但一定闪烁着人性的光彩、显示着灵魂的高贵。

要求：请你举一个像这样“闪烁着人性的光彩、显示着灵魂的高贵”的平凡事例。（提示：世界上不是缺少美，而是缺少发现美的眼睛；只要你有一颗温暖的心，你一定会发现一个温暖的世界！语言表述要清楚。）

六、学生情感熏陶

老师的QQ空间里放着这样一些图片，老师每看一次，都被画面中人物的精神深深感动一次。今天我给同学们带来了几幅，让我们一起静静地感受这些高贵的灵魂吧！（出示一组多媒体图片。）

结语：一个好的年轻人，学习上，不能随意而为，要追求纯正；生活中，不能随心所欲，要纯正追求！

同学们，愿我们都做一个灵魂高贵的人！就从身边做起，从今天做起！

（课例设计：雷介武）

智慧点示：

《人的高贵在于灵魂》是鄂教版九年级下册的一篇文章。根据学情，议论文的三要素已被九年级学生熟练掌握，是“旧知”，无需花过多的时间纠缠；依据教材要求和学生实际水平能力，议论文“材料与观点的关系，掌握材料如何有效地、充分地论证观点”这一知识点，才是新知识，才是学生知识的空白处，才应该成为本课的核心教学价值。因此，本设计就是围绕这个核心教学价值展开、生发。

在进行第二层次的教学选择，即确定支撑核心目标的教学内容时，该课例跳出了常规的议论文教学套路，以“精读一段”“更换一段”“添改一段”“增加一段”的方式串联全篇教学，以点带面，重点突破议论文中“观点与材料的关系”这个核心目标，形式新颖，脉络清晰。

教学中注重学生的活动，朗读、讨论、质疑等活动方式使学生成为真正的学习主人；注重学生的生活体验，结合课文观点，结合身边的生活用品，发表对生活的看法，帮助学生提高思辨能力，树立热爱人生的生活态度。

课例二

灵活整合，大胆取舍

——《社戏》课例展示

教学选择

一、核心目标

走进平桥村。

二、支撑核心目标的主要教学内容

1. 通过品味平桥村美景，感受平桥美好风光，体会其中所蕴含的情感。

2. 通过品味平桥村趣事，感受平桥民风的美好，感怀平桥人的纯朴。

3. 在品味平桥的基础上悟平桥，悟出平桥原来是“乐土”。

教学过程

一、导入

每年暑假，除了学习，我们总要随父母去某个地方休闲，并做些很有趣味的事，如爬山、游泳、钓鱼、野炊……这些难忘的经历，给我们留下了美好的回忆。

二、说平桥（整体感知）

1. 提问：迅哥儿随母亲到平桥村消夏，也是有一些有趣的经历。迅哥儿和他的哥儿们都做了哪些有趣的事？

（多媒体展示：钓虾、放牛、夏夜行船、赵庄看戏、归航偷豆、吃豆）

2. 过渡：赵庄的社戏，是在舞台上。而平桥村也有“戏”，却是发生在生活中。今天，我们不去看赵庄戏台上的社戏，而是去领略平桥村这个大戏台上的“戏”。

三、品平桥

过渡：舞台都有布景，平桥村这个大戏台的天然布景是什么？——优美的景色。

1. 品美景。

（1）文章集中写景的段落有两处：第 11～12 自然段，第 22～23 自然段。（要求学生找出，并在书上做记号。）

（2）选择第 11～12 自然段品读。请学生自由朗读这两段，画出认为写得好的句子。

（3）请学生读句子，并说说好在哪里。（预设：比喻句学生会说到。）

（4）教师指导：出示“三谈法”表格，指导品读。

例句：淡黑的起伏的连山，仿佛是踊跃的铁的兽脊似的，都远远地向船尾跑去了，但我却还以为船慢。

<table>
<tr><th>谈方法</th><th>谈内容</th><th>谈效果</th></tr>
<tr><td>运用比喻的修辞手法</td><td>生动形象地写出船行之快</td><td rowspan="2">表达了“我”急切的心情</td></tr>
<tr><td>“踊跃”化静为动，侧面表现</td><td>船行之快</td></tr>
</table>

（5）学生训练：模仿“三谈法”，品析以下两个关键句。

①回望戏台在灯火光中，却又如初来未到时候一般，又漂渺得像一座仙山楼阁，满被红霞罩着了。

②这一次船头的激水声更其响亮了，那航船，就像一条大白鱼背着一群孩子在浪花里蹿，连夜渔的几个老渔父，也停了艇子看着喝采起来。

（6）过渡：如此优美的句子，将平桥村渲染得如梦如幻，真让人陶醉。现在让我们也来陶醉一下。（板书：景美）

（7）学生朗读活动。

①请学生大声地、自由地、有感情地朗读这两段。

②组织两组学生进行竞赛朗读，注意感情要把握准确。

③指两名朗诵最好的男女生展示朗读。

2. 品趣事。

过渡：刚才我们欣赏了如梦如幻的美景，这正是平桥村这个生活大戏台的背景。

（1）那么在平桥村这个舞台上，都上演什么样的节目呢？请同学们看第 1～3 自然段，说说平桥村发生的那些有趣的故事。（钓虾、放牛等。）

（2）说说你从中感受到了什么。

预设：

我从（钓虾）中感受到（小朋友们的热情好客）。

我从（放牛）中感受到（小朋友们的率真友善）。

……

（3）品析重点词语。

第3自然段的“嘲笑”一词——“嘲笑”才真正体现孩子们的率真。（板书：人纯朴）

（4）重点品析偷豆情节。

①提问：平桥村有太多的趣事，这中间最有趣味、最精彩的节目是什么？（偷豆）

②学生自由朗读偷豆的内容，说出自己的理解（可以和别人商量讨论）：

偷豆的乐趣在于（　　　），从哪里可以看出来？（至少一点）

③学生发言。

④提问：偷豆的动作有趣，过程有趣，吃得有味，玩得有味。但是，只听一声呵斥“双喜”，原来是我们偷豆被六一公公发现了。情况会怎么样呢？

（多媒体展示六一公公的呵斥语言：

“双喜，你们这班小鬼，昨天偷了我的豆了罢？又不肯好好的摘，踏坏了不少。”）

提问：六一公公的豆子被偷，他到底生气了吗？

学生回答：

学生回答的第一种情况：不生气。请说理由。——由此品“感激”或者“送豆”。

学生回答的第二种情况：生气。请有感情地朗读六一公公的话，并说说自己的理解——这里的朗读一定要让学生充分体会感受。

（教师适时提示：六一公公是对“偷”生气还是对“摘”生气？体会六一公公的纯朴厚道、慈爱，甚至有一种爱怜之意。最好能以此辐射到平桥村的民风。）

四、悟平桥

过渡：这样的平桥村，给“我”留下了难以忘怀的特殊感受。文中有一句话说出了这种感受——“真的，一直到现在，我实在再没有吃到那夜似的好豆，——也不再看到那夜似的好戏了。”

一种豆吃出了两种味道，真正令“我”难以忘怀的是什么？请结合自身体验，说出你的理解。

（学生发言。）

小结：难以忘怀的是平桥村的老人、孩子那份朴实、真挚的感情和那独特的农村风光，自由的空气、人与人之间和谐亲密的关系。还有那种无法重现的童真、童趣。

结束语：

平桥村，拥有最原始、最真实的自然美！

平桥村，拥有最善良、最纯朴的人性美！

平桥村，拥有自由、惬意、欢乐的生活美！

平桥村，属于迅哥儿和他的哥们儿，也属于我们大家，老师相信，你们心中都有一个“平桥村”，它点缀着我们少年的梦，点亮了我们无限的快乐！

（课例设计：谈君山）

智慧点示：

《社戏》一文以饱含深情的笔触，写出“我”十一二岁在平桥村夜航到赵庄看社戏的一段生活经历，刻画了一群农家少年朋友的形象，表现了劳动人民纯朴、善良、友爱、无私的美好品德，展示了农村自由天地中充满诗情画意的儿童生活画卷，表现了对童年美好生活的回忆和留恋的心情。

本文蕴含的教学资源非常丰富，教学价值多元呈现，教师在教学时有很大的自主权和选择空间。

例如，本文的景物描写极具特色。作者采用写意笔法，从色彩、气味和声响等方面，描绘了月夜行船、船头看戏、午夜归航这几个画面，情景交融，充满水乡特色。作者还运用比喻、拟人等修辞手法，生动形象，极富表现力。又如，作者塑造了一群纯朴可爱的农村孩子的形象，如双喜、阿发、桂生等。这些小伙伴聪明活泼，胆大心细，友爱热情。文章还刻画了以六一公公为代表的纯朴乡民的形象。再如，文章材料的详略安排也颇耐人寻味，是本文学习的一个重点。

本课例最大的创意，是把“平桥村”作为一个具体的对象来教学。有意识地对过去的教学定式进行突破，尝试换个角度换个思路来教学本文，以求得学生学习本文能有与过去不一样的体验和收获。教者把戏前的波折和看社戏这一相对完整的事件抽离出去，选择平桥村的美景和趣事作为教学内容。这种选择源于这篇课文教学的别样的切入点，也是这篇课文教学目标指向——走进平桥村。

课堂上通过品平桥村的景来指导学生进行品读能力训练，通过品平桥村的事来体会童真童趣，认识平桥村的人（限于群体形象）。一切都围绕平桥村的元素来推进。

使学生在对平桥村这一特定环境有了鲜明的印象后，再用一课时（第二课时——看社戏）来进行人物形象分析，学习详略处理，深入理解主题。这样处理，每课时的内容自成体系，目标明确，问题集中，更易于深入挖掘。这样的一种选择更贴近学生的学习实际，更能够唤起学生学习的热情，也能够带来更好的学习效益。

课例三

文本特质决定文本核心价值

——《唐雎不辱使命》课例展示

教学选择

一、核心目标

着力于多种形式的语言品读，引导学生充分感受文本所体现的惊心动魄的外交风云。

二、支撑核心目标的主要教学内容

第一回合较量，面对秦王的利诱，安陵君是如何应对的？

第二回合较量，面对秦王的威逼，唐雎是如何维护主权的？

第三回合较量，面对秦王的恐吓，唐雎又是如何化险为夷的？

教学过程

一、检查预习，初步感知

1. 请同学们对照注释，自由译读课文。要求：读准字音，读通文句。

2. 检查读书情况，说说下列语句的意思。

（1）以君为长者，故不错意也。

（2）虽千里不敢易也，岂直五百里哉？

（3）怀怒未发，休祲降于天。

（4）而安陵以五十里之地存者，徒以有先生也。

二、简介背景，烘托气氛

（多媒体展示：秦灭六国地图，配上“十面埋伏”的乐曲。）

战国时期的最后十年，秦以秋风扫落叶之势相继消灭了各诸侯国，公元前230年灭韩国，仅仅五年后，又灭魏国。而此时魏国的附庸小国安陵，孤立无援，危在旦夕，面临着任人宰割的命运，但是它却在弱肉强食的战国时代，凭借唐雎出色的外交手段，得以留存。

让我们一起走进《唐雎不辱使命》，去感受战国时期的外交风云。

三、分段研讨

1. 第1自然段：秦王利诱，安陵君婉拒。

过渡：请看大屏幕，秦王挟横扫六国的威风，派使者来了！

（多媒体展示：秦王使人谓安陵君曰：“寡人欲以五百里之地易安陵，安陵君其许寡人！”）

（1）师：秦王到底想干什么？从哪里看出来的？

生：秦王想霸占安陵国。

（重点关注“其许”。）

师：请你读读秦王霸道（或者秦王以强凌弱）的语气。

师：既然想霸占安陵国，为什么还要以大易小呢？

（板书：利诱）

（2）提问：安陵君也不是吃素的，肯定看出了秦王的狼子野心，他并未答应，而是拒绝。下面这两种拒绝方式，哪种更好呢？请说明理由。

（多媒体展示：

①大王加惠，以大易小，甚善；虽然，受地于先王，愿终守之，弗敢易！

②受地于先王，愿终守之，弗易！）

生：“弗易”，语气太直接，“弗敢易”语气委婉些，我想换但是不能换。

师：“加惠”是什么意思？“甚善”是什么意思？真的很好吗？场面话，很委婉。（板书：婉拒）

过渡：秦王的阴谋没能得逞，秦王不悦了！安陵君敏锐地发现这个问题，立即派使者出使秦国。

2. 第2自然段：秦王威逼，唐雎抗拒。

（1）秦王正愁找不到发泄的对象，自然对安陵使者唐雎一通训斥。请你模仿秦王的语气训斥唐雎。（指2～3名学生朗读。）

（多媒体展示秦王的话：寡人以五百里之地易安陵，安陵君不听寡人，何也？且秦灭韩亡魏，而君以五十里之地存者，以君为长者，故不错意也。今吾以十倍之地，请广于君，而君逆寡人者，轻寡人与？）

提示：教师在学生朗读时，要及时鼓劲或者造势，以求读出最佳效果来感受人物的语言气势。如可这样提示学生：安陵小国不识抬举，竟敢在秦王面前演戏，给他点颜色看看！训他！又如可这样鼓励学生：不错，霸气十足。玩的就是这个味儿！

（2）再指2～3名学生读“逆寡人者，轻寡人与？”强调“逆”“轻”的重音与反问语气。

（3）学生讨论：秦王训斥唐雎的目的是什么？

（板书：威逼）

小结：秦王又是利诱，又是威逼，其目的是逼迫唐雎交出主权。

（4）对比阅读：尽管秦王咄咄逼人，但是唐雎还是拒绝换地。唐雎和安陵君都用“受地于先王”的理由来婉言谢绝，但语气上有什么不同呢？

（多媒体展示：对比阅读内容

秦王利诱时。

安陵君曰：“大王加惠，以大易小，甚善；虽然，受地于先王，愿终守之，弗敢易！”

秦王威逼时：

唐雎对曰：“否，非若是也。安陵君受地于先王而守之，虽千里不敢易也，岂直五百里哉？”

生：第一句是感叹句，语气委婉；第二句是反问句，态度强硬。

师：这两句话可以交换位置吗？

生：情况不同，秦王利诱时，拒绝其利就可推辞，所以婉言拒绝即可；而秦王威逼时，唐雎的使命是要维护国家领土的完整，不能妥协，所以要严正立场，态度强硬。

师：维护主权，严正立场，坚决抵抗。（板书：抗拒）

3. 第3自然段：秦王恐吓，唐雎抗争。

过渡：唐雎断然拒绝了秦王，虽然维护了祖国的尊严，但也进一步激发了秦王的怒火，秦王终于凶相毕露了！外交形势迅速恶化，安陵国已经到了生死存亡的紧要关头，唐雎又该如何化解这次危机呢？

（1）请同桌之间对读，一个读秦王，一个读唐雎，要读出唇枪舌剑，读得惊心动魄。（可以请两名学生进行示范，对读后，学生评议。）

（2）教师可从两个角度给学生指导思考：一是读出人物性格；二是读出人物气势。（请学生选择一句，读出性格或者气势。可以配合适当的肢体语言，进行角色表演。）

（3）学生讨论：先前如此骄横霸道的秦王，如今竟屈服在弱国的使臣之下，你认为是什么原因使秦王屈服的呢？

秦王最终“长跪而谢之”，请问在古代的“跪”和“谢”分别是什么意思？

提示：教师应给予学生充分的肯定，允许学生有个性地解读文本。

总结：面对秦王的恐吓，唐雎誓死抗争，以非凡的勇气和智慧维护了国家的尊严，成为外交史上的典范。（板书：恐吓——抗争）

结束语：在战国时代，外交就是一场没有硝烟的战争，惊险非凡，稍有不慎就会万劫不复！在秦国温情脉脉的“以大易小”的外交辞令的背后，包藏的却是一颗贪婪的心！唐雎用他的大智大勇，化解了一场战祸。

（课例设计：杨振华）

智慧点示：

文本特质决定文本的核心价值。该课例将《唐雎不辱使命》一文的核心价值定位为：着力于多种形式的语言品读，引导学生充分感受文本所体现的惊心动魄的外交风云。其理由是：①不辱使命的外交形象在初中课文中并不少见，如《晏子使楚》《公输》《舌战群儒》等，他们的精神品质有高度的相似性——不畏强暴、维护尊严、敢于斗争、善于斗争。所以，为避免教学的雷同与俗套，未将“分析人物形象”作为本课的核心价值。②此文最显著的特征是以人物对话的形式向读者展示了惊心动魄的外交过程，人物的性格、谋略、胆识和精神全都融入典型的外交对话之中，具有丰富的潜台词，值得反复揣摩品味。因此，该课例以感受惊心动魄的外交风云作为突破口，不仅扣住了故事情节和内容，还能让学生在感受外交风云的过程中加深对人物的认识。

有的课文适合精读精讲，赏析品味；有的课文适合研讨辩论，拓展思维。如何才能使教学内容更好地支撑核心目标，更适合于学生，该课例结合文本特质进行教学。《唐雎不辱使命》不仅故事情节清晰而且惊心动魄，人物对话极具个性且充满智慧。为支撑“外交风云”这一核心目标，内容上，以秦国和安陵国外交中的三个回合的较量为内容，最能体现外交风云的变化和惊险了，且又脉络清晰：第一回合以婉拒谢绝利诱，第二回合以抗拒回击威逼，第三回合以誓死抗争求得胜利。形式上，以各种朗读方式引导学生再现场景，感受外交斗争的惊险，同时也能更真切地认识人物，较好地达成教学目标。

为了尽量避免教师烦琐的提问与追问，最好的方式是把能激发学生思维的问题抛向学生，让学生集体交流解决。例如，此课例中的两次对比阅读和一次讨论就是如此。结合这篇课文的文本特质——人物对话，设计了模仿秦王读，模仿秦王和唐雎的激情对读，让学生在读的尝试中去揣摩人物性格和说话的目的，这样既使学生兴趣高涨，又达到了学习的效果。以读代讲，先读后析的教学形式也是因文本的特质而决定的。

课例四

有舍便有得

——《我用残损的手掌》课例展示

教学选择

一、核心目标

通过多种形式的朗读，聆听诗人的心声。

二、支撑核心目标的主要教学内容

自由读——我知你心

比赛读——我懂你情

展示读——我颂你魂

教学过程

一、情境导入

（多媒体展示：背景音乐＋日侵图片）

师：在中华民族的哭泣声里，面对被践踏的河山，看到被蹂躏的同胞，有一个人的心被揉碎了，在流泪，在滴血，他用他手中的那支笔，饱蘸同胞的血和泪，化作诗行，直刺侵略者的心脏！他，就是现代诗人戴望舒。

这节课，我们一起来学习他的一首诗《我用残损的手掌》，去聆听诗人的心声。

二、自由读——我知你心

师：请同学们自由朗读课文，想一想：课文抒发了作者怎样的情感？读完后，小组长在本组推荐一名代表在黑板上写一个关键词。

教师归纳：悲愤（痛苦）——向往（赞美）

三、比赛读——我懂你情

师：那我们如何朗读才能把诗人的情感表达出来呢？首先我们来了解一下作者写这首诗的背景资料，请一名同学朗读一下：

背景链接：

这首诗写于抗日战争最艰苦的年代——1942 年。1938 年，诗人戴望舒从沦陷区的上海来到香港，主编一家报纸的副刊，编发了不少动员抗战的诗歌。1941 年，日军占领香港后，立即逮捕了几乎全部的在港知名华人，包括戴望舒在内。戴望舒活跃的抗战姿态，很显然引起了日军的注意。日本宪兵动用酷刑审讯戴望舒，试图从他口中获取文艺界抗日人士名单，但他始终没有屈服。1942 年出狱后，他写了几首诗，《我用残损的手掌》就是其中的一首。

师：同学们想象一下，你就是戴望舒，戴望舒就是你，你的诗歌就是你的语言，大声地朗读吧，你的情感有人懂！

（多媒体展示：请你先从课文中找出能激发你情感共鸣的一句或几句诗，静静地读一读，细细地品一品，然后在小组内交流分享，最后各小组推荐一到两位代表朗读并阐释原因，看哪个小组将作者的情感演绎得最准确，最动人！）

按作者情感的变化，我们将比赛分两个回合进行。

第一回合："悲愤着你的悲愤"

选择表现作者悲愤之情的诗句比赛读，教师可适当点拨。

下面是预设的重点品读词句：

1. "我用残损的手掌/摸索这广大的土地"——"摸索"能换成"抚摸"吗？（"抚摸"指美好的事物，"摸索"指黑暗的环境。）

2. "灰烬""血和泥"——当诗人摸索到"灰烬""血和泥"时，他的内心会是怎样的感受？（非常痛苦、悲凉。）

3. "灰烬""血和泥"从哪儿来的？请你想象一下，用语言具体描述出来。

（侵略者来到村庄，烧毁了房屋，放眼望去一片火海，他们把刺刀对准了男女老少……哭喊声连成一片。）

师：很多同学可能认为日本侵略者的暴行离我们的家乡很遥远，那就请看这样一段文献记载吧。（多媒体展示：蒲圻县志记载日侵史实）

4. "这一片湖该是我的家乡"——"该"字怎么读？……为什么"不确定"？（家乡面目全非，很难确认。）应该读出什么感觉？（悲愤）你来读一读吧！

家乡过去是什么样子？现在呢？（家乡的湖本应该是碧波荡漾，游人如织，可现在却是长满荇藻，说明家乡的湖已经是非常荒凉，很少有游人了，我们再也难寻“映日荷花别样红”的夏日胜景，从此难觅“雾凇沆砀，天与云与山与水，上下一白”的冬日奇观！那可是诗人的家乡啊！因此诗中透露出诗人对侵略者的憎恨。）用你的声音告诉我，你愤怒了，你激动了！

5. “憔悴”本是什么意思？而此处呢？花犹如此，人何以看堪！如那寂寞而憔悴的荔枝花有灵，她会发出怎样的控诉？请你读读看。

6. “蘸”与前面哪个词有异曲同工之妙？“触”和“蘸”是因为手掌疼痛吗？为什么诗人的手掌不敢深入水中？是因为心里疼啊！

7. 南海的渔船哪儿去了呢？（被抢了，被烧了。）生活没着落了，水都是苦的。你读出“苦”味儿了吗？（范读“岭南……苦水……”这两句。）

8. “掠”——为什么不敢久留？（多停留一会儿就多一份痛苦。）

过渡：强烈的悲愤之情压得诗人喘不过气来，他在黑暗中摸索着，期盼着……忽然，那前方出现了一道亮光！

第二回合：“向往着你的向往”

选择表现作者向往之情的诗句比赛读：

1. “那辽远的一角”指什么地方？读到此处，你读的语气为什么变了？

（多媒体展示：解放区图片）

2. “轻抚……”——诗人和解放区是一种什么关系？

生：情侣关系，母子关系。

师：可惜，恋人的柔发你们还得过些年才能轻抚，婴孩手中乳的温馨恐怕早被你遗忘了！但有人轻抚过你的头吗？你当时是什么感觉？

生：温暖、幸福、甜蜜。

师：带着这种感觉读，你一定会读得让大家感动的！

3. “运”“贴”——诗人把什么运在手掌？“贴”换成“放”好不好？

（预设：“贴”，轻柔的、紧密的、舍不得离开；“放”生硬的，随便的，缺少深情和厚望。）

师：“运”需要强大的力度，“贴”又有万般柔情，“爱和一切希望”又满怀憧憬，你能读出这种感觉吗？（你认为他能把全部的力量运到手掌上去吗？）

师范读这两句：“我把全部……希望。”

4. “……我们不像牲口一样活……”——在那里，我们可以怎样地活？

生：自由自在地活、有尊严地活。（指2~3名学生回答。）

师：两个“因为”句怎么读出变化来？语速渐快，语气由激越到控诉，突出向往之情。

5. “那里，永恒的中国！”该怎样读最合适？

请根据你自己的理解朗读：重读“永恒”或“中国”效果有什么不同？（指3名学生试读。）请根据你的理解，加个手势看看。（指2名学生回答。）

小结：两个回合的比赛，同学们的表现都非常精彩，我们读懂了一颗拳拳赤子心，一份浓浓爱国意！

四、展示读——我颂你魂

各小组推荐一位同学参与分角色朗读课文，充分展示小组实力，感受诗人灵魂深处的爱国情操。

五、我对你说

如今的中国，再也不是那个任人宰割的羔羊了！富强、民主、文明、和谐的中国巍然屹立在世界的东方！如果诗人戴望舒还健在的话，你会对他说些什么呢？（说一两句话，或写三四行诗，或唱几句歌都行。）

结束语：一双残损的手掌，一片残破的河山，一颗爱国的痴心，雨巷诗人戴望舒为我们诠释了什么是真正的爱国主义思想，那就是——无论何时，无论何地，祖国永远在我心中！

（多媒体展示：播放《祝福祖国》的歌曲。）

（课例设计：宋仲春）

智慧点示：

《我用残损的手掌》是人教版语文九年级下册第一单元第2课，是现代诗人戴望舒在抗战期间写的一首新诗。这是一首音韵和谐、想象丰富、情感真挚的现代诗。

教学目标的选择其实是一个很痛苦的过程，像这样一篇优秀的现代诗歌，有价值的选择很多，犹如手心和手背，挖去哪一块都疼！但一旦选择了一个目标作为核心价值，你就得“心无旁骛”而执着专一了。

该课例选择“通过多种形式的朗读，聆听诗人的心声”作为核心目标，旨在通过教学，让学生与作者的心灵产生共鸣，从而受到爱国主义情感的熏陶。为支撑这个核心目标，课例设计了“自由读——我知你心”——“比赛读——我懂你情”——“展示读——我颂你魂”这三个环节，由表及里，由浅入深，通过多种形式的朗读，让学生走进文本，以读带品，以品促读，感受作者的爱与恨，怜与悲，愁苦与希望。最后，设计了一个“我对你说”的拓展环节，把课堂气氛推到了高潮，让学生在情感上由内而外得到升华。

课例五

巧用关键数字，突破核心目标

——《风筝》课例展示

教学选择

一、核心目标

歌颂亲情美。

二、支撑核心目标的主要教学内容

1. 抓住一组数字作为教学内容，充分挖掘这组数字隐含的教学价值。抓住文章开头的“一二风筝”，确定全文悲哀基调；抓住“10岁的弟弟”与“17岁的哥哥”的对比，突出幼弟之可怜，大哥的霸道却真情满怀；抓住“20年的记忆”突出大哥的愧疚之情；抓住“正月初一的创作”，突出兄弟亲情。

2. 抓住文中关键性的词语或者短语进行深入的品析。如“绝望”“毫不忆及”“他惊异地笑着说”。

教学过程

利用多媒体课件对学生进行情感熏陶：鲁迅的十二张经典照片（鲁迅画像、代表书影、鲁迅公园塑像、毛泽东题词、鲁迅留日相册、鲁迅全家福等）伴着感伤的音乐（日本名曲），缓缓推进、更替。

一、导入

鲁迅先生是中华民族的魂，“横眉冷对千夫指”，他对敌人总是“横眉冷对”“铮铮铁骨”，那么他在家人面前，又是一番怎样的柔情呢？

二、感知课文

学生说故事，说出表达的情感。（情感可以是多方面的。）

三、品读课文

1. 感受“一二风筝”。（板书：一二风筝）

（1）师生赛读。

先看课文第1自然段，请两名学生来个朗读比赛：根据自己的理解，朗读第1自然段。

教师范读。教师为何读得好？→读出了悲哀之情。

（2）教师点拨：很明显，这一段景物描写渲染的是悲哀之情，最能表现悲哀的景物是哪一个？→一二风筝：悲哀。（板书：悲哀）

2. 认识兄弟俩（10岁弟、17岁兄）。（板书：10岁弟、17岁兄）

过渡：了无生气的景物只是为了渲染“悲哀”，直接带给我悲哀的是——人！让我们把目光投向故事中的人。

（1）学生讨论之一：看第3自然段中的“和我相反的是我的小兄弟，他那时大概十岁内外罢”。请你从多方面说说：10岁的弟弟是个什么样的人？从哪句话或哪个词看出来的？

提示：人的性格是多重的。

【关于弟弟】

①瘦弱类：瘦得不堪的“堪”

②痴迷类：张着小嘴，呆看着空中出神；苦心孤诣

③聪明类：胡蝶风筝将要完工——小结：可怜（板书：可怜）

（2）学生讨论之二：17岁的哥哥是个什么样的人？从哪句话或哪个词看出来的？

【关于哥哥】

①粗暴　②关爱　（板书：霸道含真情）

3．相机品析重点词句。

（1）品“绝望”一词。

①不就一只小小的风筝吗？至于吗？这个词语是不是用得太夸张了？再说，也可去买一个嘛。（没钱，父亲刚去世。）

下面四个句子，哪个用词最准确？

（多媒体课件展示：

留他绝望地站在那里。

留他失望地站在那里。

留他伤心地站在那里。

留他愤怒地站在那里。）

结论：“绝望”最准确。因为太痴迷；付出太多。（苦心孤诣）

②想象一下，此时此刻，弟弟在心里怎么说？甚至怎么喊？怎么叫？

（指2～3名学生展示→唉，听着都可怜！）

（2）品“我是向来不爱放风筝的，不但不爱，并且嫌恶他”一句。

曾经也年幼的哥哥，难道真的就没有儿童爱玩的天性吗？

结论：父亲35岁去世，当时鲁迅才16岁，二弟12岁，小弟9岁。鲁迅这个长兄就担当起抚养家庭、教育弟弟的重任。游戏是儿童的天性，他不是不爱玩；肩上的担子告诉他：不能玩！

拓展：鲁迅写的《别诸弟》一诗，就能看出他对弟弟的期望：（多媒体课件展示：“谋生无奈日奔驰，有弟偏教各别离。最是令人凄绝处，孤檠长夜雨来时。还家未久又离家，日暮新愁分外加。夹道万株杨柳树，望中都化断肠花。从来一别又经年，万里长风送客船。我有一言应记取：文章得失不由天。”）

点拨：一是表达了对弟弟的思念之情；二是告诫弟弟要好好读书：“文章得失不由天”，而是由人。

（学生齐声朗读。）

4．质疑“二十年”。（板书：二十年的记忆）

（1）弟弟如此可怜，我如此粗暴蛮横！二十年来，我难道真的“毫不忆及”吗？

学生展开讨论。（提示：①一个人的潜意识，也许自己都不知道。②事情真要是毫不记得了，怎么可能又突然想得起来呢?)

(多媒体展示：

“风筝事件”发生在父亲去世后一年，那年，弟弟10岁，我17岁。我们兄弟一起承受丧父之痛的那段岁月，我怎能忘记？因为家的贫穷困顿，弟弟对风筝痴迷而不得的可怜，我怎能忘记？因为我的蛮横粗暴，弟弟的风筝被踏、仅有的欢乐被虐杀后的绝望，我又怎能忘记?)

全班齐读：在我，“风筝事件”是时时哽在心里的痛啊!（板书：愧疚）

(学生朗读，师提示重读加点词。)

（2）正因为二十年来一直耿耿于怀，“我”就一定要补过。

第一补过法：

①学生齐读这一段。

②补过成功吗?（没）→为什么?（长胡子了）→长胡子不影响放风筝呀?同样可以放啊，经常有老人在广场放风筝。→（讨论结果：失去的永远失去了，再也放不出童年的快乐→无法补过了→你说，他的心情该当如何呢？——真要是去放，想起往事，只怕会更添悲哀!)

③师解释：破折号的主要用法有解释，声音延长，转折，停顿。这里明显是转折。

第二补过法：

①学生大声、自由、快速地朗读这四段。→很明显，无从补过。

②讨论：“他惊异地笑着说”一句，弟弟笑什么?（即使记得，也宽容了哥哥；——无从补过——什么是兄弟？兄弟就是宽容，兄弟就是理解。)

老师似乎看到了他们兄弟俩相逢一笑的情景，有感而发，写了一首诗，同学们要不要分享?

(多媒体课件展示：

兄弟

凝视你的双眸

我触摸到

那徘徊在你心底的温情

我轻轻一笑

只想告诉你
千年修行
终成血脉兄弟
纵然有过不快
也是美丽与记忆的相约）

5．寄语“大年初一”

（1）师提示：结尾的写作时间（1925 年 1 月 24 日），这一天正是大年初一，老师不由想起唐朝诗人王维的“独在异乡为异客，每逢佳节倍思亲”。

（2）学生朗读：组织学生深情、大声地朗读两遍。

过渡：这一天，作者在北京，他想起了远在千里之外的上海的弟弟周建人；正是这一天，他把自己关在家里，写下了《风筝》这篇至情至性的经典美文！按照我们的传统风俗，正月初一这天我们都习惯做什么呢？（学生回答。）

（3）请结合作者家庭，或者结合文章主旨，代表作者给远在上海的弟弟写一条手机短信。——看哪位同学写得最真挚！

（4）学生写作。（目的是让学生发散思维，感受亲情。引导学生写出“思念亲人”的意思，即可落在亲情主题上）（板书：亲情）

（5）学生成果展示。

（6）教师展示自己的成果。

（多媒体展示：

一个风筝，难解兄弟情；一条短信，尽诉祝福意。愿吾弟新年快乐！）

结束语：伤害再深，真心实意毕竟是为你好；胡子再长，相逢一笑永远是哥俩好！

（课例设计：雷介武）

智慧点示：

《风筝》是鲁迅回忆兄弟间往事的一篇散文，内容丰富，感情真挚，思想新进，技巧高超。文章一发表便获得了广大的读者群，人们纷纷从多角度解读大师的文章，无论是从儿童教育角度，还是从封建教育思想角度，还是从自我解剖的角度，或者从亲情的角度，都能获得广泛的共鸣，正因为如此，《风筝》才显示出其独有的魅力。

那么当这篇精典美文选入人教版语文七年级上册时，该如何选取其教学内容和角度呢？针对我市教研活动中出现的教学取舍的问题，我再讲《风筝》研讨课，主要就是为了解决这个问题。

语文教学是一门创造的艺术。当文本最初呈现给我们时，是一副冰冷生硬的面孔，但是每篇文章都曾经浸润着作者的生命，渗透着作者的情感，这就需要我们语文教师调动自己的激情，启动自己的生命体验，运用自己的智慧，对文本进行富有灵性的解读，进行创造性的处理，并将这种极富生命力的领悟准确地、有效地传达给学生。可以说，从“儿童教育、封建教育思想、自我解剖、亲情”这几个角度中的任何一个去解读，都切合文本的“确定主题”，都是正确的。

但解读是解读，教学是教学，这是两个层面的概念。我们选取哪个角度进行教学最恰当也最准确呢？从人教版教材编排体系来看，《风筝》一课位于“亲情单元”；从学情来看，“亲情”也贴近学生的认知，因此我认为，选取“亲情角度”解读文本才是最恰当的。笔者所讲《风筝》研讨课，正是从“亲情角度”来解读课文，45 分钟之内只凝力集中突破“亲情主题”，不旁逸斜出；教学设计不步陈规，谋求创意，效果非常好。

为了突破“亲情主题”这个核心目标，本课例用以支撑的教学内容是看似互不关联的一组数字。即文章开头“一二风筝”的渲染，“10 岁的弟弟”与“17 岁的哥哥”的对比；“二十年的记忆”的强调；“正月初一的创作”的真情流露。这一组数字，本无实质关联，但罗列在一起，能够巧妙地突出《风筝》的“亲情”这一主题。这亲情，是特殊的、与众不同的兄弟情。是爱，并痛着的兄弟情，是承载着父爱的兄弟情。

【知识链接】

链接一　我们在实施语文教学的时候，面临的第一个问题，也是最重要的问题，就是语文教学内容的确定。即：这一堂语文课或这一个教学单元，我们要“教什么”。这个问题，在其他学科中是不存在的，如我们教数学课，我们教了什么，直接由教材呈现给老师和学生。但语文课不是这样。我们教和学的是一篇篇课文，但课文并不是我们要教和学的内容，课文只是我们要教和学的内容的载体，语文课的教学内容隐藏在语文课文中。于是，“教学内容是什么”，这么一个在其他学科里老师开始实施教学前就已经解决的问题，在语文教学中还是一个等待解决的问题，而且是一个必须解决的问题。（李海林《论语文教学内容的生成性》）

链接二　先进的教学理念首先关乎教学内容，首先要落实到“教什么”上。教学内容和教学方法是两个侧面，观课评教的角度既可以从先怎么教，再怎么教，后怎么教的角度去考察，也可以从先教什么，再教什么，后教什么的角度审视，既可以侧重在教学方法上，也可以侧重在教学内容上。在目前的情况下，对语文教学来说，我们以为教学内容更为重要，更为关键。（王荣生《语文教学内容重构》）

链接三　在语文课堂上重复学生一望而知的东西，我从中学时代对之就十分厌恶。从那时我就立志，有朝一日，我如果当语文老师一定要讲出学生感觉到又说不出来，或者以为是一望而知，其实是一无所知的东西来。（孙绍振《名作细读》）

链接四　语文学习对象（课文）的整体性、丰富性以及隐秘性和单元教学需要的教学内容的单一性、局部性、明晰性无疑是一对矛盾。在一节课或一个教学设计的单位时间里，我们不可能涉及一篇课文中所含有教学价值的信息，甚至对许多重要的价值，也只能有所选择，有所舍弃。也就是说，语文教师决定所谓“教什么”的问题，就是他从文本中选择、定位合适的单元内容的过程。

一篇课文在存在许多教学价值点的情况下，教学设计不仅应该关注文本的核心价值，更要抓住“语文核心价值”。重点挖掘课文隐含的语文学习价值，重点训练学生对语言的感受能力和表达能力，重点完成语文课应该完成的教学目标，而适当弱化文本中可能隐含的其他教育价值，比如科学普及价值、社会生活认知价值、思想品德养成价值、生活能力指导价值等。一句话，尽量把“语文课”上成真正的“语文”课。（郑桂华《凸显文本的语文核心价值》）

链接五　陈钟梁老师在七年级讲鲁迅的《风筝》，言明他讲这篇课文坚持“三不讲”……“三不讲”表现的绝不是方法层面的问题，实在是一种教学眼光，一种教学智慧。“三不讲”所揭示的是一个语文学科教学特有的话题：文本价值的教学选择。我们知道，用以进行阅读教学的文本，其内容是丰富的，其教育教学的价值也是多样的。面对着“丰富”和“多样”，我们拿什么来奉献给学生，或者说我们要重点拿什么来奉献给学生，这是语文教师进行阅读教学面对文本时首先要回答的问题。正因如此，“教什么”比“怎么教”永远重要才成为语文学科教学所独有的公理。（蒋红森《文本价值的教学选择——以〈竹影〉教学为例》，摘自《中学语文教学》2007 年第 12 期）

链接六　阅读课的这种“教什么”的选择涉及三个要素的综合处理问题：一是课文，面对“这一篇”课文选择教什么；二是学生，面对“这一班”学生选择教什么；三是课时，在“一课时”这个时空内选择教多少。综合起来，关于阅读课“教什么”的问题，是指教师如何从班级学生语文学习实际出发，从“一课时”可以实际解决问题的量出发，从“这一篇”课文中选择的教学内容，与学生一起完成有效的语文学习的过程。研究阅读课“教什么”的问题，当然是为了提高阅读课课堂教学的效益，使学生在课堂上能真正得到“有差别的”共同提高和发展。（蒋红森《对“教什么”的叩问》，摘自《语文教学通讯》B刊2013年第3期）

链接七　阅读教学在确定“教什么”的问题上，至少要经历两个层次的教学选择：第一层面——筛选教学价值，确定核心目标；第二层面——筛选教学内容，支撑核心目标。教学中如何恰当进行“两次选择”呢？我们进行了大量的实践研究，在“两次选择”策略上形成了一些共性认识。下面分别以《社戏》和《风筝》为例，呈现我们在“教什么”问题上完成两次选择的基本过程。（雷介武《“教什么”的两个层次》，摘自《语文教学通讯》B刊2013年第6期）

第四编

细化单元教学目标，统筹读写教学内容

邓 鑫

【内涵阐释】

教学目标是教学的方向，是教学的起点，也是终点。它左右着教学内容的取舍，影响着教学策略的选择，是有效教学的保障。但在对教学实践的观察中，我们发现教学中教学目标大而空、虚而泛，甚至完全缺失的现象却相当普遍。如何转变这种现状？我们的做法是：依据《义务教育语文课程标准（2011年版）》（以下简称《课标》），细化教学目标，统筹听、说、读、写的教学内容。

《课标》给出的总目标和阶段性目标，属于“素养目标”，这种目标往往并不直接、具体地规限教学内容。比如九年义务教育的第二、三、四学段阅读的第1个目标均是：（能）用普通话正确、流利、有感情地朗读。但是针对这一目标，每个学段应该达到怎样的标高并没有具体的要求，对达成这个目标具体该教些什么，也没有给出规限。这就需要我们对这些“素养目标”进一步细化，制定出具体的、可操作的、可检测的教学目标，再分解到每一个单元、每一篇选文中实施完成。例如，对于人教版七年级新教材第一单元，我们依据《课标》、单元提示和课后习题的设题意图，细化出本单元教学目标如下：

课程目标	教学目标
朗读能力 （正确、流畅、有感情）	1. 吐字清晰 2. 读音准确（声调、多音字、方言） 3. 停顿恰当（语法停顿、气息停顿、逻辑停顿） 4. 读出重音 5. 读出语气 6. 把握节奏

默读能力 （养成默读习惯，有一定速度）	1. 学会“四不”：不出声、不动唇、不指读、不回读 2. 培养阅读感知的完整 3. 培养阅读速度
整体感知能力 （理清思路，理解、分析主要内容）	1. 体验情感 2. 把握中心 3. 借助六要素理清情节内容
古文释义能力 （借助注释工具书理解基本内容。注重积累、感悟、运用）	1. 学习释义方法：组词法、替换法、增删法、调序法 2. 积累文言词汇
摄取素材能力 （多角度观察生活）	1. 学习多感官、多视角、多时段的观察方法 2. 逐渐养成且观且思的习惯
读书方法	1. 注释批注 2. 赏析批注 3. 提要批注
情感熏陶	1. 学习积极乐观、奋发向上的人生态度 2. 体会家庭成员之间的亲情

细化出单元教学目标后，还要根据本单元选文的各自特点，把单元教学目标分解到单篇教学中，使目标的落实既有连贯性，又有各自的侧重点；既有学得，又有习得。前后铺垫，读写结合。具体分解如下：

篇目	教学目标
散步	1. 正确朗读：吐字清晰，读音准确，停顿恰当 2. 学习默读：不出声、不动唇、不指读、不回读 3. 依据六要素概括文章内容 4. 学习批注方法 5. 体会家庭成员之间的亲情

秋天的怀念	1. 正确朗读：吐字清晰，读音准确，停顿恰当，读出重音 2. 学习默读：不出声、不动唇、不指读、不回读 3. 品味丰富的情感 4. 学习批注方法 5. 学习积极乐观、奋发向上的人生态度，体会家庭成员之间的亲情
羚羊木雕	1. 正确朗读：吐字清晰，读音准确，停顿恰当，读出语气 2. 习得默读，概述事件的起因、经过、结果 3. 学习批注方法 4. 学习呵护亲情与友情的方法
散文诗两首	1. 正确朗读：吐字清晰，读音准确，停顿恰当，把握节奏 2. 习得默读 3. 运用批注方法 4. 体会家庭成员之间的亲情
《世说新语》两则	1. 朗读：吐字清晰，读音准确，停顿恰当 2. 学习释义方法：组词法、替换法、增删法、调序法 3. 积累文言词汇
写作：从生活中学习写作	1. 学习多感官、多视角、多时段的观察方法 2. 逐渐养成且观且思的习惯

经过这样的细化、分解与统筹，我们就有了挖掘教学内容的依据，就会取舍有度，做到一课一得，实现学生语文能力的螺旋式提升。

【课例展示】

课例一

《散步》教学设计

教学目标

1. 能准确、流利地朗读课文。
2. 学习默读的方法：不出声、不动唇、不指读、不回读。
3. 能用提取六要素的方法概括文章主体事件。
4. 学会从形式和内容上品读赏析含义丰富、富有美感的词句。
5. 尝试从生活琐事中感受亲情。

教学过程

一、情境导入

今天，我将和大家一起来学习初中教材中的第一篇文章《散步》。在翻开课本之前，我先请同学们看几幅图片。（多媒体展示三幅亲情画面。）有哪位同学说说这三幅图片给了你怎样的感觉？

（学生回答预设："温馨""温情""温暖""如沐浴在三月的阳光中"等一类的表述均可。）

过渡：请同学们翻开书，默读《散步》一文，看看我们从文中获得的感觉与看图片时的感觉是不是一致的。

二、默读课文，感知内容

1. 默读全文

[多媒体展示：

(1) 默读全文，做到不出声、不动唇、不指读、不回读。

(《散步》一文共计690字。在学生默读时，教师记录学生读完全文的时间，计算出学生的阅读速度，了解学情，以找准今后教学的起点和着力度。)

(2) 圈画出你在字音、字形、释义方面有困难的字词，查阅工具书，批注在书上。]

2. 同伴互助：相互交流、订正、巩固圈画出的字词的音、形、义。(教师适时强调“嫩”“霎”“拆”“歧”等字的读音。)

3. 跳读全文，圈画出表明六要素的词语或句子。

4. 请学生依据圈画出的六要素概括本文的主要内容。

时间：初春

地点：南方田野

人物：我，我的母亲，我的妻子和儿子

事件起因：我们一家人外出散步

事件经过：一家人散步时发生分歧，儿子要走大路、母亲要走小路。

事件结果：母亲改变了主意，我们决定走小路。

(学生回答预设：对于刚刚进入初一的学生，只要他们能按照六要素有条理地概述出文章的内容即可，在简洁性方面可适当放宽要求。)

5. 读这篇文章时的感觉与看图片时的感觉是否一致？

(学生回答预设：学生的回答应该是肯定的，若有偏差可随机调整学生的思维。)

过渡：这篇文章让我们感觉到一种温情。请同学们自由朗读全文，朗读要求看大屏幕。

三、朗读课文、品味亲情

1. 自由朗读。

(多媒体展示具体要求：读准字音，读顺句子，读准停顿，音量适中。)

2. 请学生朗读展示。

（1）要求其他同学在听读的过程中，从上述四个“具体要求”中记录朗读者的优、缺点。

（2）师生点评。

教学预设：下面的教学环节如何展开，可根据“朗读展示”的情况而定。若学生的朗读水平较高，不但正确、流畅，而且做到了有情感，则可直接展开下面的环节。若朗读只做到了正确、流畅，则可凭借朗读录音展开下面的教学内容。

3. 听朗读，品温情。

展开方法一：请某位同学再朗读第 1、2、3、4 自然段，其他同学画出打动自己的地方，并谈谈他是怎么做到的，你对他的哪一处的朗读有自己的建议？

展开方法二：听读一段（文章的第 1、2、3、4 自然段）音频配乐朗诵课文，请其他同学画出打动自己的地方，并谈谈他是怎么做到的，你对他的哪一处的朗读有自己的建议？

（学生回答预设：学生的思维会很发散。教师的引导、点评要始终紧紧扣住“他是怎样读的”，“这样读能表达出什么情感”，“你有什么建议”。下面的内容是本部分的重点，需灵活地渗透在生生、师生的对话过程中。）

（1）文章第 1 自然段开门见山，至关重要。我们要像朗诵者那样处理：“我”字不仅要重读，而且还要注意标点符号的停顿，以及郑重的语气。

（2）这句中同样重读的还有“散步”一词紧扣题目，并概括了主要事件。这是一个很美的句子，要读得郑重。

（3）我喜欢他读这句“今年的春天来得太迟，太迟了，有一些老人挺不住。但是春天总算来了。我的母亲又熬过了一个严冬”。“太迟，太迟了”他第二句拖音，起到了强调作用，体现出作者的担心。

（4）这句中的“但是”一词要流露出欣慰的语气，“熬”字应重读，体现了我对母亲的痛苦是感同身受的。

（5）这一部分整体要语气和缓、中速。

4. 听朗读，品温情，做批注。

继续请学生朗读文章的其他段落或继续播放朗读录音，学生继续圈画认为读得好的地方或不尽如人意的地方。听读后，选择两处，仿照大屏幕上的示例

做批注。（学生听读后，教师用多媒体展示批注示例）

示例一："咕咕"一词读得好。这是一个拟声词，他读得语气轻快，语调上扬，读出了初春的美丽和生命的气息，表达了作者对母亲熬过寒冬的欣喜和对生命的渴望。

示例二："我的母亲老了，她早已习惯听从她强壮的儿子；我的儿子还小，他还习惯听从他高大的父亲。"这句话读得好。这是一组对称句，句式整齐，第二个分句语调比第一个稍上扬，"老了""强壮""还小""高大"等词重读有着强烈的对比，表现了母亲和儿子对"我"的依赖，也表达了"我"的强烈的责任感。

（学生回答预设：刚上初一的学生，批注的内容不会很全面、深入，尤其是对词语、句式形式的判定会存在一定的困难，所以在这方面的评价要求可适当放宽。下面的内容是本文富有感染力的地方，需灵活地渗透在生生、师生的对话过程中。）

（1）"那里有金色的菜花，两行整齐的桑树，尽头一口水波粼粼的鱼塘。"轻松上扬的语调，"金色""整齐""粼粼"几个词语要读得上扬，"尽头"又稍作停顿，突出鱼塘。这是一个描写环境的句子，写出了初春田野里美丽的春光，表达了作者轻松愉悦的心情，也为下文选择小路做铺垫。

（2）"我背上的同她背上的加起来，就是整个世界。"这句写出了"我"和妻子肩负着承前启后的责任，体现了"我"对生活的一种责任感、使命感。因此"整个世界"需重读强调。

四、朗读全文，巩固所得

几名学生合作朗读全文。

基本要求：字音准确、语句流利、声音适度。

高标要求：读出轻重、节奏舒缓。

五、布置作业

1．把文中句式对称的句子摘抄在积累本上。

2．描绘一位你的新老师或新同学。（不少于100字）

（课例设计：金灵玉）

智慧点示：

《散步》是人教版语文七年级上册第一单元中的第一篇课文，围绕着“散步”描绘了一幅温馨和谐的画面，写出了家庭的和睦，同时也让读者感悟到了“尊老爱幼”的家庭责任的传承及使命。作者用他细腻而敏锐的视角，于平凡的小事中蕴含着不平凡的人生体验。本文的语言清新质朴、含义丰富，娓娓道来，感人至深。

这一单元是初中语文学习的开端。经过六年的学习，七年级的学生虽然已经有了一定的语文学习积累，但在读书习惯的养成和读的能力上，尚需不断提升。读，是学生亲近文本、走近作者的基本手段，是首先要训练学生掌握的基本技能。《散步》一文虽篇幅短小，不足千字，但情感丰富，适宜作为训练学生学得“读”的技能的载体，所以，本课的教学着力点确定为：能读，学习读的方法；会读，品味这样读的原因；读懂，读出自己的生活体悟。

依据这样的思考，本课采用了以“读”引领全文学习的策略。读，由浅入深，步步升华。在“默读课文，感知内容”的环节中，学习默读的方法，“不出声、不动唇、不指读、不回读”来测定学生的阅读速度，以制定后续课文默读训练的起点和梯度，使学生的默读能力逐步提升。此环节中还采用了提取六要素的方法概括文章的内容，一则是检查默读的效果，二则教会学生整体感知文章的一种方法。

课堂是一潭流动的活水。教师要能够游刃有余地应对课堂上的种种“生成”，不断提升自己的专业素养是一种途径，备课时做好充分的预设也是一种方法。本课中第三大环节的第 3 步“听朗读，品温情”预设了两种展开方法，充分体现和发挥了学生的主体地位，尊重学情的理念。

“不动笔墨不读书”是一种有效的读书方法，但其养成绝非一日之功。因而在初学伊始，就教学生从最简单的批注——注释批注做起，随着课程的推进，在教授种种批注方法的过程中，逐渐养成学生“动笔墨”的习惯。

课例二

《秋天的怀念》教学设计

教学目标

1. 积累“瘫痪、憔悴、捶打、砸碎”等词语。

2. 能正确、流利地朗读课文，在理解课文内容的基础上尝试有感情地朗读课文。

3. 能通过默读、批注的方式，品析具有表现力的细节描写，体会文中所蕴含的深沉无私的母爱和奋斗不息的精神。

教学过程

一、创设情境，导入新课

（多媒体展示史铁生《有关庙的回忆》中的一段话：

我有一个凄苦的梦……在梦里，我绝望地哭喊，心里怨她：“我理解你的失望，我理解你的离开，但你总要捎个信儿来呀，你不知道，我们会牵挂你，不知道我们是多么想念你吗？”但就连这样的话也无从说给她，只知道她在很远的地方，并不知道她在哪儿。这个梦一再走进我的黑夜，驱之不去。）

这段文字本就如泣如诉，老师动情的朗读，会让学生的稚嫩但易感的心灵受到触动。

提问：这是著名作家史铁生描写母亲的一段话，从这段话中，你感受到了什么？

预设：因学生没有读过原文，所以学生可能更多的只会感觉到作者对母亲的怀念，甚至只提取出字面的“怨”。教师可借助这种“浅显”的设疑，引出下面的教学环节，激发学生学习的兴趣。

过渡：这是怎样的一位母亲，在他们身上到底发生了什么事？让我们一起走进《秋天的怀念》。

二、初步朗读，整体感知

1. 朗读课文，圈画出不认识或读不准字音的字词。自查字典，批注在书上。

2. 屏显重要字词：

瘫痪　暴怒　砸碎　捶打

憔悴　央求　喜出望外　诀别

要求：①读准字音。②仔细观察偏旁，找到记准字形的小窍门。

明确：瘫痪，是一种病态，跟疾病有关，所以都是“病”字头；憔悴，内心忧伤、失意、劳苦使面色不好看，所以都是“心”字旁；诀别，多指不再相见的分别，从感情色彩上讲，含有很大的悲壮成分。诀，分别。而形近字“决”是“决定”的意思，不能混淆。

（此环节是引导学生做到“会读”“会写”。）

3. 默读全文，了解文章内容。

要求：默读时，做到“四不”：不出声、不动唇、不指读、不回读。

4. 请学生尝试用上述屏显的8个词语概述文章内容。

三、披情入文，走近人物

（多媒体展示作者生平简介：

史铁生，当代著名作家。1951年生于北京，1967年毕业于清华附中，1969年去延安插队落户。1972年因双腿瘫痪回到北京，在街道工厂工作。）

提问：同学们算一下，1972年作者双腿瘫痪时他多大？

过渡：21岁！正是一个小伙子生龙活虎的年龄，可是他再也不能跑，再也不能跳，再也不能去自己想去的地方了。面对这样的苦难，作者有何反应呢？

（一）默读批注，年轻的心承受苦难

1. 默读课文第1自然段，圈画出反映作者“暴怒无常”的具有表现力的细节描写。

（1）“望着望着天上北归的雁阵，我会突然把面前的玻璃砸碎；听着听着李谷一甜美的歌声，我会猛地把手边的东西摔向四周的墙壁。”

（2）我狠命地捶打这两条可恨的腿，喊着：“我可活什么劲！”

2. 请结合具体的词语说说你从这些细节描写中，读出了作者怎样的心情。

预设：表达心情的词语：难受、沉重、悲伤、绝望等词语均可。结合具体的词语分析，如：

（1）“突然”“猛地”两个词都表示在短促的时间里发生，出乎意料，与第一句中的“无常”相照应，表现出了当“我”感受到自由、美好事物时的绝望、暴躁、失衡的心理。

（2）“砸”“狠命”两个词都写出了力度很大。从这样的力度中，我们读到了“我”的悲痛、绝望。

（3）“喊”字前面虽然没有修饰词语，但依据前面的细节描写，我们完全可以听到“我”“喊”时的声嘶力竭，那是一种对生命彻底绝望的呐喊。

3. 读出重音，体会作者的苦难。

尝试用重音朗读上述具有表现力的词语，体会作者的心情和感受。

（学生的生活积累不是很丰富，对作者的那种病痛很难感同身受，所以对于“有感情地朗读”，学生能做到贴近即可。）

过渡：儿子健硕的身躯刚刚能为家庭遮风挡雨，却突然之间孱弱得好像一阵风都能吹倒，灾难的降临如疾风骤雨，作为母亲又会有怎样的应对呢？

（二）研读感悟，温暖的爱滋润生命

朗读描写母亲的语句，说说为什么要这样读？

1. 母亲就悄悄地躲出去，在我看不见的地方偷偷地听着我的动静。当一切恢复沉寂，她又悄悄地进来，眼边红红的，看着我。

品析：“悄悄”“偷偷”“红红”这三个叠词，写出了母亲不想让我知晓她的难过；“躲”字写出了母亲对儿子的理解和心疼。这些词应重读。带着隐忍、压抑的语气，要体会那看似卑微的举动背后的爱与良苦用心。

2. 母亲喜欢花，可自从我的腿瘫痪后，她侍弄的那些花都死了。

品析：“自从”“都”，说明母亲已经将所有的精力都放在了我的身上，已无暇顾及自己的喜好。

3. 母亲扑过来抓住我的手，忍住哭声说：“咱娘儿俩在一块儿，好好儿活，好好儿活……”

品析：母亲很心疼儿子，她不想让孩子再伤害自己了！她的心里有着无尽的苦楚，可是更多的还是想让儿子拥有一个希望。“扑”“抓”是力度很强的词，要加重音并用较快的速度朗读这一句。第二个“好好儿”要强化重音，读出企求，读出盼望。

4. 她憔悴的脸上现出央求般的神色。“什么时候?”“你要是愿意，就明天?”她说。我的回答已经让她喜出望外了。“好吧，就明天。”我说。她高兴得一会儿坐下，一会儿站起：“那就赶紧准备准备。”

品析：第一句话要读出小心翼翼的、商量的口气，“喜出望外”是指因出乎意料的事而特别高兴。仅仅因为我答应去看看花，母亲就乐成这样，可见母亲平日里对我的担忧有多重。读时要想象母亲因激动而坐立不安的画面，读出高兴，读出那份不知所措。

5. 她也笑了，坐在我身边，絮絮叨叨地说着：“看完菊花，咱们就去‘仿膳’，你小时候最爱吃那儿的豌豆黄儿。还记得那回我带你去北海吗？你偏说那杨树花是毛毛虫，跑着，一脚踩扁一个……”她忽然不说了。对于“跑”和“踩”一类的字眼儿，她比我还敏感。

品析：前面部分要读得高兴，句末欢快的语调要戛然而止，表现出母亲因失言而重陷痛苦的现实与无奈之中。

6. 母亲进来了，挡在窗前：“北海的菊花开了，我推着你去看看吧。”……她又悄悄地出去了。

品析：“挡”，挡住的不是落叶，而是儿子郁闷烦躁的思绪。挡的背后是一颗深爱儿子的心。

（画线词重读，语气语调依据学生对于句子所蕴含的情感的把握，读出基本的情感即可。）

四、悟读，感悟真情

（一）讨论：“菊花”在文中多次出现，尤其是最后一段详写各种颜色的菊花，这种安排，除了母亲喜欢花之外还有什么特殊意义吗?

引导：菊花在秋天开放，具有顽强的生命力。它象征着芬芳，也象征着希望。也许母亲是有意的，也许是无意的，但希望灿烂的菊花能舒缓儿子绝望的心境，重新点燃儿子对生活的希望是母亲不变的心愿！

（二）朗读课文最后一段，读出舒缓、读出坚定。

（三）多媒体再次展示史铁生《有关庙的回忆》中的那段话，纠正学生初始时的认识误区。（若开课时，学生在此处的分歧不是很大，也可省略这个环节。）

我有一个凄苦的梦……在梦里，我绝望地哭喊，心里怨她："我理解你的失望，我理解你的离开，但你总要捎个信儿来呀，你不知道，我们会牵挂你，不知道我们是多么想念你吗？"但就连这样的话也无从说给她，只知道她在很远的地方，并不知道她在哪儿。这个梦一再走进我的黑夜，驱之不去。

提问：这段话是在表达我对母亲的"怨"吗？

明确：用"怨"的语气来表达自己对母亲深深的怀念与愧疚。

五、拓展延伸，推荐阅读

多媒体展示史铁生的成就，深化理解母亲对作者的深远影响及作者顽强不屈的精神。

史铁生多年来与疾病顽强抗争，在病榻上创作出了大量优秀的、广为人知的文学作品。中篇小说《关于詹牧师的报告文学》《插队的故事》等；散文集《一个人的记忆》《灵魂的事》《病隙碎笔》《扶轮问路》等，曾先后获全国优秀短篇小说奖、鲁迅文学奖，以及多种全国文学刊物奖。他后来又患有肾病并发展到尿毒症，需要靠透析维持生命。自称是"职业是生病，业余在写作"。2002 年获华语文学传媒大奖年度杰出成就奖。他的作品多次获得国内外重要文学奖项，多部作品被译为日、英、法、德等文字在海外出版。

多媒体展示课外文章片段，再现本文主题。

摇着轮椅在园中慢慢走，又是雾罩的清晨，又是骄阳高悬的白昼，我只想着一件事：母亲已经不在了。在老柏树旁停下，在草地上在颓墙边停下，又是处处虫鸣的午后，又是鸟儿归巢的傍晚，我心里只默念着一句话：可是母亲已经不在了。把椅背放倒，躺下，似睡非睡挨到日没，坐起来，心神恍惚，呆呆地直坐到古祭坛上落满黑暗然后再渐渐浮起月光，心里才有点明白，母亲不能再来这园中找我了。

——史铁生《我与地坛》

坐在小公园安静的树林里，闭上眼睛，想，上帝为什么早早地召母亲回去呢？很久很久，迷迷糊糊的我听见了回答："她心里太苦了，上帝看她受不住了，就召她回去。"我似乎得了一点安慰，睁开眼睛，看见风正在树林里吹过。

——史铁生《合欢树》

六、布置作业

1. 查阅史铁生的生平材料，在积累本上有选择地概述他的生平事迹。

2. 下发课外阅读材料——《合欢树》，要求至少选择两处细节描写做批注。有精力的同学可阅读史铁生的其他作品。

（课例设计：杨丹妮）

智慧点示：

人教版七年级新教材第一单元选入的《秋天的怀念》这篇文章，是当代作家史铁生的一篇怀念母亲的散文。作者用宁静的语言回忆了母亲在自己瘫痪时的几件小事，细细地倾诉他少不更事的追悔，及对母亲深沉的爱和想念。寥寥几百字，没有如歌的泣诉，没有刻意的描摹。想起《古文观止》中对《陈情表》的评价“至性之言，悲恻动人”，用来描述它是最为贴切。

这样一篇内蕴丰厚的文章可教的角度很多，教什么就成了需要仔细思考的首要问题。读，是学生亲近文本、获得语感体验的初始手段；是语文学习的基本能力，但也往往是教学的空白点。我们让学生有感情地朗读，可是什么是有感情？如何读才能读出感情？这些学生最需要指导的地方，却被教者用空洞的要求一带而过。默读是学生现在、将来在生活、学习中最常用的一种阅读方式，教会学生默读的方法，引导学生习得有效默读的方法，无疑会为学生的生活和各学科的学习做好铺垫。所以，人教版七年级上册新教材在单元提示中把朗读、默读作为初中语文教学伊始的教学目标之一，体现了能力培养的序列性。循着这种思考，我们确定了以读贯穿全文的教学路径。

文中主要涉及两个人物，作者和母亲。史铁生在“活到最狂妄的年龄上忽地残废了双腿”。对于年仅21岁的年轻生命来说，这样的考验未免太残酷了一些。面对这样的儿子，母亲会怎样？史铁生只描写了母亲最平常的动作、语言、神情、心理，甚至没有对她进行外貌描写，但质朴的语言却抵挡不住情感的奔泻。动作描写，字字关情；对话描写，句句揪心。七年级的学生具备了一定的阅读能力和理解能力，要理解课文的内容和主题并不难，但如何使学生透过那些看似普通的文字使内心真正受到震撼，与作者产生共鸣则是教学的重点和难点。因此本课教学运用默读，来体会人物的情感；通过朗读，呈现自己对情感的体会；通过咀嚼语言，体悟母亲的真情；通过拓展阅读，升华情感，呼唤感恩。整个教学一“读”以贯之，尊重学生独特的体验，让学生与文本充分地对话，体味作者的真挚情感。需要注意的是教学中默读、朗读的教学要具体，有可操作性。至于有感情地朗读，则是我们中学朗读教学的高要求，七年级的学生阅历有限，学生个人感受不同，自身条件不同，不能用一个尺度衡量，他们能联系自己的情感体验，在理解文章内容与情感的基础上读出自己的“味道”即可。

课例三

《羚羊木雕》教学设计

教学目标

1. 习得默读方法，在默读中把握课文内容。

2. 在朗读准确、流畅的基础上，引导学生读出语气，体味人物的内心世界。

3. 学会多角度理解生活事件，正确理解亲情，珍惜友情。

教学过程

一、导入

多彩的生活是充满温情的，亲情更是温暖的太阳，温暖着我们彼此的心灵。可是，生活中总有不同的色彩，亲情也有阴天的时候，今天，我们就来用心地阅读《羚羊木雕》，体验它的温度。

二、默读全文，整体感知

1．初次默读课文。

（多媒体展示具体要求：注意默读的“四不”要求，圈画出文中的生字、多音字。）

2．学生查阅工具书，把正确的读音标注在书上。

3．给加点的字注音。

逮住　攥　怦怦　脸颊　抹眼泪

4．再次默读课文，概括内容并填写下表。

起因	
经过	
结果	

明确：

起因：我把羚羊木雕送给好朋友万芳，父母却逼着我去要回礼物。

经过：我回忆万芳帮助我的往事及我们互换礼物的经过，极不情愿去万芳家要回礼物。

结果：我要回了羚羊木雕。万芳理解了我的无奈。

预设：学生的概括语言有可能不够简洁，教师可通过学生答案的相互比较，规范学生的语言，让学生从感性上理解什么是语言的简洁性。

三、读出语气，揣摩人物丰富的内心

1．默读全文，用下列符号做批注。

（多媒体展示：

在描写“妈妈”语言的语句前标注△

在描写“我”的语言的语句前标注○

在描写“爸爸”语言的语句前标注√

在描写“万芳”语言的语句前标注∧）

2. 跳读描写“妈妈”语言的语句，标识出能揭示说话人语气的词语。仿照示例做批注。

（多媒体展示示例：

“那只羚羊哪儿去啦？”妈妈突然问我。——“突然”一词，渲染出紧张的气氛，写出妈妈的惶急，“我”的惊吓。这就提示我们在读这句话的时候，语速要短促有力。）

3. 小组交流，练习朗读。

组内交流之后，组与组之间进行交流。教师倾听，给予评价、引导。

明确：

（1）“我知道给你了，可是现在它在哪儿？”妈妈的目光紧紧地盯着我。

（“紧紧”“盯”写出妈妈神态的严厉。“可是现在它在哪儿”一句的尾音要上扬，能更好地表现出妈妈的咄咄逼人，更符合“紧紧”“盯”这两个词所表现出的人物神态。）

（2）“要说实话……是不是拿出去卖啦？”妈妈变得十分严厉。

（“十分严厉”写出妈妈态度严厉的推进，在惶急中有些焦躁，所以尾音“卖啦”语调要上扬，语速要加快，能更好地表现出母亲的急躁、愤怒。）

（3）“送给谁了？告诉我。”妈妈把手搭在我的肩膀上。

（“搭”字呈现的动作力度比较轻柔，用动作的轻柔写出妈妈语气的转变：由厉声逼问到缓和语气进行规劝。这就提示我们前面的这句话要读得柔中带刚。）

4. 朗读展示。

小组推举一名学生进行朗读展示。其他同学在听读中比较，对优、缺点进行点评。

5. 重复上面的2、3环节，批注描写“我”的语言的语句。

（1）“爸爸不是说给我了吗？”我小声地说。

（“小声地”写出“我”受到惊吓后的胆怯害怕，想争辩却又不敢，尽管是反问句，但语调要低缓，“给”字稍微强调，“吗”字语气减弱，能更好地表现我当时惊慌的心理状态。）

（2）“没有卖……我送人了。”我觉得自己的声音有些发抖。

（“发抖”一词，写出了“我”当时的紧张，不知所措。“我送人了”语调应当平缓、下抑，表现“我”被逼迫说出真话时的恐惧心理。省略号处要做稍长时间的停顿。）

（3）“不!”我哭着喊了起来。

（“哭着”“喊”两个词写出“我”的愤怒和委屈，“不”字语调要高，声音要粗重有力，才能更好地表现“我”受委屈后的爆发，不想去要回礼物的心理。）

6. 分角色朗读前12段。

要求：准确、流畅，用恰当的语气体现人物的心理。

7. 运用上述学习方法，在“爸爸”“万芳”中自选一个，完成批注，练习朗读。

（1）“小朋友之间不是不可以送东西……怎么能自作主张呢?”爸爸的声音一直很平静，不过带着一种不可抗拒的力量。

（语调不高不低、语速不急不缓才能表现出声音的“平静”，语气坚定不容置疑、不拖音才可彰显“不可抗拒”的力量。读此句时要表现出父亲平静中的冷静和威严强势。）

（2）她把小刀塞到我的手里说：“你拿着，咱俩还是好朋友……”

（“塞”字写出万芳送给“我”小藏刀的真诚，“还”字应重读，确定语气，强调万芳对友情的坚定态度，表现万芳仗义、重视友情的特点。）

8. 分角色朗读全文。

四、布置作业

1. 依据本文，填写“导学案”上的表格，完成“说”的积累。

“说”的形式	例句
直接说	奶奶突然说：“算了吧，这样多不好。”
“说”的替代词	1. “那只羚羊哪儿去啦?”妈妈突然问我。 2. ________________
用引号说	“您已经给我了。”
用“神态”说	
	“送给谁了？告诉我。”妈妈把手搭在我的肩膀上。

2. 运用上述多样的“说”，记录一段你与老师、同学、父母等的对话。

（课例设计：张 薪）

智慧点示：

《羚羊木雕》是七年级语文上册第一单元中的一篇自读课文，多重对话描写是它的特色，这种个性化的语言描写是学生不常见的，这也正是这篇作品的教学资源。结合教材特色及本单元教学目标，考虑实际学情，确定本课的核心目标为“默读全文概括内容”，“朗读语言描写揣摩人物内心世界”，充分调动学生的内趋力，进而实现“课有所得”的目标。

本课设计，是在前两课朗读训练“正确、流畅”的基础上，引导学生结合上下文，揣摩人物情感，读出语气。本课的教学流程可以划分为“两个环节三个步骤”，简称“两环三步”。两个环节：默读、朗读；三个步骤：示例引导→自主练习→展示所得。两个环节是基础，是前几节课学得方法、能力的延续习得，是架构全文教学流程的骨架；三个步骤是提升，是学生品读能力的提升、朗读能力的提升、学习策略的提升，是丰满整堂课的血肉。“环节”与“步骤”之间有铺垫，有衔接，过渡自然，转换流畅。这是整体构思，解决“怎么教”的问题。

那么，我们再回追思考，这个框架都承载了哪些“我们该教，学生该学”的内容？或者说，我们对文本内容进行了怎样的研读、思考、筛选、整合，才提炼出“两环三步”的流程？

首先，确定本课研究的角度是从“描绘语言”的动作、神态入手，探讨语气，揣摩人物。这样能够拓宽学生思维的广度，跳出圈外看庐山。其次，在复杂内容的处理上，做到整体与个体相结合，详细研究一个人物到概括研究多个人物的结合。最后，做到“读”与“批注”的结合。在研读内容的基础上，结合单元内容、单元进度和学生活动方式上，构建了“两环三步”的流程。

这样既做到了承前，又为后面的训练“读出节奏”做了铺垫。这样的设计能够引导学生做到读书有方法，学习有梯度，做事有步骤。能由浅入深、由语言现象深入到作品内涵中。

课例四

《散文诗两首》教学设计

教学目标

1. 习得默读的方法，在默读中了解文章的主要内容。

2. 朗读，做到准确、连贯，读出节奏、重音、语气。

3. 把握文章的主旨。

4. 体味感人至深的母爱。

教学过程

一、导入

自然创造了广袤的天空，包裹着我们这些生灵。在自然的怀抱里，我们的心是青色的，宁静的，愉悦的。在这片天空下，母亲的心也是青色的，湛蓝得没有瑕疵，温柔、慈祥，平静而给人以依靠。今天，就让我们走进这片青色的天空，走进母爱的诗意世界。

二、默读全文，整体感知文章内容

1. 初次默读，要求标记出不认识的字、词，在通读全文后，利用工具书，查清楚字的正确读音和词的正确解释，并批注在书上。

2. 找同学说说自己注意到本课应该掌握的生字词、易读错的字词，在班级内交流，同学间互通有无，互为补充。交流后，教师在大屏幕上出示本课重点生字词，检测学习效果。

3. 再次默读课文，分别概括两篇文章的主要内容。

（多媒体展示：

学生活动流程：默读──→独立思考──→小组内交流──→班内交流

交流要求：每个组员都要说出自己的概括内容，组员相互修改。概括做到条理清晰，语言简洁。）

明确（多媒体展示）：

篇目	主要内容
《金色花》	①孩子让妈妈嗅到花香 ②孩子为妈妈投影保护她的眼睛 ③孩子让妈妈讲故事
《荷叶 母亲》	①雨打红莲 ②荷叶护莲

三、确定文章朗读节奏，把握文章主旨

问题1：这样的一篇文章，我们应该选择什么样的节奏来读呢？

学生回答预设：因为本课是第一单元第四课，学生经过前三课的学习，基本能够判断出本课应该采用舒缓的节奏。

问题2：同学们为什么会采用舒缓的节奏呢？

明确：两首散文诗都是对母爱的深情倾诉。用舒缓的节奏读，能够表现出沐浴母爱的感动、幸福。

四、朗读全文，揣摩人物内心，深刻体味文章主旨

1. 朗读示例指导。

（1）全班自由朗读第1自然段。

（多媒体展示要求：用舒缓的节奏，读准停顿，读出重音、语气。）

（2）学生朗读展示：指3～4名同学依次朗读第1自然段。要求其他同学认真听，听出同学在朗读中重读、停顿的地方，并在书上做出标记。学生朗读后，其他学生依据要求评价优、缺点，提出修改建议。

明确：此教学环节起朗读示范引导作用，要为下一环节学生自主进行练习朗读及评价朗读做好铺垫。教师要引导学生明确：在确定了全文的朗读节奏后，重音、停顿也是我们读好文章的关键。教师可做示范朗读并加以引导。

（朗读指导参考建议：第1自然段“为了好玩”，“为了”后停顿，“好玩”要重读，表现出孩子的活泼；“高”字重读，可以表现出孩子的调皮；“新叶”中的“新”要读得短而轻；“你会认识我吗”中“会”字重读，可读出孩子当时的得意之态和对妈妈的依恋之情。）

（3）全班自由练读第1自然段。

2. 同伴互助学习。

（1）按照第1自然段的学习过程，以小组为单位练习朗读本文的其他段落。（要求：无论练习与评价，都要紧扣朗读的要求：节奏、停顿、重音、语气。）

（2）班级内展示。老师、同学针对不足的地方，给予示范指导。

明确：此环节是本课的重点。学生的回答会很发散，因此教师在倾听学生发言的过程中，要做到心中有数。教师在引导、评价学生发言时，始终提醒学生要注意从“读好了哪个字或词的重音”“注意了什么地方的停顿”“把握好了什么样的语气”“读出了怎样的情感”等方面作出积极评价或建议。下面的内容，是预设的重点朗读语句，可灵活渗透在师生、生生对话过程中。

①“我暗暗地在那里匿笑，却一声儿不响。”“暗暗”，出气舒缓匀速；“一声儿”，要翘舌，儿化，拖音，读出得意之态。形容词要读出情态美。

②“穿过金色花的林阴，走到做祷告的小庭院时……”“穿过”“走到”，不宜重读。“林阴”“做祷告的小庭院”都有一种静谧之感，重音破坏了这种静美，包括后面母亲在窗前读书的情境，都要读出“静”的韵味。

③“你到哪里去了，你这坏孩子?”“我不告诉你，妈妈。”在“母子对话”中，要注意“哪里”和“坏”的拖音和嗔怪的语调。“不告诉”中的“告”字要上扬，拖音，读出得意的情态。

3. 自主学习。

（1）按照本课的朗读要求，学生自由练习朗读《荷叶　母亲》。

（2）朗读展示。学生的朗读初具韵味即可，不强求淋漓尽致。

4. 教师小结：结合内容，体会词语句子蕴含的情感，调节好语气、语调、重音、停顿，这样才能读出韵味，突出母爱的静美、优雅与温情。这样，才叫“会读”!

过渡：两篇文章分别用“金色花”“荷叶”两种具体的形象抒发了对母亲的爱，这种写作手法叫作“以物喻人”。在以后的写作指导中，我们会进一步学习、运用这种手法。

五、布置作业，拓展积累

1. 朗读、背诵《繁星》中的第七一和第八〇首小诗。

2. 想象这两首小诗的画面，进行扩写。

（课例设计：张　薪）

智慧点示：

《散文诗两首》是七年级语文上册第一单元中的优美作品，富有诗意。主题唯美，语言优雅，写法动人。突出地体现了散文诗的特色。结合本单元教学目标，确定本课的核心目标为“会读、能说、巧积累”，促使学生主动地读、品、记、说，充分调动学生学习的积极性，实现“课有所得”的目标，以更好地达成单元教学目标。

本课设计，遵循单元目标整体要求，训练重点仍在“默读”“朗读”上，以默读感知文章内容，以朗读品味人物情感。引导学生把握好朗读中的节奏、停顿、重音、语气。其中“朗读全文，揣摩人物内心，深刻体味文章主旨”环节，重在培养学生自主学习的能力。此环节中，先“朗读示例指导”，教会学生完整的学习过程，再“同伴互助学习”，按照之前的学习步骤，紧扣朗读要求加以练习，进而“自主学习”，综合运用本课学习的朗读技巧，试着读出文章韵味。教师在过程中引导、示范、点拨，学生合作、探究。作业布置以拓展积累为目的，通过背诵《繁星》（本册要求阅读的名著）中的两首小诗，在走进名著的同时，进一步体会用物写人从而表达情感的方法。需要说明的是“背”不仅仅是要完成积累语言、扩写的任务，也是对写作素材储备的有效指导。本课的设计力争做到《课标》中的读、说、听、写的结合。

课例五

《〈世说新语〉两则》教学设计

教学目标

1. 朗读：读准字音，正确停顿。

2. 学习释义方法，积累文言词汇。

教学过程

一、一读：读准字音

1. 学生朗读文章，圈画读不准的字词，查字典，标注在书上。

2. 学生朗读课文，再次相互点评正音。

教师关注下列几个字的读音：骤　似　差　拟　行　不

二、二读：读准停顿

除标点处正常停顿外，要关注下面三句的逻辑停顿：

①即/公大兄/无奕/女　②左将军/王凝之/妻也　③君与家君/期/日中

三、三读：读出字义

1. 自由朗读《咏雪》，边读边揣测字义，圈画出感到困惑的词句。

2. 借助课下注释及工具书，理解词、句义。

3. 小组交流，解决词、句义的困惑。

4. 提出小组内仍未解决的问题，生生、师生交流解决。在交流中传授翻译方法。（板书：组词法　替换法　调序法　增删法）

5. 本课应积累的文言词汇（屏显）：

俄而　欣然　差　拟　若　因

6. 请学生通译全文，强调运用翻译方法。

预设：学生可能会在“撒盐空中差可拟”“未若柳絮因风起”两句的翻译上出现困难，教师要引导学生使用调序法、增删法使语句通顺。

7. 学生强化记忆字词句的翻译。

四、学法习得

按照上述第三个环节中的7个步骤，完成《陈太丘与友期》一文的学习。

本课需积累的文言词汇：期　行　至　去　乃　时　委　信　引　顾

五、布置作业

1. 整理课堂记录。

2. 描写一位同学或老师，注意刻画其动作、神态、语言。

（课例设计：张一凡）

智慧点示：

该课是学生进入初中以来第一次接触文言文。教材选录的这两篇文章篇幅短小，颇有趣味，内容浅易，符合七年级学生的认知程度和接受能力。

该课仍突出朗读、默读训练，一则这是学生学习文言文的最佳途径；二则也是单元整体教学目标的要求。在读的过程中，教师尤其关注学生在朗读停顿中对逻辑停顿的处理，因为由此我们可以了解学生对文意的理解程度。《课标》第四学段文言文的教学目标是“能借助注释和工具书理解基本内容。注重积累、感悟和运用，提高自己的欣赏品味”。这一目标告诉我们，让学生记住一个词、句的含义不是终极目的，学完这一篇能猜读出另一篇才是根本。所以，本课重在培养学生借助注释和工具书疏通文义的意识和习惯，学习翻译文言文的方法，这样循序渐进，才能螺旋式提升学生文言文的阅读素养。所以本课的教学模式仍是朗读、默读为线，积累、学法为珠，目标明确，内容精当，连贯有序。

课例六

《观察·人物》教学设计

教学目标

1. 学习观察的方法。
2. 能够运用观察方法弥补自己观察的不足。
3. 能够按照一定的顺序，有条理地修改观察记录。

教学过程

一、导入

请同学们先来看一段奶粉广告视频，看完后我请同学告诉大家：视频中的男孩能够取得展示成功的原因是什么？

（多媒体展示视频内容：一个小男孩为画出蝴蝶由虫到蛹再到化蝶的过程，无论是晴天还是雨天，他都坚持一边观察一边画到画册上，最后当他把记录全过程的一本画册快速翻动时，蝴蝶的生长过程犹如纪录片一样动态地展现在同学们的面前。）

预设：学生给出的原因有可能五花八门，对合理的、正确的原因教师都应给予肯定，最后明确："观察"才是其成功的重要原因。

二、学习观察的方法

预设：这个环节将引导学生从直观感觉到理性归纳，对于学生来说会有一定的难度。可以再次播放视频，让学生发现蕴含在其中的观察方法，但视频呈现的观察方法有限，所以教师可以进而提供典型的选文片段，启发引导学生归结出比较全面的观察方法。教师在此环节的作用是：启发、引导、倾听、提取、板书。

最终的板书内容呈现如下：

观察
- 看（视觉）：形状（外貌）、动作、颜色（神态）
  听（听觉）：声音
  触（触觉）：质地、温度
  嗅（嗅觉）：气味
  味（味觉）：酸、甜、苦、辣、涩
  ——多感官
- 横看成岭侧成峰，远近高低各不同——多视角
- 早晚　春夏秋冬　阴晴……——多时段
- 见山不是山，见水不是水——观而思

三、实践运用

1. 再读自己之前完成的描写新同学、新老师的练笔，选取一篇，提取相关内容填写下表。

观察记录表

<table>
<tr><th colspan="3">观察方法</th><th>观察所得</th></tr>
<tr><td rowspan="15">观察</td><td rowspan="5">多感官</td><td>视觉</td><td></td></tr>
<tr><td>听觉</td><td></td></tr>
<tr><td>触觉</td><td></td></tr>
<tr><td>嗅觉</td><td></td></tr>
<tr><td>味觉</td><td></td></tr>
<tr><td rowspan="7">多视角</td><td>正面</td><td></td></tr>
<tr><td>侧面</td><td></td></tr>
<tr><td></td><td></td></tr>
<tr><td></td><td></td></tr>
<tr><td></td><td></td></tr>
<tr><td></td><td></td></tr>
<tr><td></td><td></td></tr>
<tr><td rowspan="3">多时段</td><td></td><td></td></tr>
<tr><td></td><td></td></tr>
<tr><td></td><td></td></tr>
<tr><td colspan="3">观而思</td><td></td></tr>
</table>

2. 选用观察方法，补充观察记录。

3. 小组交流，就观察的全面性相互点评。

4. 按照一定的顺序（上下、左右、前后、早晚……）给观察记录调序。

5. 小组推荐优秀记录在班内展读。

四、布置作业

运用本节课学习的观察方法，再选择一位你的新同学或新老师加以描绘。

（课例设计：邓　鑫）

智慧点示：

增加写作内容是人教版七年级上册新教材的最大亮点。第一单元的写作内容为“从生活中学习写作”，分为“写作导引”和“写作实践”两部分。在“写作导引”中图示了生活的内涵，提出了从生活中学习写作应注意的问题；在“写作实践”中提供了三个写作的角度，并在“提示”中对写作素材、表达方式、写作手法等给予指导。纵观这个板块的内容，我们看到了教材编著者的独具匠心。

有了写作教学的抓手，我们是否就可以照单执行了呢？不然。教材面向广阔的区域发行，编著者把每一个板块的内容做得尽可能丰富，目的是给使用者以选择空间。面对这样的板块，我们尚需再进一步细化内容，依据认知规律、教学经验、学情确定相对能力训练序列，这样才能有的放矢，切实落实写作教学内容。

细读“从生活中学习写作”这一板块，我们可以从中分解出如下内容：

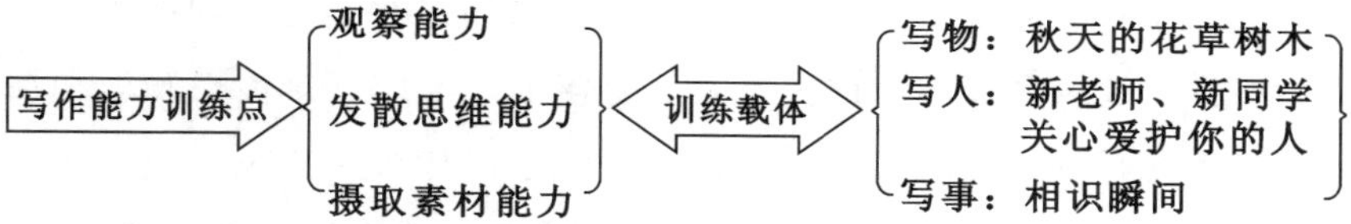

这些内容不可能在一两次作文课中有效完成，必须有所取舍。依据认知规律、一单元阅读篇目特点、实际学情，我们选取“观察能力”作为首个能力训练点，把“写人”作为其训练的载体。原因之一：“观察”是写作的源头，是写作基本功之一。学会观察，才能摄取到写作的素材，才能激发思想与情感，才能调动词语来表达。所以，教会学生观察是写作教学的首要任务。原因之二：走进新学校，会遇到什么样的新同学、什么样的新老师是学生的最大兴奋点，也是观察的最佳契机。抓住这个契机，激发学生的观察兴趣，教会学生观察的方法，学生的片段描写也就不会下笔维艰了。此外，教材第二单元所选的阅读篇目除《〈论语〉十二章》外均为写人的作品。若在之前引导学生着力于“人”的观察，到第二单元阅读教学之后再加以“如何摄取素材”指导，写作一篇“写人”的作文也就水到渠成了。至于对自然景物的观察，我们可以结合第三单元阅读教学的篇目来完成读写的有效结合。基于以上的思考，我们在进行一单元阅读教学的过程中，结合阅读教学点，在课后作业中布置了诸如“描绘你今天见到的一位新老师”“记录一段你与同学或老师之间的对话”等片段写作作业，目的就是为这堂写作指导课蓄势，积累感性材料。这样的前后呼应、勾连，促成读、写的结合，使二者相辅相成。

【知识链接】

链接一　单元是一种系统化、科学化的教学体系。组成单元的文章，在能力及知识结构上要有内在的联系，使学生获得有系统的知识与技能。因此，单元教学有利于克服教学中的盲目性、随意性，加强教学的计划性，体现教学过程的阶段性、连续性和循环性，做到从整体上来考虑安排传授知识和培养能力的序列。单元是一种有效的课程组织，问题是以什么元素来组织单元才是一个科学的组元方法。历史上会有以生活、品德情意、语文知识、文体、能力、人文性等元素来组织单元。根据理据，以能力组织单元才是教材的最优化组合。（何文胜：初中语文课程改革与教材建设）

链接二　我们实施教学时，基本都是从课文入手。选入教材中的文章，一般都具有典范性，文质兼美，可供挖掘的教学资源很多，比如语言运用、写作技巧、思想感情、文化内涵、背景材料、文学常识。从字、词、句、篇的任一角度切入，选取其中任何一点，都有丰富内容可教。正因为如此，不少教师面对一篇课文就不知该教什么了。要解决这个问题，教师必须在施教之前认真研读整套教材，掌握整套教材的内容和体系，明白一篇课文在一个单元中的地位和作用，一个单元在一册课本中的地位和作用，一册课本在整套教材中的地位和作用。据此，设计出整套教材的教学目标体系。在这个目标体系中，每篇课文、每个单元、每册课本都有各自明确的目标定位。这样就使语文教学目标实现了序列化。教学目标的序列化能为教学内容的序列化提供明确的指导，有利于教学内容实现序列化。如此，则能克服教学中“只见树木不见森林”的通病，改变语文教学中“东一榔头西一棒子”的盲目与随意的状态，使语文教学有序进行。

这个目标体系应该由浅入深，由易到难，前后连续，循序渐进，层次清晰。

能力的提高和习惯的养成往往需要反复训练，反复实践，因此同一类知识或技能往往会反复出现。但我们在确定教学目标时，却不应在原点上简单重复。比如，语文版教材七年级上册安排了第一、第二两个记叙文单元。第一单元四篇文章都是记事的，第二单元四篇则是写人的。在单元写作训练中，与前面的课文相对应，第一单元要求写记事文章，第二单元则要求写人。这两个单元虽同为记叙文，但设计教学目标时显然不能简单重复。又如，比喻这种修辞方法，在前后课文中会反复出现，设计教学目标时，可以先学习，后应用。学习是应用的基础，应用比学习的能力层级更高。在学习比喻阶段，也应先易后难，可先学明喻，后学暗喻和借喻。在应用比喻阶段，可先模仿，再到改造，再到创新。创新也可先求规范、通顺，再求巧妙，这样前后照应、循序渐进、由易到难地设计教学目标，符合学生学习语文的心理，也符合语文学习的规律。（何功兴《有效语文教学从明确目标开始》，摘自《语文建设》2010 年第 6 期）

第五编

本色语文之共生阅读教学

黄厚江

【内涵阐释】

本色语文的核心主张是：把语文课上成语文课，用语文的方法教语文。对阅读教学的基本定位是：在阅读中学会阅读，在阅读中获得多重积累，在阅读中提高语文的综合素养。阅读教学的基本策略是：以文本理解为基础，以问题探讨为引导，以语言活动为主体。对阅读课堂的基本要求是：以语言为核心，以语文学习活动为主要形式，以提高学生的语言素养为根本目的。

共生教学是实现本色语文教学主张的主要教学方法和教学机制。所谓语文共生教学，就是运用共生理论促进语文教学中各种矛盾之间的协调和共生，从而实现学生语文素养提高的一种教学方法。

在语文教学中，尤其是在语文课堂教学中，教师与学生，学生与学生，主体与内容，内容与形式，文意与语言，阅读与写作，乃至素质与应试，创新与继承等矛盾之间，都是一种共生关系。语文共生教学，能够促进语文教学中各种矛盾之间的协调和共生，从而实现学生语文素养的提高。

共生教学法的科学性和先进性在于：①体现了正确的学生观。真正把学生看作学习的主体，真正用平等的视角看待学生，尤其注重学习过程中学生主体之间的相互作用。②体现了正确的教师观。既承认教师是学生学习的引导者，又承认教师是课堂学习的参与者和受益者，而特别强调教师是学习的先行者，注重其先行学习作用的发挥。③体现了正确的学习观。充分认识学习场景对于学习的意义，高度关注学习过程中的交互性及其价值，从更高层次上实现合作对于学习者的意义。④体现了正确的过程观。把课堂变成学习的场所，把教学的过程变成学习成长的过程，特别强调教学过程本身的教学价值。

阅读共生教学是共生教学的一个重要板块。它的操作要领是：

1. 共生阅读教学的核心是共生共长。“生”即“生成”，即体验，感受，发现，创造。有教师之“生”和学生之“生”，而教师之“生”是基础。“长”，即成长，即提高，发展，丰富，实现。有教师之“长”和学生之“长”，而学生之“长”是根本。在“生”和“长”之间，“生”是手段，“长”是目的。

2. 共生阅读教学法的特征是“以活激活”。“活”有着丰富的内涵：“活”，是方法，是过程，也是结果。有教师的“活”教，才有学生的“活”学；学生的“活”学，又生成了教师的“活”教。所以，“活”是指师生之间的高度融合、互相“激活”的教学情景，也是共生教学的主要追求。

3. 阅读共生教学的基本路径是：①以教师的学习生成激活学生的学习生成；②以学生的学习生成激活课堂的学习生成；③以课堂的学习生成激活师生的语文学习。

4. 共生阅读教学法的根本是教师的先“生”和先“活”。先“生”，即教师的学习体验，学习发现；先“活”，即教师的教学智慧和教学创造。所以，我们特别强调教师的文本阅读和阅读中的发现，特别强调教师的写作体验和写作发现；特别强调教师对语文学习规律、学生认知规律和课堂基本规律的把握。

5. 共生阅读教学的基本原则是“和谐”。它要求语文课堂教学中的种种“共生”是自然的，是切合语文学习规律和语文教学规律的，是切合语文课程特征的，是符合学生认识规律和课堂教学规律的。因此，共生教学法，也叫和谐共生教学法。

共生阅读教学的基本范式和基本课型有：

共生阅读教学有主体共生、客体共生和主客共生三个基本范式，有十种基本课型，即：师生共生、生生共生、主体与作者共生；言意共生、文本知识共生、形式内容共生、过程和内容共生；主体和文本共生、主体和内容共生、文本与作者共生。

共生阅读教学的课堂基本结构，是树式共生课堂结构。可以表述为一粒种子，一棵主干，根根枝丫，片片绿叶。“种子”是具体明确的教学内容；“主干”是清晰的教学主线，“枝丫”指具体的教学层次和活动，“绿叶”指鲜活的教学细节。“长成”“伸开”“萌生”都强调教学过程中的“共生”。

【课例展示】

课例一

《我们家的男子汉》教学实录

师：今天，我们一起来学习《我们家的男子汉》这篇课文。（板书课题和作者。）同学们已经预习了这篇课文，现在请一名同学说说是怎样预习的。

生：我把课文通读了两遍，查了一些不懂的词语。

师：同学们的预习习惯很好。不过，预习除读课文、注意生字词、高质量的预习外，还要善于发现问题。大家在预习的过程中有没有遇到什么问题？

生：课文中“这是一个男孩子，这是一个男人”这句话，我不太理解。

师：这个同学的问题提得很好，说明他预习的时候在用心思考。现在同学们回答这个问题可能还有难度，在我们一起学习了课文之后，我想这个问题一定能够解决。黄老师自己在读这篇课文的时候，也有许多问题。首先我对课文的题目就产生了疑惑——《我们家的男子汉》，是谁的家？

生：作者的家。

师：对。是作者的家。可是，既然是作者王安忆的家，为什么不说是“我家的男子汉”，而说是“我们家的男子汉”呢？

生：课文中提到的这个小孩是王安忆姐姐家的小孩。

师：哦，原来这个家不是作者的“小”家，而是一个比较大的家，还有作者的姐姐、姐夫等其他家庭成员。除此以外，大家再想一想，从表达效果上看，“我”和“我们”有什么不同？

生："我们"有一种亲切感。

师：对。表达出作者和孩子的亲切，可是除了亲切感呢？——好，我们大家一起来把这个题目读一读。想一想，如果要在标题后面加上标点，加什么标点好？

生（齐）：感叹号。（师在题目后面加上感叹号。）

师：下面请一位同学读一下。

（一学生读。）

师：他读出了什么感情？

生：自豪感。

师：很好，同学们品味出了其中的自豪感。确实，作者在同外人讲述他们家的男子汉时充满了自豪感。（板书：①我们 ②亲切感 ③自豪感）

师：大家有没有发现这篇文章在结构上有什么显著特点？

生：文章除题目外还有小标题。

师：这些小标题有什么作用？

生：可以总结这部分的内容。

师："总结"这个词用得似乎不太恰当。总结是相对前面的内容而言，如果是领起后面的内容，我们叫——

生：总领。

师：是的。小标题的作用可以是总领或概括文章某一部分的内容。——但有同学阅读课文时发现有些小标题不能概括某一部分的所有内容，你们有没有发现不能概括某一部分内容的小标题？

生：有。文章中有一个标题是"他的眼泪"，我认为这部分内容有的与"眼泪"无关。

师：哪些内容呢？

生：当这个孩子收到作者的来信时并没有流泪。

师：同学们一起来看这部分内容。我要了解一下大家的想法和意见。同意这位同学意见的请举手。

（部分学生举手。）

师：不同意这位同学的请举手，我们请一位同学说说你们的理由。

（部分学生举手。）

生：我认为还是同眼泪有关系的。那个男孩看完信后跑进洗手间用毛巾捂住脸，是不想让别人看见他流泪，他认为流泪是一种屈辱。

师：“男儿有泪不轻弹”，看来这部分内容还是同眼泪有关系的。应该说，本文的小标题，还是能概括每部分内容的。同学们思考一下，小标题的作用，仅仅是概括某一部分的内容吗？

生1：还可以使结构层次更清楚。

生2：吸引读者。

生3：使文章更生动。

师：文章的生动，主要靠语言。当然，有些小标题本身语言也的确生动。——其实小标题有很多不同的类型，不同的小标题有着不同的作用。而写人的文章用人物的语言作为小标题，就很有特点，而且有不同一般小标题的作用。本文中人物的语言具有很强的表现力，下面请同学们从文章的每一部分中找出一句你认为最合适的人物语言来作为标题。

我们分一下工，第一组和第二组的同学负责一二两个标题，第三组和第四组的同学负责三四两个标题，剩下的同学负责余下的标题。反应快的同学完成自己的任务后可以兼顾其他部分。

（学生思考并动手换标题，教师观察同学们都完成后开始交流。）

师：好。现在我们开始交流。从最后一部分开始。谁先说？

生1：我找的是“外婆，你不要我了”。

生2：我找的也是这句。我小时候上幼儿园的时候也有类似的想法，用这句话做标题能感觉到小孩的天真。

师：这个同学把自己的生活经验和对文章的理解相结合，很好。

生：我把“不喜欢”作为这一部分的标题，这句话体现了一种男子汉的气势。

师：“不喜欢”三个字，语言干脆，态度鲜明，体现了小男子汉的特点。有不同意见吗？

生：我认为“我怎么办呢？”这一句好。

师：大家觉得哪一句好？

生："不喜欢"。（大多数同学齐声说。）

师：的确是这一句好，因为最能表现男子汉的特点。"他的眼泪"换成哪句好？

生1："不痛，不痛。"

生2："你真臭啊！"

生3："王安忆，你真是一个好玩的大坏蛋。"

师：同学们找出了三处，可是"你真臭啊！"是人物的语言吗？

生：不是，是作者说的话。

师：大家说用哪一句好？

生（齐）："不痛，不痛。"

师：同学们的回答很整齐，达成了共识。"他对独立的要求"换成哪句好？

生1："不要，不要。"

生2："你回去，回去嘛！"

师：我觉得两句话不分上下，都能体现他男子汉的特点。不过我倾向于后者。"他对父亲的崇拜"这部分呢？

生1："我爸爸会的。"他认为爸爸无所不能。

生2："我叫爸爸打你。"表现了儿童的天真。

师：同意前者的举手。

（部分学生举手。）

师：同意后者的举手。

（部分学生举手。）

师：老师本人认为前者更好，小男孩崇拜爸爸是因为爸爸很能干，希望自己能成为什么都会的男子汉，用前者更加切题。第一个标题大家怎么换？

生1："用肉汤拌饭可以吗？"

生2："那么棒冰可以吃吗？"

师：当和尚，不能吃荤，退一步，吃肉汤，最后是棒冰，小男孩的提问层层深入，说明他对少年英雄的向往。老师认为"那么棒冰可以吃吗？"这个最低要求更能体现人物的心理，将他对食物的强烈欲望表现得更到位。同学们想一想，如果换成人物的语言作为标题，有什么好处呢？

生：（大多数同学）使人物的特点更突出。

师：的确如此。现在请同学们再阅读课文，根据课文对人物不同角度的描写来概括“我们家”的这位男子汉的特点。

生：好吃，崇拜父亲，向往独立，不爱落泪。

师：“好吃”有点贬义色彩，就说是“能吃”吧，不爱落泪也就是坚强，老师简单板书一下。

（板书：能吃　能干　独立　坚强）

师：刚才这位同学概括得很好，但是少了最后一部分，这部分的概括确实有一定难度，让我们一起来思考。有哪位同学愿意试一下？

生：不能自立，依赖大人。

师：这还是男子汉的特点吗？

生：（摇头）不是。

师：他认为这部分是写小男子汉的缺点——不成熟。同意他意见的请举手。

（一名学生举手。）

师：还有人支持你，说明你不孤独。

生：我认为是一种追求。

师：追求什么？

生：一种他喜欢的生活。

师：追求的东西得不到怎么办？

生：沉着应对。

师：很好。小男孩虽然不想回去，虽然对外婆和阿姨十分不舍，但还是果断地选择离开，勇敢地面对挫折和挑战，这可以说是一种理智。有时候我们出于感情不想做某件事，但道理告诉我们必须去做，我们还是去做了。这就是理智。有理智，是一个人成熟的标志，也是男子汉的一种品质。（板书：理智）

师：刚才我们一起归纳了“我们家的男子汉”身上的许多可贵的品质。请同学们从这些品质中挑出你认为最重要的一点。

生1：坚强，男人都比较坚强。

生2：理智。

生3：独立，男子汉不能依靠别人。

师：不光不能依靠别人，还要让别人依靠你。对吗？

生：对。

生：我认为理智最重要，它能改变你不够坚强和独立的缺点。

师：如果一个男子汉光是坚强和勇敢，如果不理智，那也不行，甚至很可怕。

生：没有理智的人可能会成为草莽英雄。

师：对，所以相比之下老师也认为理智最重要。学了这篇课文，同学们对男子汉应该有了自己的理解和定位。请大家拿出一张纸，写上一句话，说出你心目中的男子汉应该是怎么样的，可以用文中的原话，也可以是自己的话，语言可以生动形象，也可以富有哲理。

（学生在纸上构思书写，然后交流。）

生：男子汉不流泪，不喊疼。

师：虽然通俗，但很具体，很形象。

师：理智第一，能干第二，坚强第三，独立第四，理智与能干并肩，坚强与独立同行。

师：结构工整，富有诗意，也很有哲理。

生：男子汉是家中的顶梁柱。

师：男子汉不仅是家中的顶梁柱，而且是民族的顶梁柱。用了比喻，很好。

生：男子汉的胸怀宽如海。

师：非常好。老师最不喜欢小肚鸡肠的男孩子。

生：男子汉，不蛮干。

师：精巧，有意思。同学们写得都很好，就不再一一交流了，大家课后可以互相交流一下。有位同学根据这篇课文的内容，写了一首小诗《小小男子汉宣言》，既能概括课文的内容，也能表达同学们的心声。现在，老师把小诗中的一些内容空了下来，请同学们根据课文内容看怎么填。

（多媒体展示“小小男子汉宣言：我是一个男子汉，自己的事情________；我是一个男子汉，男儿有泪________；我是一个男子汉，男子汉________困难；我是一个男子汉，生活的挑战________；我是一个男子汉，生活的责任________”。）

（学生尝试填写并交流。）

师：现在老师公布答案，看看大家和那位同学想的是不是一样。

多媒体展示：

小小男子汉宣言

我是一个男子汉
自己的事情自己干
我是一个男子汉
男儿有泪不轻弹
我是一个男子汉
男子汉不怕有困难
我是一个男子汉
生活的挑战敢直面
我是一个男子汉
生活的责任我承担

师：下面请同学们齐读这首小诗，注意读出男子汉的气概。

（学生齐读。）

师：读得很好。现在我想问开始有个句子不懂的同学，那个句子懂了吗？

生：懂了。

师：你能说说对“这是一个男孩子，这是一个男人”这句话的理解吗？

生：从性别、年龄看，他还是个小男孩，可是他已经具有男子汉的品质，所以又是一个男子汉，一个男人。

师：非常好。文章有很多句子，都有深刻的寓意，同学们都要能够理解。还有没有不能理解的句子？

生：没有。

师：好。我要考一考大家。请同学们说说文章最后一段中“这真是比任何文学还要文学，任何艺术还要艺术”这句话你是如何理解的。

生：生活比文学更能塑造一个男子汉。

师：还能深入一点吗？“这”指代什么？文学和艺术的特点是什么呢？请

同学们看上下文的内容加以揣摩。

生：文学和艺术的特点就是创造和创新，作者认为一个人的成长是一种最了不起的创造和创新。

师：有自己的理解，也很有深度。请同学们看前一个句子：“看着他那样的一点一点长大……这实在是一件最最奇妙的事情了。”这是一个男子汉在长大，这是一个生命在成长，作者写这篇文章不仅在介绍他们家中的一个小小男子汉，而且在歌颂一个健康生命的成长。健康的生命，成长的生命，是最最美丽的！我想，作者写这篇文章和黄老师读这篇文章有着一个共同的愿望，大家知道这是一个什么愿望吗？

生（女）：希望男同学都能成为男子汉。

师：不错，但还不够全面。男子汉不是一个性别上的属性，而是一种精神和品格的体现。我，作者，你们的父母，都希望你们，希望我们所有孩子都能成为男子汉，都具有男子汉的可贵的品质，成为你们家庭的，也成为我们民族的顶梁柱！好，下课！

（课例设计：黄厚江）

智慧点示：

这是一节典型的学习主体和文本共生的阅读教学课。

选教这篇课文，除力图比较好地体现我自己“阅读教学就是让学生在阅读中学会阅读，在阅读中获得丰富积累，在阅读中提高综合素养”，“阅读教学应该以文本理解为基础，以问题探讨为引导，以语言活动为主要形式”的阅读教学思想之外，主要针对这样两个现象：

一是新课程改革后，根据新的课程标准编写的语文教科书选入了一些新的文本。这些文本，大多贴近学生的生活实际，具有浓郁的生活气息，内容容易把握，文字清新明快。但很多老师在欢迎这些新文本一改以往教科书陈旧沉闷气息的同时，也因为它们不是经典而觉得没有“教头”——认为课文比较简单，缺少有价值的教学内容。不少老师对这些课文都采取了淡化处理的办法，甚至有的老师根本就不教。

二是新课程改革倡导阅读教学课堂的开放，主张积极开发阅读教学的教学资源。可这样的教学理念造成一种极为不正常而又比较普遍的理解偏差，即简单化地进行文本堆积和引入大量的其他教学资源。这种一味向外拓展的教学资源开发，使阅读教学形成一种严重的浮夸风，而真正的教学文本并没有好好解读，阅读能力也没有扎扎实实地培养。表面的教学资源丰富掩盖了教学的低效率。

于是，我试图通过这节课来回答两个问题：（1）看似简单的没东西可教的文本如何挖掘有价值的教学内容；（2）阅读教学如何开发文本本身的教学资源而不是简单地“旁征博引”来丰富教学内容。我解决这两个问题的办法就是运用共生教学的方法，主要是学习主体和文本的共生。

教学的切入首先是引导学生品读标题中“我们”一词，说说为什么不是“我家的男子汉”，引起学生对文章题目的关注。然后让学生自己阅读发现文章结构运用小标题的形式特点；再让学生讨论小标题的一般作用，并对文中的小标题和内容的关系进行思考，进而归纳本文小标题的主要作用。在此基础上深入一步，引导学生用人物语言改换小标题，并比较两种小标题的不同效果。这个过程，就把比较单薄的文本教丰富了。而且将小标题这一结构形式的特点和人物特点的认识非常自然地融合在了一起，同时实现了文本内容和形式的共生。

学习主体和文本的共生还体现在对“男子汉精神”的理解。第一个层次是归纳文中的“我们家的男子汉”身上的主要品质；第二个层次是加工文中的话或用自己的话描述心目中的男子汉；第三个层次是全班合作完成小诗《小小男子汉宣言》。这三个学习活动第一个完全扎根课文，第二个由内而外，第三个侧重外部但又紧扣课文，而不是一味地“拓展”。使“男子汉”精神的内涵不断丰富，使学生对文章主旨的理解更为丰富。

要强调的是：（1）这两个共生活动的主体，并不是教师，而是学生；（2）教学活动以这两个共生为主，但同时又融合了许多具体的问题讨论和语言活动。

课例二

《黔之驴》教学实录

师：同学们，我们今天一起来学习一篇文言文《黔之驴》。“黔”这个字的读音同学们要特别注意。会读了吗？

生：会。

师：那读给我听一下。

生（齐）：黔（qián）之驴。

师：好的。知道这篇文章的作者吗？

生：柳宗元。

师：哦，柳宗元，唐代的，是非常著名的散文家，他在文学的很多方面都有很高的成就，而最有影响的是寓言。（板书：寓言）

师：同学们知道什么叫寓言吗？

生：寓言一般是借一个小故事讲一个大道理。

师：非常好，概括得非常简要、明晰。一要有故事，二要有道理，通过故事讲一个道理。（板书：故事→道理）

师：不过，大家还要注意，寓言故事的主要形象，一般不是人，是什么？

生：动物。

师：对，寓言故事大多数是以动物作为主要形象，有时候也会是植物。那么，我们今天要学习的这个寓言故事的主要形象是谁呢？

生：驴。

师：对，是驴。——这是一篇以一头驴为主角的文言文的寓言。我们都知道，学习文言文要多读；同学们来试一试，看怎样把这篇文言文读好，最好能读出寓言的特点。有哪位同学愿意试一试？

（一学生举手；指名读全文，读得比较生疏。）

师：好的，总体把握得不错，但是有几个地方不太好。比如有几个读音还要注意：“慭慭然”的“慭”，读 yìn，而不是 xīn，“跳踉”的“踉”，读 liáng，而不是 láng，“跳踉大㘎”的“㘎”，读 hǎn，而不是 gǎn，书上都有注音，大家看注释一定要仔细。还有几个句子的停顿处理得也不太好，读文言文一般要比现代文慢一些，太快了句读就不清楚，比如“以为/且/噬己也”，停顿要清楚。另外，要把寓言的特点读出来，语调还要再稍微夸张一些，因为是讲故事嘛。下面请同学们跟我读一遍好不好？

（师领读，强调重点字的读音、关键句的停顿，语调适当夸张；学生跟读。）

师：好，同学们课后还要反复读，读好文言文是一种享受；要尽可能背下来，多背文言文，对今后的学习很有帮助。

下面我们来深入学习这篇寓言。刚才我们说过，这篇课文的主要形象是驴，现在我们看看这是一头什么样的驴。

请同学们快速地浏览一下课文，用你们习惯的标记画一画、标一标，课文的哪些语句写到了驴。

师：好了，都标好了是吧？第一处写驴的是哪一句？

生：“庞然大物也。”

师：哦，庞然大物，这的确是黔之驴的重要特征。“庞然大物”是什么意思？

生：很大的东西。

师：写驴个子很大，这是从哪个方面写驴的？

生：写驴的形象，驴的外形。

（板书：驴的外形）

师：大家注意，成语“庞然大物”不只是表现大，还有其他言外之意，后面我们再一起研究。“庞然大物”是第一处写驴的语句吗？这个句子前面还有写驴的吗？

生：有。“黔无驴，有好事者船载以入”。

师：什么叫“船载以入”？

生：用船运到贵州。

师：这句话告诉了我们黔之驴的来历。（板书：驴的来历）其他还有写驴的吗？

生：“至则无可用”。

师："则"是什么意思?

生：却。

师：好。后面还有哪些地方写驴?

生："驴一鸣"。

师：驴的叫声很响很长，也很特别。这是写"驴的特长"。（板书：驴的特长）

师：还有没有写驴的句子呢?

生："觉无异能者"。

师：谁"觉"呢?

生：老虎。

师：对，这句话通过老虎的心理活动写驴；我们由此可以看出很重要的一点：驴子没有特殊的本领。

师：前面写了驴的特征、驴的来历、特长及本领，后面还有没有呢?

生："驴不胜怒，蹄之"。

师：哦，也是写驴的本领。什么本领?

生：用蹄子踢。

（板书：驴的本领）

师：哪个词是"踢"的意思?

生：蹄。

师："蹄"本是名词，这里用作动词。"驴不胜怒，蹄之"，意思是驴子承受不住愤怒，就用蹄子踢老虎。理解这个寓言，要特别关注驴的下场。哪句写出了驴的下场?

生："断其喉，尽其肉"。

师：对。这句是写老虎，但我们由此知道了驴的下场是被老虎咬断喉咙，吃完了肉。（板书：驴的下场：被断喉、被吃肉）

师：读课文要思考，读寓言更要思考。有没有想过驴为什么会有这样的下场?

生：没有老虎厉害，本领没有老虎高，没有老虎强。

师：说得很好。这个意思课文里是怎么说的?

生："无异能"。

师："无异能"，没有特殊的本领，所以被吃。

大家想一想，驴的悲剧给我们什么教训呢？或者说从驴的悲剧我们懂得了什么道理呢？

（学生沉默。）

师：看来大家还没有思考过这个问题。不过，我们可以换个角度思考：这个寓言给我们留下一些大家都很熟悉的成语，同学们知道吗？或者说由贵州的这头可怜的驴子你们想到哪些成语？

生：黔驴技穷。

（板书：黔驴技穷）

师：驴最后一招是什么？"蹄之"，使出这最后一招，老虎放心了，驴已经没有其他本领了。"黔驴技穷"这个成语，现在就比喻仅有的一点儿本领也用完了，形容那些表面强大，其实没有什么了不起的人。和这个成语意思相近的，还有一个成语，同学们知道吗？

生：黔驴之技。

师：对，和"黔驴技穷"意思差不多的是"黔驴之技"。除这两个成语外，还有一个写驴的形象特征的词现在也是一个成语，它是——

生：庞然大物。

师：对。庞然大物，也是成语。同学们想一想，从驴的教训看，这个成语除了形容很大，还有什么意思呢？

（学生没有反应。）

师：能不能说很大的东西就是庞然大物呢？比如姚明个子高大，能说姚明在篮球场上是个庞然大物吗？

生：不能。

师：那么除了大，"庞然大物"还有什么意思？与黔之驴的故事联系起来看，什么样子才叫"庞然大物"？驴与虎比，很大，但最后被老虎吃了。这告诉我们"庞然大物"不仅是大，而且是——

生：表面强大。

师：对，是大而无能，大而无用。个子大不是缺点，我们有些男同学个子很高大，篮球打得好，学习成绩又好，品德也很优秀，那就不能用“庞然大物”来形容他们。

好的，驴子的故事就说到这里。黔驴技穷，黔驴之技，庞然大物，就是贵州驴子留给我们的教训。这大概也是作者想要告诉我们的道理。但我们读这则寓言可以读出更丰富的道理。同学们有没有注意到，《黔之驴》这篇课文的主要笔墨是写什么？是写驴吗？

生：不是写驴，主要笔墨是写老虎。

师：对，主要写老虎，老虎是胜利者。同学们有没有想一想，老虎为什么能把庞大的驴子给吃了？

生：老虎很勇敢。

师：老虎一开始就勇敢吗？

生：不是，老虎一开始怕驴子，后来了解了驴子，觉得驴子没有什么本事，就不怕了。

师：能联系课文说说吗？哪些地方表现出老虎害怕？

生1：“虎见之，庞然大物也，以为神。蔽林间窥之”。

生2：“驴一鸣，虎大骇，远遁，以为且噬己也，甚恐”。

师：对，这些句子写出了老虎害怕：“大骇”，“骇”就是害怕，“甚恐”是非常害怕；“以为神”，把它当做神，可见有多害怕；“蔽林间窥之”，“远遁，以为且噬己也”，这些动作和心理也都是写老虎害怕。见到这样庞大的东西，害怕是正常的；但老虎的可贵在于害怕而不逃避。它后来为什么不害怕了？

生：它观察并了解了驴子。

师：怎么观察的？

生1：“稍出近之”。

生2：“往来视之”。

生3：“近出前后”。

生4：“稍近益狎，荡倚冲冒”。

师：这就是老虎的聪明之处。作者写老虎对驴子的了解非常细致，也非常有层次，先稍微靠近一点试探性地观察，再前前后后反复观察，然后是再近一点挑逗性地观察，形象地写出了老虎的机智，一步步观察、试探，终于摸到了驴子的底细。可以说，老虎能够战胜驴子，最主要的不在于勇敢，或者说还有更主要的原因。是什么呢？

生：我觉得有两点。第一点是自己本身的力量比较强大。

师：这一点很重要，但应该不是最主要的。课文里写老虎的强大了吗？

生：没有。

师：对，没有写，因为老虎强大，大家都知道；同时也说明作者认为这不是主要原因。好的，本身强大算一个原因，驴子“无异能”，而老虎有本领。那第二个原因是什么呢？

生：第二点是老虎对自己不认识的事物首先去熟悉它，仔细去观察。

师：非常好。对不了解的觉得害怕的东西，不只是躲起来，而是慢慢熟悉它、认识它。如果老虎一开始畏惧之后就远远地躲起来，听驴子一叫就不敢靠近它，最后还能吃到驴吗？

生：不能。

师：所以，除自己有本领以外，老虎还细心地观察了解驴子，这一点是非常重要的。可以说，老虎是有勇有谋，而且谋最重要，还机智，用心。

同学们想一想：从老虎取得胜利的角度看，这又给我们什么启发呢？我们一起来回顾一下老虎的行为：

看到驴子，“以为神”，以之为神，很害怕；“蔽林间窥之”，藏在树林里偷偷看它；“稍出近之”，渐渐出来靠近它；“慭慭然”，小心谨慎的样子；“莫相知”，还是不了解它；“又近出前后，终不敢搏”，“荡倚冲冒”，再进一步观察，最后盘算一番。老虎的心理写得很复杂，由惧怕，到了解，再到吃了驴子，这个过程告诉我们什么？

生：想要取得胜利就要了解敌人。

师：对，想要战胜对手就要了解对手。说得多好！

师：驴的悲剧给我们留下了“黔驴之技”“黔驴技穷”“庞然大物”这些成语，当然都是贬义的。如果仿照这些成语提炼一些词语来概括老虎给我们的启发，同学们想一想，可以用哪些词语呢？——大家动动脑筋，说不定这些词语将来也能成为成语呢。有没有同学们想到？

（学生思考。）

师：前面是“黔驴技穷”“黔驴之技”，那么，这里可以是——

生：黔虎——

师：“黔虎”怎么样呢？

生：吃驴。

师：不错。老虎是把驴吃了，但似乎太赤裸裸了，而且老虎最可贵的也不是“吃驴”。大家看老虎最可贵的是什么呢？

生：是一步步了解驴子。

师：所以，我们可以归纳为“黔虎识驴”，或者叫“黔虎之智”。如果这两个词成了成语，意思就告诉人们：对外表强大的东西，不要害怕，只要了解了它，找到它的弱点，就能战胜它。对不对？

生：对。

师：我们刚才解读了驴的故事，也解读了虎的故事。下面我们开始根据课文从不同角度讲故事。请同学们不看书，讲一讲《黔之驴》的故事。好不好？

请同学们注意：前面我们读课文时说过，首先，讲故事语调应该怎么样？对，适当夸张一点，可以突出形象特征，表达自己的情感。其次，要注意口语化，不要仅仅是翻译。比如“荡倚冲冒”，就不必说成“碰撞靠近冲击冒犯”，可以说“老虎就用各种动作戏弄挑逗驴子”；“驴不胜怒”，也不必说“驴子承受不住愤怒”，可以说“驴子终于忍不住发怒了”。还可以适当想象补充，当然不能脱离原文，不能违背原文的意思。比如“蹄之”，不妨说成“使足浑身的力气向老虎猛踢了一下”。

好的，哪位同学先试试，用自己的话来说说黔之驴的故事。大家小时候，一定讲过故事，或者听别人讲过故事，讲故事时该怎么开头？

生：从前……

师：对。从前，贵州这个地方，怎样呢？

生：没有驴子……

师：好的。哪位同学接着讲？

（一学生举手。）

生：从前，在贵州这个地方没有驴，有一个人就用船把驴载到贵州去。到了贵州，这头驴就没用了，就把它放到了山下。老虎看见了，觉得它是一个庞然大物，当作神来看，然后就藏在树林里偷偷看它，一会儿出来，一会儿进去，可还是不了解这头驴。之后驴叫了一声，老虎很害怕，远远地往后退，以为要吃它。又往前面看了看，觉得它好像没有什么本领，慢慢地习惯了它的叫声。但是朝它看看又不敢跟它搏斗，它往前靠近了驴，想要试探一下它。驴却很生气，就用蹄子踢它。老虎感觉非常高兴，它想：原来你就这么一点能耐！于是就跳了起来，咬断了它的喉咙，吃光了它的肉，满足地离开了。

师：讲得非常好。语气词比较多，很像讲故事。前面一部分比后面一部分更好，后面的内容还可以再丰满一些。有些句子不够形象具体，还是生硬的翻译，比如“庞然大物”，没有用自己的话来表达，可以说成“从来没有见到过的巨大的东西”，“当作神来看”，可以说成“心里想，这莫非是天上下来的神怪吧”。还有“载”字，不能说成“载”，应该说“运”。好的，总体来说，讲得不错。

刚才这位同学是以作者的口吻讲述了这个故事，或者说是用第三人称讲故事，能不能换个人称用第一人称来讲？第一人称该怎么讲呢？

生：我是一头驴……

师：这是以驴的口吻。

生：我是一只虎……

师：现在我们就用第一人称讲这个故事。男同学就做“驴”，女同学就做“虎”，好不好？

生：好——

生（男）：从前贵州没有驴……哦，从前贵州没有我……

师：这句听起来很别扭。想一想，怎么说比较好？

生：从前我没去过贵州——

师：好。请接着讲。

生：从前我没去过贵州，有人用船把我运到贵州，到了贵州发现我一点用处也没有，就把我放在山下。然后我看见一只老虎，一直看着我。老虎看我的眼神，好像非常害怕。我没有理它。可是，它总是在我面前走来走去，我觉得很讨厌，就大叫了一声，那老虎撒腿就跑了。过了几天，老虎又来看我了，我又叫了几声，可老虎无动于衷。不过老虎还是不敢跟我打架。又过了几天，老虎便来冒犯我，我非常地愤怒，就踢了它一下，老虎很高兴……

师：讲得很好，人称转换得不错，补充想象也比较好。“老虎看我的眼神，好像非常害怕。我没有理它。可是，它总是在我面前走来走去，我觉得很讨厌，就大叫了几声，那老虎撒腿就跑了。”很形象，想象也合理。可是后面有些草草了事。我要问：你怎么知道老虎很高兴？

生：我看出来的。

师：哦，就是看见老虎面露喜色——

生：我看见老虎面露喜色，突然向我扑了过来……

师：后面一句不太好说了，因为喉咙被咬住了……大家看看怎么结尾？

生：眼睛一黑就什么也不知道了。

师：尽管老套，还算可以。下面请“老虎”讲这个故事。

生（女）：我是一只生活在贵州的老虎，有一天，一个人把一个我也不知道的什么东西放在了山下。我看到了，感觉这东西……我觉得这东西像神一样，竟然那么大。我藏在树林里偷偷地看它，我想慢慢地了解它。可是我仍然不知道它是什么。有一天，这个东西突然大叫了一声，真可谓是河东狮吼，我害怕极了，远远地逃走了，我以为它要把我给吃掉，非常地害怕。后来我又来看了看它，觉得它并没有特别的本领，只是会叫。慢慢地我就习惯了它的叫声，我准备进一步了解它，但是我仍然不敢跟它搏斗。后来可能它看到我在不停地看着它吧，它生气了，用脚朝我一踢，我就发自内心地感到高兴，原来它只会这点技能。我马上蹿过去，咬断它的喉咙，把它的肉全部吃掉，满足地离去了。

师：讲得挺好的。不过“我马上蹿过去”不太好，你是老虎，怎么能说自己是“蹿”呢？

生：扑过去。

师：对，应该是“扑过去”。同学们讲故事的水平不错。我要问你们，如果你是驴，对你的小驴讲这个故事，你想要告诉它们什么道理呢？

生：要有真本领。

师：有道理。还有不同见解吗？

生：不要轻易暴露自己。

师：这话好像没有说完。

生：不要轻易暴露自己的底细。

师：是的。在对手面前，的确不能轻易暴露自己的底细，虚张声势更没有什么用处。如果你是老虎，对小老虎讲这个故事，你会叮嘱它们什么呢？

生：遇到强大的对手不要害怕。

师：仅仅不害怕就行了吗？

生：要摸清对手的底细。

师：要了解对手，找到它的短处，抓住它的要害，就能战胜强大的对手。我们解读了驴的故事，解读了虎的故事。同学们有没有产生什么疑问？

（学生没有反应。）

师：刚才我们都发现了，这篇课文主要的笔墨是描写老虎，写它的心理，写它的动作，尤其是写动作，十分细致，十分传神。可为什么课文题目却是“黔之驴”而不是“黔之虎”呢？

（学生小声议论。）

师：有同学愿意说说自己的想法吗？

生：作者心中把驴子作为主要形象。

师：这位同学很不简单，说得非常有道理，见解很深刻。作者的确是通过讽刺驴的愚蠢来表达主题。作者写这篇寓言，有很强的现实针对性。当时，中唐时期，身居高位的人之间，豪门贵族之中，有很多人只是徒有其表，并没有什么本领。柳宗元塑造这个蠢驴形象，就是为了讽刺这些人。所以，作者对驴的态度和对虎的态度截然不同。我想问问大家，有没有同学对驴的态度和作者不同，而是站在同情的立场上来看待驴的，有没有？

生：有。（部分学生表示同情驴子。）

师：你为什么同情驴呢？（指一名学生问。）

生：我觉得驴好可怜啊。

师：哦，你觉得被吃的驴可怜，说明你很善良。能说说其中的道理吗？

生：驴和老虎打架，当然很吃亏。

师：这句话有意思。就是说，如果不打架，比试其他事情，驴就有可能赢了老虎。对吧？

（学生点头。）

师：这位同学的思考，非常有深度。顺着她的话想一想，其实驴并非“无用”“无异能”，它也很有本领，但不是打架的本领。同学们都在城里长大，没见过驴，也不了解驴。老师见过，而且知道驴也很有本领，能拉磨，拉车。在东北，以前家里有头毛驴，那可不得了。问题是，现在它来到了贵州，所以“至则无可用”，到贵州才显得没有用处的。——如果刚才以驴的口吻讲故事的同学能讲到这一点，就更好了。当然你不了解驴，所以不知道。——其实，这也是作者以“黔之驴”为题的一个原因，告诉我们这是驴来到贵州才会有的悲剧。从这个角度看，驴的悲剧，主要责任并不在驴自己。而在谁呢？

生：好事者。

师：我也觉得是这样。驴的悲剧根源，不在驴本身，而是这个好事者造成的！如果从这个角度思考这篇寓言的主题，我们可以提炼出一个什么词语来概括这个故事呢？

生：运驴到贵州的悲剧。

师：虽抓住了主要内容，但不够概括。成语都是很概括的，比如黔驴技穷，庞然大物，黔虎识驴。

生：好事载驴。

师：概括得不错。但没有突出最关键的内容，好事者的责任不是运驴，而是把驴运到了贵州，使驴子失去了发挥作用的舞台。好的，这个要求比较高，不再为难同学们了。我们就概括为“载驴入黔”，好不好？如果“载驴入黔”成为一个成语，它的意思会是什么呢？

生：不要无事生非。

师：有点道理。但无事生非，一般都是说没有事情干自己会生出许多是非来。同学们再想一想。

生：做事不要单从主观愿望出发。

师：大家越想越深入了，但寓言中看不出好事者是从什么样的主观愿望出发的。作为初一的学生，你们的表现已经非常优秀了。再说，一个成语的意思——如果这个词成为一个成语——也是在人们运用的过程中产生的，而且有时候还会不止有一个意思。但老师想，如果“载驴入黔”成为一个成语，至少有一个意思，就是告诉我们，不要一厢情愿地做一些脱离实际而使别人受伤害的事。好的，在下课之前，我们再想一想：寓言的两个基本要素是什么？

生：讲故事，讲道理。

师：对。阅读寓言，就是要抓住故事，理解道理。我们今天一起读了一篇寓言，知道了几个故事？

生：一个。

师：一个吗？

生：两个。

师：不是猜，要认真想一想。

生：三个。

师：是三个，驴的故事，虎的故事，还有这好事者的故事。我们应该记住几个成语？

生（部分）：三个。

生（部分）：六个。

师：我也觉得是六个。哪六个？我们一起说。

师生：黔驴技穷，黔驴之技，庞然大物，黔虎识驴，黔虎之智，载驴入黔。大家还要记住，这是一篇文言文的寓言，我们还要学会文言文的诵读和阅读，还要注重文言文的积累。读寓言，学文言，就是我们这节课的学习内容。

好，这节课我们就学到这里，谢谢同学们，下课。

（课例设计：黄厚江）

智慧点示：

这是一节比较典型的学习过程和学习内容共生的阅读课。

《黔之驴》的教学我曾采用过不同的方法，而我觉得这样的教法显得最为“丰富”。

一是教学内容的丰富。不仅在解读驴的故事和虎的故事时解决了词句，使学生对文言词句的理解和文言知识的积累都更加实在。不同角度的三次讲故事活动，加深了学生对文本基本内容的理解。更主要的是，这节课把一篇寓言解读为三个故事：关于驴的故事，关于虎的故事，关于好事者的故事。而每一个故事的解读都紧扣文本，并引导学生解读出不同的寓意，而且通过一定的语言形式加以概括，有效地丰富教学资源，拓展文本解读的空间，培养学生多向解读和批判性思维的能力。

二是教学层次的丰富。《黔之驴》的教学，必须立足“文言寓言”这个文本体式的根本特点。而这个特点又包含了“文言”和“寓言”两个重点教学内容。围绕“文言”这个教学内容，有学生读、老师读、指名读、领读等多个诵读的环节，有对照注释解读，根据特定要求圈读，结合具体问题解读，以及在多角度讲故事中加深理解、巩固理解等多个环节。围绕“寓言”这个教学内容，先明确文体特征，然后以驴和虎分别为寓言故事的主体进行解读，再从好事者的角度进行解读，并分角度归纳故事寓意，最后又从写作背景入手解读作者的寄托。应该说，这样分层推进的教学，使教学内容的重点得到了充分突出。

而这样丰富的内容不是外在的强加，不是来自教师的课前准备，也不是全部来自文本，而是来自学习的过程，随着学习过程的展开，显得越来越丰富。没有具体的过程展开，没有学生的学习活动，便没有如此丰富的教学内容。

课例三

《孔乙己》教学实录

师：今天我们一起来学习鲁迅先生的小说《孔乙己》。（板书课题和作者。）鲁迅先生说过：要极省俭地画出一个人物的特点，最好是画他的眼睛。同学们读过《孔乙己》这篇文章后，有没有发现对孔乙己眼睛的描写？

生（齐）：没有发现。

师：几乎没有。那么在文章中，作者主要运用了哪些人物描写的方法来写孔乙己？

生：描写他的脸。

师：写脸，是肖像描写。

生：写了他的话，他文绉绉的话语。

师：对，语言描写。（学生众口议论课文中的几处肖像描写和典型的语言描写。）

师：是的，鲁迅先生写孔乙己的语言非常精彩，文中“多乎哉，不多也”，“窃书不为偷书”，“君子固穷”等人物的语言都已成为“名言”，是对孔乙己个性化的概括。我的感受与刚才那位同学十分接近，老师在读这篇小说时，感觉鲁迅先生别具一格地用了许多笔墨写孔乙己的“手”。小说从第4自然段孔乙己登场，多次写到了他的那双手。下面我们分工找一找小说中写孔乙己手的地方。

（分为两大组：一组找第4~9自然段；另一组找第10自然段到文末。）

（学生交流。）

生1：第4自然段：“便排出九文大钱”的“排”字。

生2：第7自然段“孔乙己显出极高兴的样子，将两个指头的长指甲敲着柜台”中的“敲”，这段的后面还有“孔乙己刚用指甲蘸了酒”的“蘸”。他有“长指甲”，可见他不修边幅，很懒惰。

师：很好。找得很细致，分析也很有深度。还有吗？

生1：第8自然段：“孔乙己着了慌，伸开五指将碟子罩住”中的“伸”和“罩”字。

生2：第11自然段：“他从破衣袋里摸出四文大钱，放在我手里，见他满手是泥，原来他便用这手走来的。不一会，他喝完酒，便又在旁人的说笑声中，坐着用这手慢慢走去了”中的“摸”“走”二字。

师：找得很好。能说说小说是从哪些方面写孔乙己的手的吗？

生：动作，还有样子。

师：样子？

生：是外形。

师：对，外形，或者说是形状。文中对手的动作描写最为突出。（板书：形状　动作）同学们看看哪个动作最能表现孔乙己的性格。

生：“排”。在被嘲笑的环境下，为了证明自己的清白，他故意将钱排出来。

师：理解得很好，能结合人物所处的环境来分析。不过，这里还有个环境也应该引起我们的注意：他是跟哪些人在一起喝酒呢？

生：短衣帮。

师：对的。这些人都是没有钱的，孔乙己能买茴香豆下酒已经远远超过他们了，所以这个“排”还有炫耀得意的心理。还有哪些动词？

生：“敲”和“罩”，可以看出孔乙己的自傲与贫穷。“敲”说明他神气十足，但当孩子还要他的茴香豆吃时，他没有钱多买，就只能慌慌张张地伸出大手“罩”住了。这两个动词前后对比很鲜明，突出他自命清高、迂腐可笑的性格。

师：这位同学的思路非常好，值得大家学习。他能将两个词语联系起来分析，前后进行比较，准确把握住了人物的性格，自命清高又善良迂腐。还有哪两个动词也可以联系起来看？

生：“排”和“摸”。

师：为什么？

生：因为这里有一个前后的变化与反差，由前面“排”的自命清高到后面“摸”的自感卑贱的转变。

师：很好，这两个动词体现了人物处境的前后对比。你们觉得最能表现人物命运的动作是哪一个？

生（齐）：“走”。

师：为什么呢？

生：人们都是用脚走，而孔乙己用手，说明了他命运的悲惨。

生：他偷东西被打折了腿，在人们的嘲笑中“走”下场，说明他的社会地位非常低。

师：很好。用手“走”，是一个畸形的动作；一个畸形的动作，表现了一个畸形人物不幸的命运。能不能把“走”换成“爬”呢？

生：不能。因为孔乙己是要强的。

师：是“要强”吗？能不能换一个更准确的说法？

生：死要面子。

师：对。两种说法意思相近，但有细微差别。老师查过词典，“爬”是手、脚并用向前移动。（画简笔画，图示爬的动作。）爬的时候身子是趴下的。孔乙己坐着用手走，他的身子是不是趴下的呢?

生：是挺着的。

师：是的，强调“走”而不是“爬”，写出了他是在努力挺直身子的。我们能由这个动作看到他的内心世界吗?

生：表现了他内心还要表现他作为读书人的清高。

师：很好。如果改掉就不能表现出人物特有的性格了。小说是作者的创作成果，我们读小说也有一个再创作的过程。文中写了这么多处的手，其实有些地方也还是可以写手的，而作者却并没有写。你们能不能找出这些地方来进行一次再创作，补写出一两句，并说说自己为什么这样写?（学生读书思考并动手写。）

生：第7自然段，最后“他伸出手来准备画点什么，但见我毫不热心，又停在了空中，然后无奈地放下，便又叹了一口气，显出极惋惜的样子”，表现他对“我”不愿意看他写字的失望之情。

生：第6自然段，在“孔乙己立刻显出颓唐不安模样，脸上笼上了一层灰色”后面加上“双手用长指甲在桌子上掴来掴去”，表现了他受人嘲笑后的尴尬。

生：第4自然段，他走进酒店的方式：“两手放背后踱进酒店。”说明他的自命清高，高人一等。

生：第8自然段，“孔乙己用长长的手指夹起茴香豆十分小心地分给小孩子们。”表现他的贫穷，没有多的豆给孩子们，既表现他的善良，又表现他的寒酸。

……

师：有没有写他最后喝酒动作的?我们能不能想象一下他最后一次喝酒的动作?

生：第11自然段最后，“他紧紧地抱着酒碗慢慢地将酒喝下”，表现他很难得喝酒了，特别珍惜。

……

师：同学们都是在读小说中想象，在想象中重新创作。大家补充了很多，说得也很有道理，加深了我们对人物的理解。文中可以补写的地方确实还有很多，如可以补充他涨红脸争辩时手的动作，写字抄书的动作等。有兴趣的话，同学们自己回去再继续补写。下面我们一起读读小说最后一个自然段。（学生齐读。）“孔乙己大约的确是死了”，这句话的两个词“大约”和“的确”，是不是矛盾呢？

生：不矛盾，“大约”说明这里没有人亲眼见到，只是推测他是死了；但从他最后出场的情况和他很久没露面，可以确定他是活不长的，是他命运的必然性，所以说“的确”。

师：这位同学对课文的把握很全面，很准确。鲁迅先生根据那个社会环境，断定孔乙己是必死无疑的，但人们又没能亲眼看到，所以这么说是不矛盾的。假设我们能看到孔乙己的死，你觉得会是一个什么情景？请大家写一段话描述一下你想象的情景，我还有一个苛刻的要求，必须写到孔乙己的手。

生：孔乙己斜靠在墙角，两脚平伸着，双手撑在满是泥浆的地上，背还直直地挺着。

师：为什么强调背还挺得那么直？

生：因为他不想承认自己的虚弱，保持自己的尊严。

师：嗯，他临死还想保留那份自尊，是吧？还有吗？

生：冬日已至，寒风凛冽，孔乙己垂下了他那长指甲的满是泥巴的大手，悲惨地死去。

师：为什么是“冬日”？

生：因为课文里写他最后一次离开酒店，已经是深秋了。

师：有道理。

生：孔乙己歪倒在墙角，两条腿不规则地伸在地上，两只手都失去了原来的样子，简直不能称作是手了。

师：“两条腿不规则地伸在地上”是什么样子呢？我们可以换用描述性的语言吗？

生：两条腿散了架似的瘫软在地上，两只手也像是折断的树枝，无力地垂了下来。

师：好多了。以后我们要学会用描述性的语言写记叙类的文章。

生：孔乙己感觉很虚空，他已经三天没吃东西，没喝酒了，眼睛开始发黑，他两手伸向天空，像是在托起一只酒碗，然后无力地垂下，倒在了冰冷的地上。

师：这是通过一个特写，一个动作的细节，充分表现孔乙己嗜酒。那么对于孔乙己来说，一生的心病是不是喝酒呢？（学生思考。）看来还有很多的遗憾和苦痛，等一会儿我们再继续探讨。

……

师：大家想象力很丰富，写得也很精彩。黄老师在读到小说最后的时候，眼前也展现了孔乙己死时的情景：孔乙己死了，当人们发现他的时候，他已经在寒风中冻僵了，蜷曲的身躯像一个少了点的问号，又像一个残缺的圆。两只手，一只紧紧地抓着一个破碗，另一只紧紧地抓着……孔乙己一只手攥着破碗，是为了生存，那另一只手应该攥着什么呢？请同学们帮我补充出来。

生1：一文钱。

生2：一本破书。

师：哪一个好呢？

生：一本书。

师：为什么是书呢？

生：因为他是封建科举制度的受害者，他一生的遗憾就是“连半个秀才也没有捞到”。

师：说得真好。我也想，他的另一只手可能会拿着一本又破又旧的书。

同学们，我们由孔乙己的手，认识了孔乙己这个人物。能不能概括一下他是一个什么样的人？

（学生讨论归纳，老师板书整理。）

生：他是个自命清高、没有进学的读书人；好喝懒做、不懂营生的无用人；穷困潦倒、死要面子的畸形人；命运可悲、供人取笑的可怜人。

师：概括得很好。那么是什么造成了孔乙己的悲剧命运呢？我们能由他的命运看到他背后的那双决定了他命运的手吗？同学们想一想，议一议，这双手是什么呢？

生：是封建科举制度。

师：这是一只手。还有一只呢？即使是科举没有成功，就必然是这样的命运吗？

生：没有人帮助他，关心他。

师：很好。社会残酷，人情麻木，世态冷漠，这的确是决定孔乙己命运的另一只手。有人认为，这篇小说的主题就是表现社会的冷漠。这一双手注定了他命运的不幸和悲惨。还有没有其他原因呢？

生：有。就是他自己好吃懒做。

师：见解很新颖。同学们同意他的意见吗？

（大多数同学同意。）

师：是的，老师也同意这位同学的意见。他自己性格上的弱点，如好喝懒惰、迂腐无能等，也是造成他悲剧命运的原因之一。大家想一想，孔乙己有没有办法避免他的悲剧命运？

生：有。他本来可以自食其力，以抄书为业。

生：他受到别人嘲笑的时候就应该反省一下，为什么自己受嘲笑，然后找出自己的一条生路来。

……

师：同学们为孔乙己设想了很多，也很有道理。老师在读小说的时候想到了一个人，他一生热衷科举，却始终不得志，72 岁时才补了一个岁贡生，但他没有在科举失败中迷失自己，而是把自己对科举的切身之痛，述诸笔端，写下了一本著名的文学巨著，同学们知道这本书吗？

生（齐）：《聊斋志异》。

师：这位老人是谁？

生（齐）：蒲松龄。

师：对，是他。科举始终不得志的蒲松龄，用另一种方式实现了自己的价值。蒲松龄能走出孔乙己那样的悲惨命运，一个重要的原因，是他能够走出自己那个破灭的梦想。人是不能没有梦想的，人的梦想也不可能全都实现，梦想破灭了也不要紧，走出那破灭的梦想，人生就会开辟出一条新的道路来。

最后我们再回头想一想，鲁迅说写人物最好写他的眼睛，而这篇小说没有写人物的眼睛，也同样写得很成功：鲜活的人物，深刻的主题，丰富的内涵，都给我们留下深刻的印象。其实，鲁迅所说的“眼睛”，既是实指，又是虚指。这篇小说中孔乙己的手，其实就是他的“眼睛”。所以说，创作小说，只要抓住人物的特征，就能写出人物的性格；阅读小说，只要抓住人物的特征，就能读出人物的性格。

这节课我们就学到这里。我想问一问：如果下节课我们继续学习这篇课文，我们应该探讨什么内容？

生1：应该深入探讨小说的社会背景。

生2：应该分析那些嘲笑他的人的心态。

师：大家说得很对。下节课我们再一起学习这部分内容，好，下课！

（课例设计：黄厚江）

智慧点示：

这是一节比较典型的言义共生的阅读课。言义共生是共生阅读教学的基本课型，甚至可以说，成功的阅读教学，每一节课都体现了言义共生的特点。而这一节课相对而言则更为典型。

小说的教学，自然要抓住人物、抓住情节、抓住环境来理解主题。就《孔乙己》这篇小说而言，抓住人物显然是最为重要的。但怎么抓住人物呢？习惯做法当然是抓住描写方法。但那样的教学，不仅死板，而且对人物和主题的理解都显得不太贴切，更多的是结论的传递。我们认为最好的方法就是抓住“言”，这并不是简单地抓住人物的语言，而是抓住文本的“言”。

这节课主要的学习活动是围绕“手”展开的。具体说是“找手——品手——写手”三个环节，后两个是重点。而每个环节都有几个层次。“找手”的活动有三个小层次：一是找，二是交流，三是概括写手的角度。“品手”的活动分为三个小层次：一是自由品读，二是联系起来品读“排”和“摸”，三是深度品读“走”。“写手”的活动也是三个层次：一是自由补写，二是交流评析，三是规定情景，师生参与，集体补写。通过“一双手”，通过一系列围绕“手”的学习活动，把握住了人物的命运和特征，理解了小说的主旨。从教学内容看，似乎都落在“手”上，但从学习活动看，所有互动都落实在“言”上。比较成功地实现了由“言”到“义”，因“言”解“义”，循“言”探“义”，以“言”表“义”，“言”“义”一体，“言”“义”互融。

课例四

《给我的孩子们（节录）》教学实录

师：同学们，我们准备上课。今天，我们一起学习的是丰子恺先生的一篇文章。同学们认识丰子恺吗？这位同学，你点头，你认识丰子恺吗？

生：我知道。

师：他是一个什么样的人？

生：他是一位漫画家，他对自己的孩子是比较开明的。

师：非常宽容，非常开明，是的。我能问问你吗，有没有看过他的画？

生：看过。

师：在哪里？

生：是在一些杂志、报纸上。

师：能说说他的画有什么特点吗？

生：简明。简洁明了。

师：简明，挺好的，看来这位同学对丰子恺还真的比较了解。“简明”是从线条和手法来看的，不繁复。其他同学有没有人没看过丰子恺的画？请举手。都看过？这位同学说看过，那你说说他的画给你留下什么印象？

生：我觉得他的画非常具有生活气息，还有一些时代性，有的画是贴近家庭生活的，描述他在家里和孩子们相处时的情景，有的就是针砭时弊的。

师：这位同学对他的画了解得也挺多的。我们课文里有几幅插图，都是丰子恺先生的画，你们有没有发现这些画的内容在取材上有什么特点？都是画的什么人什么事情？——都是画的孩子，都是描写孩子的生活，而且都和我们课文的内容有关系，对不对？如果我们自己概括一下，就这些画来看，表现了一个特点，他的画充满了——

生：童真、童趣。

师：童真、童趣。对，非常好。今天我们学习这篇课文的题目是什么——“给我的孩子们”。现在我想和同学们一起来认识他的孩子们。（板书课题。）同学们课前已经看过课文了吧？能说说他的孩子们有哪些特点？这位同学举手，你说说。

生：我觉得他的孩子们都是很天真、很可爱、很直率、很坦白的那种，完全没有一点矫揉造作。

师：非常好。其他同学有没有补充的？

好的，有些同学已经开始在看课文了，很好。刚才不许看课文，是想看看预习的时候脑子里的印象是不是深刻；其实，要好好归纳孩子们的特点，还是要认真看课文的。现在我们一起来认真看课文，想一想，除刚才这位同学说的“天真”“活泼”以外，还有哪些特点？

尤其要注意概括的方法：可以抓住具体的事件，可以抓住一些关键性的词语，也可以抓住作者自己对事件的分析。刚才一位同学已经说到天真、活泼的特点，还有哪位同学又有进一步的思考？

生：我觉得这个小孩子是幼稚可爱、调皮任性的。

师：这个孩子指谁？

生：瞻瞻。

师：你能说说你是根据哪些内容归纳出来的？

生：我是根据文中的第 6 自然段，就是这个小孩子他裁破了十几页书，还得意地对爸爸说：“爸爸，瞻瞻也会裁了！”他本来干了一件坏事，却很得意地跟爸爸炫耀，可以看出他很幼稚，也很调皮任性。

师：好的，幼稚、调皮，其他同学有没有补充的？

生：我觉得他的孩子也是极富有想象力的。我是从第 5 自然段“阿宝两只脚，凳子四只脚”中看出来的。他把凳子看作是一种生命的形式，说明他很有想象力，不像大人。

师：“不像大人”的强调意味深长，是的，我们大人常常缺少“想象力”。这两位同学都是根据具体事件归纳出来的，一位归纳的是“调皮”，一位归纳的是“幼稚”，“调皮”“幼稚”这个归纳，中性色彩，甚至还带有一点小小的贬义色彩。而这位同学是归纳他们富有想象力，敢于想象。

其他同学有没有补充？——下面我们一起来根据几个关键词进一步了解、理解他的孩子们。我们看第 3 自然段，有一句说：“你们每天做火车，做汽车，办酒，请菩萨，堆六面画，唱歌，全是自动的，创造创作的生活”，大家把

"自动"这个词圈一圈，想想"自动"这个词在这里是什么意思？跟我们一般用的"自动"一样吗？

生：不一样。

师：对，不一样！能不能说说不一样在哪里？这里的"自动"是什么意思？

生：我觉得这里的"自动"就是自愿、自发，而我们的"自动"是机械化的。

师：好的，非常好。你看，这是一种比较的思维。今天的"自动"往往是非人工的，不要人去操作的，不要外在动力的。对不对？刚才这位同学理解得非常好，说是"自发的"。其他同学想一想，除了"自发的"，能不能想到用其他词来解释这个"自动"。你想到什么词？

生：我觉得他们是出于内心的。

师：自发的，出于内心的，是非常自然的。都说得很好。同学们注意，作者说他的孩子们自动的创造创作的生活之后说"大人们的呼号'归自然！''生活的艺术化！''劳动的艺术化！'"是"出丑得很了"。为什么要写到"大人"呢？（有学生说是"对比"。）对，是对比。通过对比，来突出大人们"呼号"是不自然、是做作的；孩子们的想象、创造，完全是自然的，一点儿都不做作的。——我们这是抓住关键语句理解人物特点。同学们有没有注意到还有哪些词语可以让我们比较深入地把握孩子们的特点？有没有同学有新的发现？没有，那我们再一起看课文第2自然段："瞻瞻！你尤其可佩服。你是身心全部公开的真人。"这句话是什么意思呢？什么叫"身心全部公开的"？

生：我觉得就是比较单纯、很天真，没有心计。

师：天真、单纯，是的，非常好。再看第2自然段，"外婆普陀去烧香买回来给你的泥人，你何等鞠躬尽瘁地抱他，喂他"。大家知道"鞠躬尽瘁"这个成语出自什么地方吗？

生：《出师表》。

师：对，《出师表》。写谁的？还有半句怎么说？

生：诸葛亮。"死而后已"。

师：想想，这个成语一般用在什么情况？——一位老师患了肝癌，还坚持上课，一直上到最后一天，才离开你们，这就是"鞠躬尽瘁"。这个成语都是形容那些为工作、为事业不惜献出生命的人。很显然，这里的“鞠躬尽瘁”和原来意思不同。那么是什么意思呢？同学们想一想。

生：我觉得这里的“鞠躬尽瘁”就是说瞻瞻对待泥人是全心全意的。

师：全心全意，投入全部感情，这就把小孩子对泥人的爱，一种单纯的、投入全部身心的爱都表现出来了。我们这就是抓住关键句、抓住关键词理解人物。这篇课文主要是通过事件写孩子们的特点。作者写了很多事件，有一个很难理解，我们一起来看看。第2自然段里写了好几个事件——后来把泥人打破了，号啕大哭，这是一个事件；后来写两个芭蕉扇，这是敢于想象，富于创造；再后来，宝姊姊坐在篮里吊了上去，瞻瞻在下面，说“瞻瞻要上去，宝姊姊在下面看！”这表现孩子毫不掩饰的情感。这些都很好理解，下面这个事件不好理解，请同学们思考：

“我每次剃了头，你真心地疑我变了和尚，好几时不要我抱。最是今年夏天，你坐在我膝上发见了我腋下的长毛，当做黄鼠狼的时候，你何等伤心，你立刻从我身上爬下去，起初眼瞪瞪地对我端相，继而大失所望地号哭，看看，哭哭，如同对被判定了死罪的亲友一样。”

这个事件能表现什么呢？有没有同学敢于挑战这个比较难的任务？——他本来最喜欢爸爸抱了，可爸爸剃了头，看到爸爸像个和尚，便不要他抱；到了夏天，看到爸爸腋下的长毛，以为爸爸是黄鼠狼变的，黄鼠狼成精了，便是哭，看看哭哭，哭哭又看——

生：写孩子们的天真可爱。

师：天真可爱，当然不错。可不能总写天真可爱吧。用心揣摩，再想想，能不能想得深一点？哪位同学？（一位同学举手。）这位同学反应太快了，等一等好不好？我上课特别喜欢请没有发过言的同学。好的，请那位同学。（指名一位同学。）

生：我觉得这个小孩太爱自己的爸爸，他自己印象中父亲是长着头发的，突然看见自己的父亲没有了头发，就以为是和尚，就以为是黄鼠狼变的，感觉不是自己的父亲，像遇到一个陌生人一样，所以哭了。

师：非常好，这位同学的分析是一种因果分析。为什么哭？以为这不是他的爸爸，所以他就哭了，其他同学有没有不同意他的理解？为什么哭？我爸爸是有头发的，你现在没头发了，不是我爸爸了，我不要你抱了。——揣摩一下小孩子是不是这样想的呢？有没有其他可能呢？好，这位女同学。

生：我觉得这个小孩子他本来就是很讨厌黄鼠狼，不喜欢黄鼠狼，爸爸突然弄得像黄鼠狼，他就不喜欢爸爸了。

师：我觉得有道理。我姓黄，小时候跟同学们在一起，有的男同学被我打了，逃到很远的地方，指着我叫"黄鼠狼，黄鼠狼"。黄鼠狼在很多孩子心目中，是一个不好的动物，可恶的形象。可能大家再想下去，还有很丰富的想法。如果我们顺着这位同学的思路往前想一想，这是瞻瞻一种什么样的情感特点呢？他不喜欢黄鼠狼，是不是针对黄鼠狼的呢？是不是针对爸爸的呢？他心里在想些什么呢？

生：我认为，他写这段就是为了表现孩子是很直观地表现出自己的想法，不加掩饰，喜欢就是喜欢，不喜欢就是不喜欢，他是要把自己这些想法直接地表达出来。

师：能用一个词把你刚才所有的想法概括出来吗？

生：直率、自然。

师：可以，但仍是重复刚才的概括。大家想，一个人喜欢就喜欢，不喜欢就不喜欢，你是我爸爸我就喜欢，你还是我爸爸，你变成黄鼠狼，我就不喜欢。（有学生说"立场鲜明"。）对的，可以说是爱憎分明。（教师板书。）

好了，这些孩子们身上鲜明的特点，我们不再具体分析了。

我们下面看看"我"，作者丰子恺，是个什么样的人。其实前面我们已经通过他的画初步了解了，现在同学们根据这篇课文看看作者是一个什么样的"我"呢。

请同学们再浏览一遍课文，把写作者内心情感的词语圈出来，然后我们从作者的情感入手解读作者。聪明的孩子 3 分钟左右完成，不太聪明的人 13 分钟才能完成，最不会读书的人 30 分钟也不能完成。——我所说的"聪明"，不是指智商，主要是指会不会读书，会不会读文章。

如果哪位同学已经完成了，可以举一下手，可以看看我，我就知道你已经完成了。（有学生举手。）好的，最快的同学已经完成了。我再重复一下我的学习要求：从文中圈画出表现作者内心情感的词语。——3 分钟差不多了吧。我们要学会聪明读书，对不对？第一个完成的是这位女同学，我们先请她发言。

生：第 9 自然段最后一句话："惭愧我为甚么去做这等无聊的事，欢喜我又得暂时放怀一切地加入你们的真生活的团体。"

师：我能打断你吗？同学们注意她刚才的发言，如果考试我该给她多少分？重复一下我这个任务的要求，是——

生："词语"。

师：对，从文中圈画出表现作者情感的词语，你说的是一个长句子。

生：一个"惭愧"，然后是"欢喜"，这就写出作者是一个非常渴望童真的纯真和快乐的人。

师：你看，这位同学思维很快。我一点拨，她马上调整过来了，一个"惭愧"，一个"欢喜"。好的，后面有位男同学来补充一下。

生：就是第 11 自然段，有"憧憬"和"痴心"。

师：对，很好，"憧憬""痴心"，两个词都是心理感受，很好。(板书。)

生："憧憬"表现了"我"十分向往孩子们的生活，"痴心"表现了自己非常想要挽留住孩子们的童真。

师：非常好，分析得也非常好。这位同学一下跳到第 9 自然段，刚才这位同学一下跳到第 11 自然段，那前面是不是没有呢？

生：我觉得第 1 自然段就有很多词语，比如说"憧憬"在第 1 自然段就有，还有"委屈"，还有第 2 自然段的开头"尤其可佩服"，他佩服一个小孩，更加能表达出他对童真、童趣的一种渴望和"敬佩"。

师：他讲了好几个词语，还作了分析，下面我们一起来推敲一下。他说"委屈"也是一个表达作者内心感受的词语，其他同学有没有不同意见？作者认为，"我"很委屈，是不是呢？是的？有没有认为不是的？请举手。都认为是的？好，这位同学你认为是吗？

生：不是的。

师：你说说为什么"委屈"这个词不是呢？

生：因为这句话里"委屈"的意思不是像我们现在理解的这样，这里的"委屈"应该是以一种特殊的方式——

师：大家请注意，这个"委屈"不是我们一般的"委屈"，我们一般的

“委屈”是指某一件事情承担了不该承担的责任，挨了不该挨的批评等感到委屈，是一种心理感受；但这里的“委屈”是什么意思呢？如果找一个近义词来替换一下，是“委婉”，这是一种表达的方式，那就不是自己的内心感受。同意这个意见吗？这位同学他也同意了。——这篇课文里应该说作者的情感是一条线索，对不对？是全文串联起来贯穿始终的线索。这是用片段写人、事件写人特别要讲究的，当然我们阅读也要讲究这个问题。

好的，问一个难度大一点的问题：在这么多表现作者的情感的词语之中，你认为哪一个词语是最主要的，最能表现他的内心感受的？（有学生说“憧憬”。）“憧憬”？认为“憧憬”的举手，有不少；其他认为“欢喜”的举手，没有；认为“佩服”的举手。好，我不一个个问了，我要反过来问，认为最主要的词语不是“憧憬”的请举手。好，有两三个，我们先请这位同学说，你认为是哪一个呢？

生：我觉得是“佩服”。

师：你认为是哪一个呢？

生：我认为是“悲哀”。

师：说说理由。

生：“悲哀”在文中是一个反复出现的词。

师：反复出现过，而且你们注意到在哪些地方出现的？注意，文章关键的字眼，不仅常常出现，而且出现的位置也引人注目，它出现在哪里？

生：最后一句话，“这是何等可悲哀的事”。

师：除了最后一句话，有没有地方出现了？

生：还有，开头的第 1 自然段结尾“这是何等可悲哀的事啊”。

师：还有第 8 自然段。

生：对，还有第 8 自然段。

师：这两位同学这么一凑，认识就深刻了。我不能说凡是和我一样的就是正确的，至少说我欣赏这两位同学读书的方法，一种可贵的精神。我也认为这篇文章作者情感的最主要的、最关键的感受，可能是“悲哀”。（板书。）

“佩服”“憧憬”是虚的，他知道“憧憬”不到了，他喜欢孩子们这样，向往孩子们这样，他知道他也不可能了。于是他“悲哀”，一方面悲哀自己不可能再像孩子这么天真，想说就说，想哭就哭，喜欢谁发自内心地喜欢谁，需要什么就毫不质疑地说出来，他不可能了，“悲哀”；更重要的不是为自己悲哀，为谁“悲哀”？（有学生说“为孩子们”。）对，为孩子们悲哀！他的孩子们以后也不可能这样了。为什么呢？为什么孩子们也不可能再快乐下去呢？

生：他们长大了。

师：长大是一个因素，长大了我们就不能天真吗，长大了我们就不能有童心吗，长大了我们就不能这么快乐吗，长大了我们就不能毫不掩饰吗，长大了我们就不能自然地表达情感去想象吗？是什么东西扼杀了这些天性呢？（有学生说“是现实的生活”。）对，现实生活是很复杂的东西，暂时不去说它。

现在我们回到题目，文章的题目是“给我的孩子们”，这是个结构不完整的句子。补充得更全一点，“给我的孩子们”什么呢？你们也要像瞻瞻那样，毫不掩饰地大胆地想象，说出你们的想法，至少我们课堂上应该是这样的。

生：我觉得应该是给我的孩子们祝福，祝福他们依旧能够如此地童真和自然下去。

师：他说的是给我的孩子们的祝福，祝福我的孩子们能够永远这样，多好。其他同学有没有不同想法？特别是没发言过的同学。

生：我认为是给我的孩子们一段美好的回忆。从文章最后一段可以看出来，他是“痴心要为你们永远挽留这黄金时代在这册子里”，因为孩子们步入现实的时候，会失去所谓的童真，所以说他要为孩子留下一段美好回忆。

师：好的，这位同学。

生：我觉得他还是给孩子们一种提醒吧。

师：提醒什么呢？

生：第10自然段有一句话，“但是，你们的黄金时代有限，现实终于要暴露的”，就是让他们珍惜眼前的美好时光，珍惜童真，珍惜童趣，让他们好好过这段时间，之后要面对的是现实。

师：我觉得这三位同学的发言太好了，比黄老师对这篇文章的理解更丰富：一个是给他们一个美好的回忆，过去一些美好的东西总会逝去；一个是给他们美好的期待，珍惜现在；一个同学说是给他们一个美好的祝福，祝福他们将来能够永远有这么一份美好，这么一份童真，这样一份快乐的生活。我觉得都挺好。

但我要提醒大家一个问题：其实我们刚才一起讨论的问题就是作者的写作意图。把握作者的写作意图，不能凭空想象；凭空想象有可能想得有道理，也有可能想得没道理。应该从文本入手，从写作的背景入手。因为写作的背景常常决定了作者写作的意图。大家有没有注意到这篇文章是选自什么地方呢？作者为什么要写这篇文章呢？对，是他的一个画集的代序，由这个代序我们就可以推敲出两点：一、他说的“给我的孩子们”狭义地讲是给他自己的孩子们；广义地讲，又不仅仅是他的几个孩子们，也包括你们，也包括我们在内，我也是他的“孩子们”，是所有读者，那么给所有读者到底是哪一个希望比较好呢？我觉得三位同学都有道理，如果排主次的话，我觉得第一个应该排这个同学（说“记忆”的那位），因为作者的画册里面记录的都是那种纯净的、透明的、充满童趣的生活，所以给读者提供了这样一个画册，就是让我们珍藏这段美好生活；第二种也对，因为他的孩子们还小，你们也还小，还可以有一段时间拥有这样一种童真无邪的生活；第三种也对，作者的一份美好希望，希望我们永远都有这样的美好生活。三个分析，由实到虚，都很好。

这样就有问题了，都有道理，总归有一个更靠近作者的想法吧，我们再来把作者的想法揣摩得更实在一点。我在一个资料上看到了三位父亲读了这篇文章后写的感想，我觉得很有意思的，现在请同学们来做一个作业。不许看书，不许记笔记，听黄老师读三段话，不是听写，不许拿笔，闭着眼睛可以，睁着眼睛看我也可以，你听我读完三段话以后，说说三位父亲对一个人保持童心各是什么看法？请注意听：

父亲甲：我们生活在一个复杂的世界，必须让孩子了解真实的生活，否则就是对孩子的不负责任，会使他们失去适应生活的能力，使他们成为被欺骗、被伤害的对象。

父亲乙：我们必须永葆一颗童心，她会让我们永远感受到生活的幸福和美好。人有一颗什么样的心，就会有一双什么样的眼睛；有一双什么样的眼睛，就会有什么样的生活。

父亲丙：成长就是一个不断抛弃的过程，我们不能永远停留在童年，未来的生活会让我们把她作为尘封的记忆，我们只能带着无奈回望逝去的生活，用羡慕的眼睛看着快乐的孩子。

脑子里再回顾一下，想一想，三位父亲分别表达了一个什么样的观点？他对人拥有童心的快乐幸福的生活是怎么看的？哪位同学先说？好，这位同学。

生：我觉得第一位父亲是比较现实的，他希望让孩子在以后能够生活得更好，但是同时他也在一定程度上抹杀了孩子的童真、童趣——

师：我打断一下，请概括一点。

生：第一位父亲更注重的是现实；第二位父亲更注重的是童心，他希望孩子能一直保持一颗童心。

师：最概括地说，就是他希望孩子们永葆童心。

生：第三位父亲是对童年充满渴望，可是又抛弃了童心。

师：他觉得现实不能留下童心，随着我们的成长，必须抛弃。哪位同学再来概括一下？也不一定和她不同，在她的基础上能够概括得更好，有没有哪位同学愿意？还是这位。

生：首先，我觉得三位父亲对孩子保不保留童心都是一种对孩子有爱的态度。第一位父亲是希望孩子现实，不保留童心；第二位父亲是希望他能用童心去看世界，拥有童心；第三位父亲是折中的，希望他拥有童心，但是却让他保留在记忆里，去向往，去羡慕，然后在以后的日子里，还是要现实的。

师：非常好！他概括了共同特点，都是对孩子的爱，都是希望孩子生活得更好。现在我问一个问题，涉及隐私，不愿意回答的同学可以不回答。如果是你爸爸，你估计他会是哪一种观点？有愿意回答的吗？

生：我觉得我的爸爸可能是属于第三种观点。因为我觉得每个人保持一种童心是非常重要的，但是站在这个社会，我们即将面临中考以及社会上的种种事情，都会让你觉得这个世界其实很复杂，所以我们一定要面对现实。但是在现实的基础上，我们的内心还是应该充满童真的。

师：既要现实，也要留住童心，那这个童真就是藏着而不表现出来。我有一位同学，本来也跟我一样，是做语文老师的，文章写得很好，和黄老师差不多，后来，我做了语文老师，他去做官了，做官的前一天晚上，他爸爸请他吃了一顿饭，父子俩对酌。吃完饭以后，爸爸就说，你要做官了，爸爸今天晚上请你吃饭，送你一句话：你要把人想得能有多坏就多坏。后来我这位同学当官不太顺利，告诉我这个故事，后悔他爸爸的话他没记住。生活里充满了陷阱，我们不能有童心。哪位同学愿意来说说你爸爸的态度？

生：我觉得我爸爸应该属于第一种观点。因为在家里他经常跟我说，比如有人问路你最好不要答应，我经常忍不住想跟别人说你应该怎么走，因为我觉得童心不仅仅是指幼稚，不仅是什么都不知道，而是你可以用一种快乐的心态去面对生活，积极地去面对，但是遇到事情你还是要动脑子想一想。

师：这位同学想得很成熟。那位同学又要抢着发言了，我本来想这个问题到这里不再讨论了，现在有两名同学坚决要发言，请简要一点。

生：我觉得我爸爸可能也像刚才的同学一样，是第一种。因为他在家里经常跟我说，人世险恶呀，外面充满了陷阱，你一不小心就很容易被伤害了，被欺骗，这种现象非常多，所以他应该更希望我像第一种一样，但是我不认同。

师：你不认同，那你受伤害以后找谁呢，找我还是找你爸爸呢？还有同学想发言，我们再交流下去的话还是有很多话要说。我们暂且不再说你们爸爸的观点，下面来想一想，三种观点哪一种和作者的观点比较接近呢？

生：第三种。

师：啊，第三种："成长就是一个不断抛弃的过程，我们不能永远停留在童年，未来的生活会让我们把她作为尘封的记忆，我们只能带着无奈回望逝去的生活，用羡慕的眼睛看着快乐的孩子。"是这一个吗？是的。我们现在再来看作者的观点就清楚了：作者认为现实生活是容不得纯洁、快乐的童心的。看上去作者对现实比较悲观。这和他生活的时代有关系，也和他的思想历程有关系。大家知道对他影响最大的老师是谁吗？（学生摇头。）有一首歌"长亭外，古道边，芳草碧连天"，知道歌词是谁写的吗？

生：李叔同。

师：知道李叔同是什么人吗？

生：弘一法师。

师：知道他做法师之前是做什么的吗？他也是著名画家，也是一位老师，诗词写得也非常好。他就是丰子恺的老师。李叔同被称为大师，境界很高，后来遁入空门，表明他有强烈的厌世思想，对现实很失望。他对丰子恺影响非常大，所以作者对现实生活也有着强烈的绝望。你看他歌颂、赞美、崇拜他的孩子们的时候，字里行间都在批判现实中的丑陋的现象。我有时候想想我们今天的生活也差不多。据说一位女硕士被一个农民工拐卖了，这确实是社会的悲哀，也是教育的悲哀。但不能因此说我们就不能拥有童心。其实还是我们刚才一位女同学的发言好，她说："童心不等于幼稚。"我很赞同。童心就一定会受伤害吗？那不一定，受骗和童心没有关系。我想在她的发言的基础上，请同学们造一个句子："童心，不是……而是……"

（学生造句。）

师：哪位同学说说自己造的句子？

生：我觉得童心不是幼稚，而是积极乐观的心态。

师：其实还可以再写得对称一点，非常好。其他同学——

生：童心不是蛮不讲理，而是爱憎分明。

师："蛮不讲理"这个词语换一个就更好了。

生：我觉得童心不是智商低，而是情商高。

师：我觉得你智商又高，情商又高，而且语言素养很高。确实是的，我有很多话想说，但我不能代替你们说。我们对童心要有一种智慧的理解，童心不是傻兮兮的，童心告诉我们生活要有一种快乐，要有一种乐观，童心告诉我们哪怕是在肮脏的现实社会里，也要有一颗美好的纯净的心灵。什么是童心呢？陶渊明在田园里获得一种快乐，这就是一种童心；周敦颐爱莲出污泥而不染，也是一种童心。这个话题要讨论下去，还有很多很多的空间，可是我们该下课了。

现在我想请同学们回顾一下今天这堂课学习的内容，说一句话，好不好？今天这堂课，我学到了什么，或者是懂得了什么？说一句话，不规定句式。有没有同学愿意交流一下？好，这位同学。

生：我觉得我们应该用一颗童心来对待现实生活。

师：好的，其他同学呢，你呢？

生：我觉得在现实生活中，既要面对现实，同时也要保持着一颗童心，乐观豁达的，而不是仇视一切的。

师：我不再问下去了，我估计再问下去，从这头再问到那头，你们说的话题可能就是一个词——"童心"。我为你们的童心感到骄傲，我很佩服你们，我很喜欢你们，但是我又隐隐地感到一点失望，大家知道今天我们是什么课？对，语文课！语文课中学到一点生活的道理，当然是对的，但我们主要的不是要学习生活道理。我们今天不是公民教育课，不是政治思想品德教育课，我们学什么呢？我们要学的是语文，这个问题同学们回去要再想一想：从语文学习的角度，今天这节课你学到了什么。

好，谢谢同学们。下课！

（课例设计：黄厚江）

智慧点示：

这是一节以学习主体与作者共生为主的共生阅读课。

丰子恺先生，是著名的散文家、画家、文学家、美术与音乐教育家。曾师从弘一法师（李叔同），以中西融合画法创作漫画以及散文而著名。1918年，李叔同出家为僧，丰子恺自此与佛教结缘。1927年11月，从弘一法师皈依佛门，为居士，法名婴行。毫无疑问，丰子恺先生的思想有着比较鲜明的出世意识。他对现世生活中的肮脏和丑陋无法容忍。《给我的孩子们》就是一篇表达他对现实生活污染儿童纯真童心强烈失望和愤懑的散文。作为一篇散文，无论是文字还是思想感情，都非常纯净自然，是散文中的上品。但对于今天的孩子来说，要感受文字之美相对比较容易，要正确地理解并吸收作者的思想感情并不容易。简单地接受文本直接呈现的思想和感情，对孩子们的成长不利，也有违作者的初衷；但简单化地否定或“质疑”作者思想的简单和绝对，显然也是极其不妥的。虽然从文本看，作者对现实表达了比较强烈的失望，为孩子们深感悲哀。但我们又能从字里行间感受到作者对现实生活一定的包容性，尽管这更多的是无奈。如何让学生恰到好处地和作者达成理想和感情的和谐呢？我们运用了共生来实现这一目的。实现这一共生的活动主要有两个。在引导同学们认识了“我的孩子们”的特点，理解了“我”对孩子们的期望，以及“我”的“悲哀”之情以后，我们先是借助于“三个父亲”对童心的不同态度，让学生比较三者态度的不同以及他们的态度和作者态度的异同来理解作者内心的思想感情；然后我们让同学们以“童心”为话题，用“不是……而是……”的句式造句。我们认为通过这样的活动使学生对“童心”有了更为全面、更为深刻的理解，也使作者的思想感情得到了更好的呈现，实现了学习主体和作者思想感情的共生。

【知识链接】

什么是本色语文？

“本色语文”的内涵主要有三层：

一是“语文本原”：立足母语教育的基本任务，明确语文课程的基本定位。

教语文，我们首先要清楚，什么是语文课，为什么要开设语文课。思考这些问题，必须立足母语教育的基本任务。母语教育的任务很多，我们以为，最基本的任务是培养孩子热爱母语的感情，激发孩子学习母语的动力，提高孩子运用母语的能力。而语文课程就是承担母语教育基本任务的学科。

二是“语文本真”：探寻母语教学的基本规律，实践体现母语基本特点的语文教育。

语言教育，不同于其他任何学科，有其自身特点；我们的母语，是世界各民族语言中最具有智慧，也是最具鲜明特点的一种。从文字到篇章，从表达到结构，从听说到读写，都和其他民族的语言不一样。因此，我们有责任探寻母语教学的基本规律，我们更有责任实践体现母语基本特点的语文教育。

三是“语文本位”：体现语文学科基本特点，实现语文课程的基本价值。

语文是一门课程，语文是一门学科。作为一门课程，它必然有着自己的课程价值。它有自身的课程目标和课程内容，它有自身的课程要求和评价方式。作为一门学科，它必然有着体现自身学科特点的学习方法和教学方法。我们应该比较准确地把握这门课程的内容和要求，它的教学内容，它的教学方式，它的教学评价；我们也应该比较准确地把握这门学科的特点，它的习得规律，它的学习规律，它的教学规律。我们应该运用体现这门学科特有的教学方法，来实现这门课程的价值。（黄厚江《本色语文》）

第六编

教学思路

余映潮

【内涵阐释】

教学思路，是指对课堂教学所酝酿、所设计的教学流程，即这节课从什么地方出发，怎样一步一步往前走；就像文章写作之先所勾勒出的一个大致框架一样。可以这样说，教学思路就是教学的蓝图，它表现出来的，就是教学的步骤、层次。

教学思路的安排于课堂教学具有重要的作用，人们常说的“教学既是科学又是艺术”就往往体现在这教学思路上。由于教学思路讲究教学过程的流畅之美，讲究教学内容的组合之美，讲究教学时空的造型之美，讲究教学双方的活动之美，所以不管是从“科学”还是从“艺术”的角度，人们都可以从“思路”上看到设计者的水平、风格和特色。

策划教学思路，有两个基本要求：

一是思路要清晰。清晰的教学思路能够表现出一节课或者一篇课文教学的步骤之美，能够表现出教师教学思维的顺畅，能够表现出教师在教材处理上思考的周全。但清晰的教学思路并不仅仅是指在教学中安排出了第一步、第二步、第三步等等，关键是看步与步、层与层之间的关系是否合理，是不是符合学生学习语文的规律。

二是思路要简明。简单明晰的教学思路既便于操作又显现出教学的层次之美。但越是比较简明的思路越是难以设计，这是因为我们在众多的教学内容面前往往无所适从。其实教学中恰恰忌讳教学步骤过于细碎。如果一个课时中安排七八个教学步骤，可以基本肯定，在绝大多数情况下，这节课中的多个教学环节都只能是蜻蜓点水、浅尝辄止。

教学思路的策划，也有较高层次的要求：

第一，教学思路要表现出内容灵动、线条简洁、板块清晰、步骤明朗、学生活动充分的教学安排。从这一点上说，课文阅读教学是没有固定的模式可以依循的。

第二，教学思路要因课而异。课文有文体的不同，有语体的不同，有长短的不同，有深浅的不同，有教学中的运用角度的不同，应针对这些不同而精心运筹，巧妙组合，使各课的教学思路有各自的特色与个性。

第三，即使就一篇课文来讲，也可尝试设计几种不同的教学思路，也可酝酿几种不同的教学方案。如果将其融会贯通，课文的阅读教学过程就会更加灵活多姿。

教学思路是在深入研读课文的基础上结合丰富的教学经验而产生的，其设计追求美、新、巧的艺术境界，运用优秀的语文教学思路，能够收到事半功倍的教学效果。

本编课例，展现的是“板块式”教学思路。

本编课例，展现的是“教案设计”的创新写法。

【课例展示】

课例一

《谈生命》创新教学设计

课文品读

《谈生命》的“四精”

冰心的《谈生命》安排在人教版语文课标教材九年级下册第三单元，即以“生命”为主题的散文单元里。从教学内容来看，此文的教学属于难文的教学。又由于它出现在九年级下学期这样一个教学阶段里，毕业班教学过程也比较匆忙，因此对它的教学研究也就显得相对薄弱。

我想，研究这一课的教学，还是应该从研读课文入手，在教师对文本有深刻感受的基础之上再来进行创新的教学设计。

从课文的教育教学价值来看，这篇课文有“四精”。

1．精致的结构。

从课文的形态来看，它是初中语文教材里结构最特殊的一篇文章。整篇文章1300多字，就是一个大的段落，从文面来看不是很美。但换一个角度看，这样的文章结构似乎也是作者的一个特别创意，表现出一气呵成的写作激情。再细细地读，可以发现这篇文章恰巧有着极为精致的结构。思路清晰，章法严整，承接递进，层次分明，是极好的用来训练学生概括划分能力的素材。这是一个很好的、可用的点，方便我们利用它来设计教学的过程。

2．精妙的手法。

课文中的大部分内容都是运用比喻来表现人生的经历、表现人生的历程。比喻的运用之所以被称为“精妙”，被称为“手法”，是因为作者运用“群喻”来描述人生，来表现人生的起伏跌宕，来表现人生的快乐与痛苦。作者以“一江春水”和“一棵小树”分别领起，两次用“群落”的比喻来揭示生命过程的规律，每一个描述式的比喻都有着它的言外之意，都需要进行揣摩品味。这就是散文的意味，这就是文学的意味，因此，手法的欣赏品味也是值得我们关注的一个教学点。

3．精美的语言。

这篇文章的语言用“精美”两个字来形容绝不为过。从语言表达的角度看，文中到处洋溢着选词之美、写句之美、构段之美；从语言表达的效果看，文中语言则表现出非常的生动之美、形象之美、流畅之美和准确之美；从语言表达的作用来看，全文表现出对于生命、对于人生有着深刻体验的情感之美、情致之美和意蕴之美。从品味语言、欣赏语言、学习语言的角度来讲，这又是一个可供开发的教学点。

4．精深的意蕴。

《谈生命》看起来好像是写景状物的散文，其实整篇文章表现出以喻为论的鲜明特点，作者用比喻的方式来论说人生的苦乐、人生的经历、人生的历程。正如教学用书所说：“本文兼具感性化和理性化的特点。以前者而论，‘一江春水’‘一棵小树’是比喻性的说法，描述它们的行进和生长过程，生动形象，蕴藉含蓄，给人美的享受。这是本文作为文学作品的显著特点。以后者而论，文章揭示了生命的一般规律、生命历程中的艰难与幸福的辩证法，以及幸福含义的多样性、丰富性，揭示了宇宙生命之间的关系及其相互作用，这些都是文章哲理意味、理性精神的表现。”

所以说，本文的精深的意蕴，也是可供我们利用的极好的教学素材。

本课教学创意：课文结构欣赏，课文妙喻欣赏，课文意蕴欣赏。

教学设计

下面，在品读欣赏课文的基础之上，提出这篇课文的教学设想。

教学创意：利用课文训练能力。

课时安排：两课时。

主要的教学活动：四次阅读训练。

教学过程

活动一 课文结构欣赏

1. 请同学们自读课文，熟悉课文内容。

2. 教师提出“主问题”：请同学们阅读课文，证明“这篇课文的结构是清晰的、精致的”这样一种说法是正确的。

3. 利用这个“主问题”形成学生约10分钟左右的自读课文、概括内容、划段分层的自读活动。

4. 利用这个“主问题”形成8分钟左右的课中交流活动。

5. 教师课中小结：

这篇课文的结构是清晰的、精致的：

第一层：全文总起。我不敢说生命是什么，我只能说生命像什么。

第二层：“生命像向东流的一江春水”到“也不敢信来生”。揭示生命的经历像春水东流一样波澜起伏。

第三层：“生命又像一棵小树”到“也不敢信来生”。表现生命的历程像小树的成长一样由生而死。

第四层：抒发感想，阐发哲理。

6. 教师：即使就每一层来说，其结构层次也是精致的。请同学们尝试用“课文变形”的方式来感受文章精致的结构。

学生品读，划分：

生命像向东流的一江春水，他从最高处发源，冰雪是他的前身。他聚集起许多细流，合成一股有力的洪涛，向下奔注，他曲折地穿过了悬岩峭壁，冲倒了层沙积土，挟卷着滚滚的沙石，快乐勇敢地流走，一路上他享受着他所遭遇的一切。

有时候他遇到巉岩前阻，他愤激地奔腾了起来，怒吼着，回旋着，前波后浪地起伏催逼，直到冲倒了这危崖，他才心平气和地一泻千里。

有时候他经过了细细的平沙，斜阳芳草里，看见了夹岸红艳的桃花，他快乐而又羞怯，静静地流着，低低地吟唱着，轻轻地度过这一段浪漫的行程。

有时候他遇到暴风雨，这激电，这迅雷，使他心魂惊骇，疾风吹卷起他，大雨击打着他，他暂时浑浊了，扰乱了，而雨过天晴，又加给他许多新生的力量。

有时候他遇到了晚霞和新月，向他照耀，向他投影，清冷中带些幽幽的温暖；这时他只想休憩，只想睡眠，而那股前进的力量，仍催逼着他向前走……

……

活动二　课文朗读活动

1．请同学们自己朗读课文，进一步熟悉课文内容，老师指出应该注意积累的生字词。

峭（qiào）壁	挟（xié）卷	巉（chán）岩	惊骇（hài）
休憩（qì）	屏（bǐng）息	荫庇（yìn bì）	骄奢（shē）
清吟（yín）	枭（xiāo）鸟	芳馨（xīn）	绯（fēi）红
怡（yí）悦	朔（shuò）风	云翳（yì）	

2．教师提出“主问题”：请同学们感受课文内容，体会课文第二层次和第四层次的读法。

3．同学们交流自己的看法。

4．教师课中小结：第二部分应该“读出起伏”，第四部分应该“读好句与句之间的停顿”。

为什么第二部分要“读出起伏”？是因为在这样一个大的片段里，作者运用比喻的方式写出了人生的经历，“读出起伏”可以让我们进入文章的粗犷、豪放及平静、柔美的氛围里来。为什么第四部分要读出“句与句之间短暂的间歇”？是因为这是一种比较理性的朗读，在短暂的停顿中让文中哲理的韵味渗透出来。

5．同学们在教师的指导下自由朗读课文，重点体味课文第四层次为什么要读出句与句之间的停顿。

活动三　课文妙喻欣赏

1．教师出示“主问题”：请同学们阅读课文第二部分与第三部分的内容，进行“妙喻欣赏”活动。话题是：课文中的比喻之妙。请同学们以“课文中的比喻之妙”为话题发言。

2．同学们自读课文，品味、揣摩、欣赏。

3．教师组织讨论，逐步显现课文妙点。如：

①妙在用“一江春水”的东流比喻人生的各种经历。

②妙在用“一棵小树”的盛衰表现人生的不同阶段。

③妙在用一江春水东流入海、一棵小树长大叶落归根来反复比喻人生的全过程。

④妙在分别以“一江春水”和“一棵小树”的生命历程为喻，表现生命是一个快乐而痛苦的过程。这个过程具有大起大落和蜿蜒曲折的特点。

⑤妙在作者不是用一个比喻而是用一组比喻来揭示人生的波澜。

⑥妙在作者不是用一个比喻而是用一组比喻来揭示人生的历程。

⑦妙在每一组比喻都显得层次分明、排列有序，互相之间联系紧密。

⑧妙在每一个比喻句都表现出语言精美、内涵丰富、动感鲜明的特点。

⑨妙在每一个比喻句都可以扩展为一篇微型美文。

……

活动四　课文意蕴欣赏

1．教师讲析：所谓“意蕴”，指的是文章、文句内在的比较丰富的含义，或者说是文章、文句中蕴含着的意趣、意味、情感和情味。

《谈生命》“精深的意蕴”是怎样表现出来的呢？是通过两个方面来表现的。一个是通过手法来表现，即比喻的手法；一个是通过文中的议论来点示。写一江春水、写一棵小树，里面都含有意蕴，但是作者觉得还有话要说，于是直接用议论来点示文章的意蕴，这就是课文内容的第四层次。

2．教师出示“主问题”并组织讨论：课文的第四层次中，哪些句子是最值得品味的？请结合自己的生活体验，谈谈对其中一句话的理解。

3．同学们思考、揣摩、表达。可能会品味到如下关键句：

宇宙是一个大生命，我们是宇宙大气中之一息。

不是每一道江流都能入海，不流动的便成了死湖；不是每一粒种子都能成树，不生长的便成了空壳。

生命中不是永远快乐，也不是永远痛苦，快乐和痛苦是相生相成的。

在快乐中我们要感谢生命，在痛苦中我们也要感谢生命。

快乐固然兴奋，苦痛又何尝不美丽?

愿你生命中有够多的云翳，来造成一个美丽的黄昏。

提示：教师在学生的讨论、发言中注意与学生平等对话。

4. 教师略作讲析，结束全文教学：

这一层是议论，从表达主题方面说，在前文对生命的现象作比喻性的充分描写之后，再阐明文旨、深化主题；从结构方面说，起着总结全文的作用。

这一层揭示生命的过程，点明快乐和痛苦是生命之歌的基本旋律。“在快乐中我们要感谢生命，在痛苦中我们也要感谢生命”，这两句是作者通过几十年的生活经验写成的精警之句，是最富有思想情感的句子，也是全文点题之句。作者提炼出深刻的哲理，并表明自己的人生观、人生态度，以及对社会、对宇宙自然、对人生的深刻感悟。

（课例设计：余映潮）

智慧点示:

语文教学的智慧之一，就是要充分利用课文，设计充分有效的由学生进行的课堂实践活动。《课标》明确地告诉我们，语文教学的核心理念是让学生在大量的实践活动中学习运用语文的规律。所以我们要立足于学生的“课堂积累”与“训练充分”，组织起生动丰富的课堂活动。

本课整体地、多角度地利用课文，设计学生全员参与的角度精致的阅读实践活动。“结构理解”即文思分析，是对学生进行概括与分析能力的训练。“朗读活动”既是对学生朗读、品析能力的训练，又符合文体教学的要求，给学生带来审美的愉悦。“妙喻欣赏”着眼于语言，着眼于手法，着眼于表达作用，这样的训练能够提高学生阅读欣赏的能力。“意蕴欣赏”深化了课文教学的韵味，同时增加了学生的语言积累。

这样有牵引力度的阅读训练，真正做到了充分利用课文、有效设计学生阅读品析的实践活动，其教学的效果显而易见，绝非肢解式、碎问碎答式的教学所能比拟的。

课例二

《贝壳》创新教学设计

课文品读

《贝壳》"三美"

这是一篇咏物抒情的散文。

说起咏物，其渊源可以追溯到《诗经》中的托物起兴，屈原"香草美人"的象征比喻系统。古代咏物类的文章体裁多为诗歌，清代俞琰曾对咏物诗的发展作了如下概括："三百导其源，六朝备其制，唐人擅其美，两宋、元、明沿其传。"从第一首咏物诗——屈原的《橘颂》到林林总总的现代咏物诗文，可以说，"咏物"这一题材贯穿了我国整部文学史。

什么是咏物抒情散文呢？咏物抒情散文就是以现实生活中的具体事物为歌咏对象，在表现客观外物的同时，融入作者自己的思想情感，借物抒怀或托物寓意的散文。

在这篇文章里，作为画家、诗人和散文家的席慕蓉，以她细腻的笔触、炽热的情感，描摹着这小小的贝壳，深深思索着它的生命含义。总结起来，《贝壳》表现出以下的"三美"：

1．结构美——明晰的思路

《贝壳》结构严谨，思路清晰：第1自然段通过简短的一句话引出所咏对象——贝壳；第2、3自然段用细腻的笔触描述贝壳以及贝壳里的生命；第4～6自然段由贝壳联想开去，感悟哲理，抒发情感。概括起来就是这样三个部分：引出事物——描述特征——抒发情感。这可以看作是咏物抒情散文的基本框架，表现出一种类似三段论的逻辑之美，一种不是外显性而是内隐性的建筑美，既严谨，又简洁、和谐。掌握了这个结构，也就掌握了这类散文写作的一般模式，也就找准了这类散文鉴赏的一个切入点。虽然所咏之物有所不同，篇幅长短也会各异，但大体上就是这样的一个程序。这是一个可以一而二、二而三，乃至无穷的咏物抒情散文建构模式。

2．画面美——细腻的描摹

由于席慕蓉的作家兼画家身份，她对事物的描述也力求画面感，讲究画面和文字的浑然圆融，从而达到诗中有画、文中有画的效果。作者在第1段用一句话简洁引出事物之后，接下来用了两个段落来描述贝壳之美，说它是一件“艺术品”，一件“宝贝”，一个小生命的“精致的居所”。先写贝壳的外部形态：“贝壳很小，却非常坚硬和精致。回旋的花纹中间有着色泽或深或浅的小点。如果仔细观察的话，在每一个小点周围又有着自成一圈的复杂图样。”寥寥几笔，便将贝壳的外形勾勒出来呈现在读者面前，观察可谓细致入微。之后又描述贝壳内的生命：“里面曾经居住过的小小柔软的肉体早已死去，在阳光、砂粒和海浪的淘洗之下，贝壳中生命所留下来的痕迹已经完全消失了。”“小小”“柔软”两个词，极富质感，好像让人触摸到了它的身体一样。而“阳光、砂粒、海浪”又为这个小生命设置了宏阔的背景，给人视觉上的冲击力。这两个段落对贝壳的描写是在蓄势，在铺垫，这是下文抒情的依托。没有这里对“物”细致入微的描摹，下文的抒情也就成了空中楼阁，成了无源之水，无本之木。

3．哲思美——深刻的感悟

如果前文是在“画龙”，后三个段落就是在“点睛”，后面的部分是文章的精华所在，是作者要重点表达的内容，充满了对生命深层次的思考，富于哲思美。最后的三个段落，作者比较了自己和贝壳里的生命，感悟到自己的生命虽然也很短暂，但毕竟比贝壳里的生命时间要长、空间要多，从而觉得自己应该能够把事情做得更精致、更仔细、更完美一些，给后人留下些什么，也证明自己曾经努力地、执着地生活过。泰戈尔说“天空不留下飞鸟的痕迹，但它已飞过”，作者则与此相反，她要留下“痕迹”，还希望后人能够对这“痕迹”驻足欣赏，“反复观看”“反复把玩”。她要用自己的不懈追求，用自己的毕生心血，完成一件美妙的“作品”，尽管它可能只是像贝壳一样渺小，微不足道，但唯有如此，才不枉此生。

本课教学创意：读美文，学作文。

教学设计

下面，在品读欣赏课文的基础之上，提出这篇课文的教学设想。

教学创意：利用课文训练能力。

课时安排：一课时。

主要的教学活动：读，说，写。

教学铺垫

一、导入

有人说，席慕蓉的散文是“蓝天上的一朵白云，小石潭中的一尾游鱼，夏晨荷叶上的一滴露珠”。今天，就让我们一起学习其中一篇短小精悍、富含哲理的美文，一篇咏物抒情散文——《贝壳》。

二、助读资料

1．席慕蓉

席慕蓉，女，蒙古族，台湾著名画家、诗人、散文家。诗集有《七里香》《无怨的青春》《时光九篇》等，散文集有《写给幸福》《透明的哀伤》《槭树下的家》等。她的诗文多以时光、生命、乡愁为主题。

2．咏物抒情散文

咏物抒情散文就是以现实生活中的具体事物为歌咏对象，在表现客观外物的同时，融入作者自己的思想情感，借物抒怀或托物寓意的散文。

教学过程

活动一　美文诵读

1．自读，整体感知。请同学们自由朗读课文，整体感知文章内容。

2．分读，理清层次。先请同学们独立思考：如果把文章分为三个层次，该怎样划分呢？之后同桌交流看法。接着，在不“统一”划分方法的前提下，直接分读：教师读第一层，女生读第二层，男生读第三层。读后大屏幕显示：

贝　　壳

席慕蓉

在海边，我捡起了一枚小小的贝壳。（第一层）

贝壳很小，却非常坚硬和精致。回旋的花纹中间有着色泽或深或浅的小点。如果仔细观察的话，在每一个小点周围又有着自我一圈的复杂图样。怪不得古时候的人采用贝壳来做钱币！在我手心里躺着的实在是一件艺术品，是舍不得拿去和别人交换的宝贝啊！

在海边捡起这一枚贝壳的时候，里面曾经居住过的小小柔软的肉体早已死去，在阳光、砂粒和海浪的淘洗之下，贝壳中生命所留下来的痕迹已经完全消失了。但是，为了这样一个短暂和细小的生命，为了这样一个脆弱和卑微的生命，上苍给它制作出来的居所却有多精致、多仔细、多么地一丝不苟啊！（第二层）

比起贝壳里的生命来，我在这世间能停留的时间和空间是不是更长和更多一点儿呢？是不是也应该用我的能力来把我所能做到的事情做得更精致、更仔细、更加地一丝不苟呢？

请让我也能留下一些令人珍惜、令人惊叹的东西来吧。

在千年之后，也许会有人对我留下的痕迹反复观看，反复把玩，并且会忍不住轻轻地叹息："这是一颗怎样固执又怎样简单的心啊！"（第三层）

教师顺势引导学生阐释这样分层的理由：

第一层，引出贝壳；第二层，描述贝壳；第三层，感悟贝壳。

3. 齐读，读出波澜。

教师提出具体要求：第一层，平缓；第二层，渐扬；第三层，高扬。

活动二　美文评点

1. 教师出示"主问题"：请同学们从以下三个话题中任选其一，以"说"的方式，评点《贝壳》之美：

（1）《贝壳》结构之美；

（2）《贝壳》画面之美；

（3）《贝壳》哲思之美。

2. 教师针对这三个话题进行提示：

（1）结构之美，从"美文诵读"环节三个层次的划分依据来谈。

（2）画面之美，从课文第二层来考虑，重点关注以下三个方面的内容：

①贝壳很小，却非常坚硬和精致。回旋的花纹中间有着色泽或深或浅的小点。如果仔细观察的话，在每一个小点周围又有着自我一圈的复杂图样。

②在海边捡起这一枚贝壳的时候，里面曾经居住过的小小柔软的肉体早已死去。

③在阳光、砂粒和海浪的淘洗之下，贝壳中生命所留下来的痕迹已经完全消失了。

（3）哲思之美，从课文第三层来考虑，参照以下“《蝉》的哲思之美”来评点：

《蝉》之美，在哲思。蝉在阳光下的生命是那样短暂，但它却在每一寸光阴里辛勤地歌唱着，用尽全力。那是它用17年的地狱之火淬炼出来的绝响！人生何尝不是如此。时光的河奔流不息，在永恒的宇宙面前，我们的存在终究只是一瞬，且让我们也像这蝉一样，不懈求索，厚积薄发，努力过好生命的每一分钟吧！

3. 同学们自选话题，依照提示自由发言。

4. 教师穿插讲解以下内容：

结构美——明晰的思路：引出事物，描述特征，悟理抒情。

画面美——细腻的描摹：外部形状，内部特征，宏阔背景。

哲思美——深刻的感悟：生命有限，认真做事，人过留痕。

活动三　美文仿写

1. 请同学们从以下几种“物”中任选一项，写一首咏物抒情的小诗，或一个咏物抒情的散文片段（片段可重点描绘事物，也可重点阐释哲理）：

根　梅　竹　荷　菊　昙花　枯叶　落花　松树　石缝间的小草　蝴蝶　蜜蜂　拱桥　泥土　鹅卵石

2. 教师可提示学生先列出框架，再选择描绘事物或阐释哲理：

根——黑暗泥土里的艰难探索，成就了阳光下的枝繁叶茂——寓意默默无闻、无私奉献。

梅——冰天雪地，凌寒独自开——寓意不畏艰难、顽强拼搏。

荷——出淤泥而不染——寓意洁身自好，不同流俗。

蝶——经历了破茧的疼痛，才有了飞翔的能力——寓意艰难困苦，玉汝于成。

……

3. 学生展示习作，教师顺势点评。

4. 教师分享自己的一篇咏物抒情作品——《听蝉》：

听　蝉

杨雪桥

我静静地听了一个中午，那只蝉，应该就在我窗外的梧桐树上，唱半分钟，歇半分钟，循环往复，周而复始。

昆虫学家说，那是雄蝉，靠腹部的发音器发声，吸引雌蝉来交配。那声音，在雌蝉听来是美妙的天籁，而雄蝉却是听不到自己的歌声的。

我本来以为，它是因为承受不了四十度的高温，才用高声的鸣叫来呐喊抗议，谁知道，它竟是一个浪漫的主儿呢，温度再高，也烤不焦它追求爱情的渴望，可见这爱情果真是古往今来人界仙界异界之第一情感需求。

听说，一般的蝉有三到九年的生活史，也有的能生活更长的时间，比如北美洲的十七年蝉。它们的寿命虽然相对其他昆虫来说长多了，但它们一生中更多的时间是在地下“修炼”，在见不得天日的地方饱受各种“煎熬”。及至爬出地面见到阳光，生命也就剩下几个月的光景了。遇见生命的“另一半”后，日子更是屈指可数了。

想起“寒窑里受罪十八秋，等着等着就做了皇后”的王宝钏。她这一生，受了十八年的苦，享了十八天的福。十八年的翘首企盼，终得十八天的花好月圆。好像跟这蝉很相似。

这样的比例，值吗？

然而，生命，情感，从来不是简单的数学公式可以计算清楚的。

如果一生的泪水仅为了最后的欢颜，我说它不值。

如果能从苦难岁月的过程里尝出甘甜的况味来，我说这一生无憾了。

人，不应该仅仅是为了等待明天的美好而活着，而是要怀揣美好，安住当下，也许，这才是最佳的生存状态吧。

懂得享受痛苦，才会超越痛苦；懂得享受痛苦，才能在污浊的淤泥里，一步走出一朵莲花开。

听“蝉”，亦是听“禅”。

（发表于《意林原创版》2013 年第 9 期）

5. 教师讲析咏物抒情散文的以下五个创作技巧，并要求学生课下完成自己的整篇散文：以小见大，由实入虚，自叙转议，形神兼备，巧生波澜。

6. 课堂小结。

让我们以席慕蓉《生命的滋味》中的一段话作为本节课的结束语：“整个人类的生命有如一件一直在琢磨着的艺术创作，在我之前早已有了开始，在我之后也不会停顿不会结束，而我的来临我的存在却是这漫长的琢磨过程之中必不可少的一点，我的每一种努力都会留下印记。”是的，生命的河奔流不息，时光倏忽兮如白驹之过隙，让我们共同努力，但愿多少年以后，也像这《贝壳》中所写的一样：让我们也能留下一些令人珍惜、令人惊叹的东西来吧！

（课例设计：杨雪桥）

智慧点示：

语文教学的智慧之一，就是要充分利用课文，训练学生能力。文质兼美的散文在初中语文教材中占有相当大的比重，它们或写人记事，或写景抒情，或议论生发，纵横捭阖，灵活自然，优美生动，既是很好的阅读材料，又是优秀的写作范文。《课标》中说，“写作能力是学生语文素养的综合体现”“要重视写作教学与阅读教学、口语交际教学之间的联系，善于将读与写、说与写有机结合，相互促进”。所以，在散文教学中，只要我们精心设计，就既可以提高学生的阅读能力，也可以挖掘出很多可资借鉴的写作资源，一举两得，事半功倍。

本课“读美文，学作文”的创意表现出活动的设计，表现出利用课文组织教学的理念。“美文诵读”，紧扣一个“读”字，用细节化的朗读指导逐层推进，关注集体朗读，读中有析。“美文评点”，紧扣一个“说”字，引导学生体会文章的构思之美、语言之美、意韵之美，让学生掌握咏物抒情类文章的写法，做好了前后两个环节的过渡。“美文仿写”，紧扣一个“写”字，让学生在实践活动中学习与运用语言。

这样的教学环环相扣，思路清晰；这样的课堂亦动亦静，动静结合；这样的训练关注全员，集体活动。表现出创意的优美，设计的巧妙。

课例三

《猫》创新教学设计

课文品读

《猫》的艺术特色赏析

郑振铎的《猫》安排在人教版语文课标教材七年级下册第六单元，开启了本单元关爱动物、善待生命的情感体验和有关人与动物关系的深入思考。从教学内容来看，这是长文的教学，也是文学作品中小说的教学。又由于它出现在七年级下学期这样一个教学阶段，学生对小说这种体裁的文学作品阅读经验还很不足，那么它的教学活动将对学生学会欣赏小说起到很好的引导作用。

下面，我们先来说一说《猫》这篇小说所表现出的艺术特色。

1. 严谨精致的结构。

本文在结构上表现为“总分总”的特点。开篇一句“我家养了好几次猫，结局总是失踪或死亡”既开门见山，又总领全文，揭示了故事的内容。文章主体部分按时间顺序，用“有一次”“隔了几天”“冬天的早晨”三个表示时间的词语，引出了“我”前后养的三只猫的故事，过渡自然，脉络分明。写每一只猫的内容都是一个相对完整的小故事。三个小故事在写作思路上呈现出共同的规律。每一个故事都以养猫与亡失为线索展开，都有发生、发展和结局。每一个故事开始都是写猫的来历、外形、性情和家中的地位，继而写我们与猫一起生活的经历，然后就交代猫的不幸结局——或失踪或亡失，最后抒发失猫后“我”内心的情感波澜。文末一句“自此，我家永不养猫”，收束全文，深化中心，自然地照应开头。文章前后呼应，浑然一体，结构紧凑。

2. 波澜起伏的情节。

《猫》的情节三起三落，层层推进。

情节的跌宕最为明显地表现在第三只小猫的故事上。

关于第三只猫的故事的叙说注意到了这样的技巧：

铺陈缓叙的交代。故事开端用铺陈的方式从来历、外形、状态以及家人对第三只猫的态度等各个方面对小猫的处境情况进行叙说。

紧锣密鼓的推进。“一天”，张婶的大叫，“我”和妻子的怒问一下子将人与猫的矛盾激化到了白热化的程度。

陡转直下的高潮。“隔了几天”，同样是李嫂的叫声，又再次为我们揭示了悲剧的真相。而此后“我”一系列的心理活动，与前面“我”的暴怒形成了强烈的反差，给人沉重的震撼。

戛然而止的结局。“两个月后，我们的猫忽然死在邻家的屋脊上”，“忽然”一词写出了小猫的死亡对我产生的巨大震撼，同时也将激发读者心中的无限感慨。一个弱小的无辜的小动物的屈死敲响了人类心灵自省之钟。

3．生动细腻的描写。

写三只猫，作者都能抓住特点，从小猫的毛色、形态、神态、性情等多角度进行生动细腻的描写，使三只猫各自不同的情态历历在目。“我”是作品的主要人物，也是整个故事的观察者，亲历者。“我”的内心活动，紧紧地围绕着三次养猫的悲剧展现。文章一边写养猫的过程，一边写人物的感情变化，二者紧密结合，虚实相生，互相映衬，展示了人物性格，同时深化了文章主题。

4．美妙的铺垫巧合。

铺垫是文学作品中为主要人物出场或主要事件发生创造条件而着重描述、进行衬托的一种表现手法。如在写第三只猫的故事时，一开始就写它“并不好看，又很瘦”“大家都不大喜欢它”“连三妹那样爱猫的，对于它也不加注意”“它在我家仍是一只若有若无的动物”“更觉得难看了”，写出了家里人对这只猫的不喜欢，为后文大家一致认为是猫咬死了鸟并责打猫这一情节做了铺垫。

在文学作品中，由出乎意料的因素造成人物奇遇之类的情节或者细节，称为巧合。“我”以为第三只猫可能“畏罪潜逃”时，三妹却在楼上发现了它“嘴里好像还在吃着什么”，正是这个动作让我认为“它一定是在吃着这可怜的鸟的腿了”，让我们的貌似合理的推论得到了“事实的验证”。它“躺着晒太阳”“很安详”的“态度”更是让“我”怒上生怒，而更巧的是“楼门旁倚着一根木棒”，“我”在“怒气冲天”中拿起木棒，“追过去打了一下”，悲剧就在这一系列巧合的推动下合理而迅速地发生了。

如果没有猫吃着什么的巧合，“我”也许就不会愤怒到用木棒打它；如果门边没有倚着木棒或者倚着的只是一把扫帚，也许猫惨死的悲剧就不会发生。“我”也就不会如此的难过。巧合让第三只猫的故事变得凄美而震撼人心。

5. 美好的议论抒情。

小说中的议论抒情能引起读者思考，深化主题，引发读者的感情共鸣，使文章具有强大的感染力。文中第三只猫被自己误杀后，作者以小段连缀，铺陈式的心理描写，直抒胸臆，反复诉说，将自己难过、忏悔的心情抒发得淋漓尽致。其间运用了三个感叹句，一个问句，一个复合运用比喻和反复两种修辞手法来形象化“我”内心愧痛的句子，还有一个同亡失其他两只猫的感受相比较的句子，这些不同形式的句子将我内心的忏悔之情生动地表达出来，突出了小说的主题。

由此，我们认为《猫》这篇小说是可以用来培养学生欣赏小说能力的一个极好的教学资源。

本课教学创意：小说文意把握，小说手法欣赏。

教学设计

在小说作品的教学中，能够表现出小说教学特点的是小说作品的表现手法和章法结构。下面也将从这几个方面来谈一谈《猫》的教学设想。

教学创意：课中比读，小说文意把握；选点品读，小说手法欣赏。

课时安排：一课时。

主要的教学活动：两次阅读训练。

教学铺垫

1. 作者简介。

郑振铎（1898—1958），福建长乐人。我国现代杰出的爱国主义者和社会活动家，又是著名作家、诗人、学者、翻译家。

2. 教师检查学生预习情况。

（1）教师指出应该注意积累的生字词。

污涩（sè）：脏而不光滑，粗糙。

红绫（líng）：红色的丝织品。

郁闷：烦闷，不舒畅。

怂（sǒng）恿（yǒng）：从旁劝说鼓动。

怅（chàng）然：因为不如意而感到的不痛快。

蜷（quán）伏：弯曲身体卧着。

悲楚：悲哀痛苦。

（2）提出问题：用课文中的一句话来概括小说的内容。

3. 利用这个问题，迅速地引领学生进入文本的阅读，形成初步的文意把握。

4. 教师课中小结：

“我家养了好几只猫，结局总是失踪或死亡”，具体来说这篇小说写了“我”家前后养了三只猫的经历。这句话既开门见山，又总领全文，同时为这篇小说蒙上了悲剧的色彩。另外，我们也应该注意小说的最后一句话，“自此，我家永不养猫”，这句话既收束全文，深化中心，又在结构上与文章开头形成照应。

教学过程

活动一　课中比读

1. 请同学们阅读课文导语。

2. 教师提出“主问题”：请同学们阅读课文，结合小说内容来说一说导语中所提到的“这三次养猫的经历给他带来的不尽相同的感受”。

3. 利用这个“主问题”形成 8 分钟左右的概括内容、体味情感的自读活动。

4. 利用这个“主问题”形成 8 分钟左右的课中交流活动。

5. 教师课中小结：

这篇小说带有浓郁的抒情色彩，由简入详，层层深入地叙写了三只猫的故事，真实地表现了“我”在养三只猫的经历中的情感波澜。如果说这三次养猫的经历都是以悲剧收场，那么前两次“我”不过是猫的悲剧的目击者，然而第三次“我”却是第三只猫的悲剧的制造者，因而这只猫的不幸遭遇带给“我”的却是永久的拷问心灵的懊悔。前两次悲剧无疑是第三个悲剧的有力烘托。同样是悲，而第三个悲剧更能引起读者情感上的共鸣，激发读者深思。

活动二　选点精读

教学过程：

1．请同学们精读课文第 15 ~ 34 自然段，一起来感受小说巧妙的技法。

2．教师提出本次活动的三个小话题：

（1）说说故事情节的波澜。

（2）小说中的“铺垫手法”欣赏。

（3）小说中的“巧合手法”欣赏。

3．学生动笔任选一个话题，结合小说内容写一篇微型欣赏文。

4．教师组织讨论，同学们交流自己的看法，教师与学生进行平等对话。

对话要点：

（1）故事情节的波澜。

这个故事虽小但情节是大起大落的。

本来，故事开始猫在家中一直是“若有若无”的状态。

但芙蓉鸟出现后，一家人对猫突然就留心防备起来。

芙蓉鸟死了，猫一下子就成了众人眼中理所当然的“凶手”。

当“我”还以为惩戒不够快意，黑猫的出现让猫从“凶手”转变为受冤者，一下子让“我”陷入无尽的忏悔之中。故事情节在这里发生一个陡转。

而当“我”想要补救过失时，猫却忽然死在邻家的屋脊上。小说的情节就这样蜿蜒前进，带给人们心灵上的冲撞。

同时，欣赏小说的情节波澜时，我们还可以感受到小说的节奏也是非常美妙的。

故事的开端是铺陈缓叙的交代，从冬天的早晨，写到春天来了，几个月的时间，这是慢慢写的，但是冤猫、打猫，是一天之内紧锣密鼓地推进的，是高速运转的。这里体现节奏的变化之美。

（2）小说中的“铺垫手法欣赏”。

故事一开始就写它“并不好看，又很瘦”“大家都不大喜欢它”“连三妹那样爱猫的，对于它也不加注意”“它在我家仍是一只若有若无的动物”“更觉得难看了”，写出了家里人对这只猫的不喜欢，为后文大家一致认为是猫咬死了鸟做了铺垫。

（3）小说中的“巧合手法”欣赏。

在大家的一致推论下，猫成了理所当然的“杀鸟凶手”，“我”以为它“畏罪潜逃”时，三妹却在楼上发现了它“嘴里好像还在吃着什么”，正是这个动作，让“我”误以为“它一定是在吃着这可怜的鸟的腿了”，让那貌似合理的推论得到了“事实的验证”。

它“躺着晒太阳”“很安详”的“态度”更是让“我”怒上生怒，而更巧的是“楼门旁倚着一根木棒”，“我”在“怒气冲天”中拿起木棒，“追过去打了一下”，悲剧就在这一系列巧合推动下合理而迅速地发生了。

如果没有猫吃着什么的巧合，“我”也许就不会愤怒到用木棒打它；如果门边没有倚着木棒或者倚着的只是一把扫帚，也许猫惨死的悲剧就不会发生。“我”也就不会如此的难过。

……

教师在与学生对话中相机进行点拨。

5. 教师略作讲析，结束全文教学：

精读这一部分的内容中，还有一个重要的小说技法值得我们去品味——渲染。作为文学表现手法的渲染，指通过对环境、景物或人物等作多方面的铺叙，以突出描写的主要对象。如文中故事一开始，就从猫的来历、毛色、性情及家人对它的态度等多方面铺陈细描，极力地渲染了这只猫在家人心中不受喜欢的形象，为后文猫受到众口一致的冤枉做了铺垫。

小说中议论式的抒情，也值得我们特别关注。小说中的议论往往揭示所描写的人物，所叙述的事件内涵的意义，或直接表明作者对该人物、该事件的看法与态度，给读者指明理解作品主题的思路。文中第 30 段的议论抒情将“我”难过、懊悔的心情抒发得淋漓尽致，突出了小说的主题，引发读者的思索。

（课例设计：吴慧玲）

智慧点示：

学生活动丰富，课堂积累充分，是衡量一堂语文课好坏的最重要的标准，也是高层次的教学境界。

本课充分利用课文，设计学生在老师的指导下集体经受赏析训练，并与老师进行有质量的课堂对话的活动。“文意把握，选点品读”是小说教学最实用的一种教材处理方法。“课中比读”，是为了落实整体把握课文的阅读要求，围绕主问题，学生需从小说的情节、章法、人物与主题等方面对课文不同部分的内容进行揣摩，这样就将学生深入地带到课文之中。“选点品读”，以“微型话题”欣赏的形式展开，它更深层次地将学生引入课文，也很得体地突显“小说”的教学内容。同时，它给学生以“抓手”，让学生进行探究式的学习，多角度、多侧面地对学生的小说欣赏能力进行训练，完成对课文的研读与欣赏，完成对课文的品味与审美。这是课文学习的预设，也是学习方法的指导。

这样的课堂教学以“阅读”和“写作”为主，让学生占有大量的阅读思考时间，动手动脑，动静结合，在语文实践活动中真正得到能力的训练和语文素养的提升。

课例四

《阿长与〈山海经〉》创新教学设计

课文品读

《阿长与〈山海经〉》的“五妙”

鲁迅的《阿长与〈山海经〉》是人教版语文课标教材八年级上册第二单元中的一篇经典的写人叙事的文章，也是一篇中学生学习写作的好范文。从教学的内容看，本文属于难文教学。从教学思想看，本文体现对小人物的关怀，充满着人性的温情。研究这一节课的教学，首先从研读课文入手，在教师对文本有了深刻解读的基础上再进行创新的教学设计。

从课文的教育教学角度来看，这篇课文有“五妙”。

1. 巧妙的人名技法。

阿长是一个没有姓和名的人，没有文化，出身卑微，地位低下。自己却多么的容易满足，她乐于接受别人给她的名字，正是这样普通的小人物却给了“我”不同寻常的关爱，关心“我”的爱好，关心“我”的诉求，给“我”买了“我”朝思暮想的书——《山海经》，所以阿长名字的妙点在于反衬的力量，在于铺垫蓄势。而且顺势让我们联想到祥林嫂的名字、联想到孔乙己的名字，无名无姓的小人物更能激发普通读者情感上的共鸣。

2. 巧妙的情感线索。

这篇文章每记叙一件事情，就有一段表明自己感情变化的语言。感情变化是作者构思这篇文章的一条重要线索，这条线索将这些看似零散的小事情串联起来，起到一线串珠的效果，使文章读起来如行云流水，一气呵成，荡气回肠。可见作者的构思独具匠心，成为我们学习写作的重要范本。

3. 巧妙的对比手法。

一处是人物的对比，远房的叔祖有文化有知识，也是“我”的亲戚兼长辈，对“我”痴迷《山海经》却从来没有过问过，可阿长是个没有知识的普通妇女，而且只是“我”家的雇佣，却对“我”的异常表现默默关怀着，记挂着，这一处细微的对比，表现了不识字的长妈妈远胜过知识渊博的远房叔祖对“我”的关心。

另一处对比是长妈妈给“我”买的《山海经》和“我”后来的书的对比。一个是粗糙不堪的“刻印都十分粗拙的本子”，而后来收藏的书却精致多了，可是两者对比后才知道长妈妈给“我”买的《山海经》才是“我”的宝书。书不是很好，但是那份情却异常珍贵。

还有一处是“我”对长妈妈买书前后的态度对比。买书前，对长妈妈的询问“我”只是敷衍地说了几句并不抱有希望的。长妈妈给“我”买书后，“我”的态度发生了巨大转变，由厌恶转为空前的敬意了。像这样的细节描写文中还有好几处。

4. 巧妙的细节描写。

写人要有特点，最怕把人物的鲜明性格淹没在一般性的叙述之中，俗话说“于细微处见精神”，写小说需要如此，写记人散文也如此。

鲁迅就是善抓细节的高手，为了表现长妈妈爱啰唆，爱说闲话，作者写她“向人们低声絮说些什么事，还竖起第二个手指，在空中上下摇动，或者点着对手或自己的鼻尖”。一个“竖起、摇动、点着”就勾画出一个爱搬弄是非的妇女的形象。

为了表现长妈妈的粗鲁和不拘小节，作者写她“一到夏天，睡觉时她又伸开两脚两手，在床中间摆成一个‘大’字”，多么形象传神。

5. 巧妙的欲扬先抑法。

欲扬先抑是本文构思上的一个重要特点。文章从一开始就表达出作者对长妈妈的厌烦和不满，厌她啰唆，厌她限制我的自由，厌她睡相不好；烦她规矩太多，烦她道理太多。就在读者似乎感到长妈妈一无是处时，作者笔锋一转，详细叙写了两件令他敬重的事。由于前面“抑”得太多了，后面的“扬”就给人以奇峰突起的感觉，人物形象霎时间就高大起来。“阿长”是作者在憎恶长妈妈时才这样叫的，因此，“阿长”代表的是作者在文章前半部分所表达的情绪。“山海经”事件是彻底改变“我”对长妈妈看法的重要事件，也正因为有了“山海经”事件，“我”的感情才真正由厌烦长妈妈转变成敬重长妈妈了。这就是欲扬先抑使文章波澜起伏，所以这篇文章是个很好的写作范例。

本课教学创意：波澜手法欣赏，人名技法欣赏，细节描写欣赏。

教学设计

下面，在品读欣赏课文的基础之上，提出这篇课文的教学设想。

教学创意：四次写作手法欣赏训练。

课时安排：两课时。

主要的教学活动：四次话题式阅读训练。

教学过程

活动一　巧妙的波澜手法欣赏

1. 同学们自读课文，学习生字词。

骇（hài）	掳（lǔ）	悚（sǒng）	惶急（huáng jí）
辟头（pì tóu）	絮说（xù shuō）	疮疤（chuāng bā）	诘问（jié wèn）
渴慕（kě mù）	疏懒（shū lǎn）	霹雳（pī lì）	孤孀（gū shuāng）

切切察察（qiè qiè chá chá）

2. 教师提出第一个主话题：文章记叙了关于长妈妈的七件小事，作者每记叙一件事都会有一句或一段自己的心理描写。请你找出来，并试着体会这种感情变化的妙处。

3. 利用这个话题，形成约 10 分钟左右自读课文、自主学习的过程。

4. 教师课中小结：这篇文章的感情变化是构思全文的一条重要线索。

第一处：名字的来历："什么姑娘，我现在已经忘却了，总之不是长姑娘；也终于不知道他姓什么。"可见作者对长妈妈是谁是不在乎的。

第二处：对于长妈妈喜欢切切察察，向人们低声絮说些什么事，"我"的态度是："我"实在不大佩服她，可见小小年纪的"我"对于长妈妈这样爱搬弄是非的习惯是深恶痛绝的，是不喜欢的。

第三处：对于长妈妈夜晚的睡相："我想，这实在是无法可想了。"换句话说就是真的太过分了，本来是照顾"我"的人，现在反过来挤得"我"无处可去了。从儿童的心理看，对长妈妈的感情跌至谷底。

第四处：对于长妈妈多如牛毛的规矩，尤其详写大年初一让"我"说恭喜她的话，"我"的态度是："这些规矩，也大概是我所不耐烦的。"言外之意，对于一个活泼的少年这么多的规矩和讲究，真是烦透了。感情一再往下落。

第五处：对于长妈妈讲"长毛"的故事，讲到她被掳去的细节，"我"的态度发生了变化：这实在是出于"我"意想之外的，不能不惊异。"我"一向只以为她满肚子是麻烦的礼节罢了，却不料她还有这样伟大的神力，从此对她就有了特别的敬意，感情上有了一个小波澜。

第六处：在"我"知道是她谋害了"我"的隐鼠后，"我"的憎恶又来了。那时，就极严重地诘问而且当面叫她阿长。"我"那小孩子的脾气又来了，对她很有意见。感情上又出现了一个小波澜。

第七处：最后一件事是"我"对长妈妈态度转变的分水岭。当她真的给"我"买了"我"喜爱的《山海经》，"我"的心理变化是："这又使我发生新的敬意了，别人不肯做，或不能做的事，她却能够做成功。她确有伟大的神力。"这是多么高的评价，"伟大的神力"，对长妈妈是多么高的褒奖啊，可见"我"深深体会到了一个女佣对"我"的爱，"我"也深深被这种爱感动着，作者对长妈妈的感情一下上升到了一个新的起点，全文的高潮出现了。

所以文章的结尾处作者说："仁厚黑暗的地母呵，愿在你怀里永安她的魂灵！"多年后作者依然深深的缅怀她的长妈妈，表达自己深深的怀念之情。感情变化正是作者构思全文的一条重要线索。这条线索将这些零散的事件串联起来，独具匠心一线串珠，不着痕迹尽得风流，让文章读起来波澜起伏，荡气回肠，同时学习本文一个重要的写作技巧是欲扬先抑的手法。

活动二　巧妙的人名技法欣赏

1. 教师提出第二个话题：请同学们阅读课文第 1、2 自然段，讲述长妈妈名字的来历，并说说作者的独具匠心。

2. 同学们读课文交流自己的看法，形成大约 5 分钟的自主阅读时间。

3. 教师课中小结：

这是一个无名无姓的人。"她生得黄胖而矮……也终于不知道她姓什么。……先前的先前，我家有一个女工，身材生得很高大，这就是真阿长。后来她回去了，我那什么姑娘才来补她的缺，然而大家因为叫惯了，没有再改口，于是她从此也就成为长妈妈了。"

这是一个出身卑微的女人，一个没有姓名的人，可见社会地位是十分低下的。

这是一个乐于接受的人。"然而大家因为叫惯了，没有再改口，于是她从此也就成为长妈妈了。"当主人用别人的名字来称呼她的时候，她没有表示疑义，所以是乐于接受的。

正是这样的普通的小人物却给了"我"不同寻常的关爱，关心"我"的爱好，关心"我"的诉求，给"我"买了"我"朝思暮想的书——《山海经》，所以阿长名字的妙点在于反衬的力量，在于铺垫蓄势。而且顺势让我们联想到祥林嫂的名字、孔乙己的名字，无名无姓的小人物更能激发普通读者感情上的共鸣。

活动三　巧妙的细节描写欣赏

1. 老师出示第三个主话题：同学们阅读课文，谈谈本文细节描写的妙处。

2. 同学们自读课文，品味、揣摩、欣赏、交流。

3. 教师组织讨论，逐一展示本文的细节描写。如：

传神的动作描写：鲁迅就是善抓细节的高手，为了表现长妈妈爱啰唆，爱说闲话，作者写她“向人们低声絮说些什么事，还竖起第二个手指，在空中上下摇动，或者点着对手或自己的鼻尖”。一个“竖起、摇动、点着”就生动地勾画出一个爱搬弄是非的妇女形象了。

为了表现长妈妈的粗鲁和不拘小节，作者写她“一到夏天，睡觉时她又伸开两脚两手，在床中间摆成一个‘大’字”，多么形象传神，惟妙惟肖，读之让人难以忘怀。

生动的语言描写：“哥儿，有画儿的‘三哼经’我给你买来了”，真的就这么一句话已经胜过万语千言了，《山海经》在长妈妈读来成了“三哼经”，读来不是让人啼笑皆非，而是无比感动，一个目不识丁的人居然会关心“我”，为“我”买来“我”日思夜想的书，这期间她不知要跑多少地方，不知要经历多少未知的困难，何况她一年中才休假几天，所以那一刻所有对她的厌恶都没有了，剩下的只有深深的感动。

活动四　巧妙的文中文手法欣赏

1. 朗读课文第 19 ~ 31 自然段。这是一篇文中文微型的《阿长与〈山海经〉》，同学们可以入情入境地朗读这一段。

2. 教师出示第四个话题：请同学们仔细读第 19 ~ 31 自然段，读完后请你条理清楚地说说这一部分的层次很别致、细节很精美、对比很巧妙、情意很真挚的内容。

3. 教师组织学生讨论、交流、组内展示。

4. 教师精致的小结：

结构很精致：两层次说：第 19 ~ 29 自然段，写回忆长妈妈给“我”买《山海经》的经过；第 30 ~ 31 自然段写长妈妈去世 30 多年了，“我”写文章来怀念她；三层次说：第 19 ~ 22 自然段写“我”对《山海经》的渴望，第 23 ~ 29 自然段写长妈妈给“我”买来了《山海经》，第 30 ~ 31 自然段写“我”对长妈妈的怀念。

细节很精美：“过了十多天，或者一个月罢，我还很记得，是她告假回家以后的四五天，她穿着新的蓝布衫回来了，一见面，就将一包书递给我……”“一见面就递给我”可见长妈妈性子急，并时时刻刻惦记着我所牵挂的事，语言朴实，十分生动自然。

对比很巧妙：第一处对比是文章把远房叔祖对“我”漠不关心与长妈妈急“我”所急作对比，表现出长妈妈对“我”很关心。另一处对比是长妈妈给“我”买的《山海经》和“我”后来的书的对比。长妈妈给“我”买的《山海经》是粗糙不堪的“刻印都十分粗拙的本子”，而后来收藏的书却精致多了，可是两者对比后作者会感到长妈妈给“我”买的《山海经》才是“我”的宝书。这本书不是很好但是那份情却异常珍贵。这一点和《社戏》中的“豆”的味道有异曲同工之妙。还有一处是“我”对长妈妈买书前后的态度对比。买书前，对长妈妈的询问“我”只是敷衍地说了几句并不抱有希望的。长妈妈给“我”买书后“我”的态度发生了巨大转变。一个不识字的“女佣”居然给“我”买来了“我”渴慕已久的书，“我”对她的感情发生了根本的变化，由厌恶转变成空前的敬意了。像这样的细节描写文中还有好几处。

情谊很真挚：一个是蜚声文坛的大文豪，一个是目不识丁的小女佣，可是鲁迅却依然用饱含深情的笔墨写出对长妈妈的怀念和感激。

教师在学生的讨论、发言中注意与学生平等对话。

（课例设计：李雪琪）

智慧点示：

教学智慧一，多角度地研读教材，利用教材，设计充分有效的由教师引导的课堂实践活动。运用主问题，一线串珠的手法，设计教学活动，让学生在课堂活动中受到充分的训练，获得丰厚的积累，受到语言的熏陶，得到文学的浸润。

教学智慧二，多角度地利用课文，设计丰富高雅的，学生能全员参与，并能够在语文素养方面得到切实提高的课堂活动。如“人名欣赏”“细节欣赏”“精段品读”让学生能自然地走进文本，深情地朗读课文，静静地思考问题，美美地品味语言。

看似着眼于宏观手法的欣赏，其实是涵盖了很多小的训练点，这就是余老师的主问题、诗意手法在教学实践中的应用。深入地训练了学生的思维能力、表达能力、鉴赏能力，丰厚了学生的积累，拓宽了学生的视野。

【知识链接】

“板块式思路”，在一节课或一篇课文的教学中，从不同的角度有序地安排几次呈“块”状分布的教学内容或教学活动，即教学的内容、教学的过程都是呈板块状分布排列。

“板块式思路”的特点就是呈“块状”。这种“块状”设计，主要着眼于学生的活动，着眼于能力的训练，以“教学板块”来整合学习内容，来形成教学流程，来结构课堂教学。从以上教学思路设计中，我们可以感受到“板块式”思路比较明显的特点：

1．简洁，实用，好用。教学过程非常清晰，非常有序。能够十分有效地改善大面积课堂教学中步骤杂乱、思绪不清的问题。

2．课堂教学明晰地表现出“一块一块地来落实”的教学态势。“块”与“块”之间相互联系，互为依托，呈现出一种层进式的教学模式。

3．由于每一个板块都着眼于解决教学内容的某一角度、某一侧面的问题，于是每个板块就是一种半独立的“小课”或者“微型课”，它要求教师精心地研读教材，优化、整合课文内容，提炼出可供进行教学的内容板块。

4．由于“板块”二字的出现，教师就要考虑板块的切分与连缀，考虑板块之间的过渡与照应，考虑板块组合的科学性与艺术性，这就改变了常规的备课思路，有利于提高教师教学创意的水平。

5．由于“板块”的有机划分，其中必然有让学生充分地占有时间、充分地进行活动的板块，也就是说，有些“板块”是明确地归属于学生的活动的，这就在让学生成为学习主体的方面迈开了扎实的一步。

6．教学过程中因为“板块”的清晰存在而容易协调教学节奏，能较顺利地展现课堂教学中教与学、疏与密、快与慢、动与静、轻与重的相互关系，使课堂教学波澜生动、抑扬合理、动静分明，教学的清晰性和生动性都能得到鲜明的表现。

7. 在实际教学中，“板块”组合的形态、形式非常丰富，可以充分地表现教师设计教学时的技艺、创新意识与审美意识。由于“板块”内涵的本质内容是整合教学资料与安排课堂活动，所以它可以用于各种文体或各种课型的教学之中。

8. 以鲜明的逻辑步骤形成清晰的教学层次，即由浅入深地、由易到难地、由知识到能力地向前推进。此类教学设计，不管是三步、四层，还是五块、六点，都显现出鲜明的“分层推进”的特点，都显得序列合理，思路清晰。

9. 教学中的板块所呈现出的不仅仅是教学的过程，重要的是每个板块之中都整合了一定的教学内容，更有意味的是对每个板块的教学，教师都应该运用适合于这个板块的教学方法。也就是说，一节课的各个板块的教学角度是不同的，教师在各个板块之中所运用的教学方法和安排的学习活动也是不同的，这就更显教师课堂教学中的技艺与水平。

10. “板块式思路”与“主问题”设计相辅相成、相得益彰。“主问题”在教学中的运用，能够形成学生比较长时间的朗读活动、思考活动、交流活动、写作活动，用几个“主问题”组织起几次教学活动，一般来说就是几个教学板块。这是一种自然而美好的课堂教学状态。

可以说，“板块式”思路所表现出的外部特征是教学结构清晰，所表现出的内部特征是教学内容优化。对于传统的教学思路而言，“板块式思路”是一种富有活力的创新，是一种很有魅力的突破，是一种具有实力的挑战。

总之，“板块式”教学结构呈“板块”状而又灵活多姿、组合丰富，可以充分地表现教师教学设计的技艺、创新意识与审美意识。除了一个“课”之外，它可以“小”用到一个教学步骤之中，使这个教学步骤显得丰满细腻；它也可以“大”用到一个单元之中，使这个单元的教学层次清楚而内涵丰富。在阅读教学中运用“板块式”思路，可以使教学结构更加清晰，可以使教学内容更加优化，可以使教学过程更加生动；它就像一个小小的魔方，各种组合都充满新意，都会为驾驭它的语文教师的课堂教学增添光彩。

“板块式”思路，可以成为大面积上语文教师特别是青年语文教师阅读教学设计的首选。（余映潮《余映潮的中学语文教学主张》）

第七编

重估鲁迅作品的教学价值

李卫东

【内涵阐释】

鲁迅的骨头是硬的。鲁迅的心灵是悲天悯人的。鲁迅的命题是深刻沉重的。鲁迅的话语是执拗而奇崛的。鲁迅作品难读且难教。唯其如此，鲁迅作品才成为语文难得的“钙质”，我们不能不去咀嚼吸收的质素。曾几何时，我们是看到了涵养在鲁迅身上及鲁迅作品里的丰厚的钙素，但遗憾的是，我们趸成了批量的钙片，而大把的囫囵吞下，且不说这种粗糙改装的钙片究竟营养与否，单就这种吃法本身，就坏了我们的胃口，结果我们的肌体非但没有强健起来，且落了个消化不良的症候。如果我的比方不至于过于牵强而打错了的话，现在需要做的事情是：清洗我们的“胃口”，重估鲁迅作品的教学价值。

笼统地来说，重估鲁迅作品的教学价值，牵涉鲁迅作品的两个很重要的特质：丰富的人文内涵和超拔的表现形式。

鲁迅其文与其人紧密不可分割。不妨先来看鲁迅先生的一篇小文——《雪》。这篇短小的散文诗营构了两个奇瑰的“雪世界”：江南的雪——“滋润美艳之至”，各色的花儿隐约在雪野中，孩子们精心打扮的雪罗汉“目光灼灼地嘴唇通红地坐在雪地里”；朔方的雪——“却永远如粉，如沙”，“如包藏火焰的大雾，旋转而且升腾，弥漫太空”。透过飘飞的雪花，我们的眼前是否闪现出两个鲁迅的影像——似江南的雪一般柔软的童年的鲁迅、温情的鲁迅、赤子童心的鲁迅，似朔方的雪一般坚硬的执着的鲁迅、峻急的鲁迅、永不屈服的鲁迅弥漫开来，前者铺展开“百草园”“江南水乡”“山海经”构成的童话世界，后者则是《故乡》《过客》中一串兀自疾行的孤峭的背影。在我们的阅读经验里，这两个影像世界时而分离突显，时而重叠定格。实际上，在鲁迅那里，爱与憎、希望与绝望、决绝与眷顾，从来都是紧紧融合在一起的。鲁迅先生是“行走”的思考者。在漫漫的精神苦旅中，他既如西西弗推巨石般“知其不可为而为之”，不断地把自己置于绝地，拷问自我也拷问传统文化，写下那些峻切的篇章——《阿Q正传》《药》《狂人日记》《祝福》……也正因为如此，在“无可把握”的“无物之阵”的冲杀突击、孤军奋战中，他也常常被噬咬得遍体鳞伤，而需要停顿下来，似一只受伤的“狼”，走进树林，舔舐滴血的伤口，于是就流淌出《从百草园到三味书屋》《阿长与〈山海经〉》《社戏》一类温馨的文字。暂时的停歇、反顾与回望是为了汲取“母性”的圣水和前行的力量，不懈的奋然前行、坚拗而犀利的揭示与批判，以期“引起疗救的注意”，终又是在呼唤久已逝去的美好人性。“爱憎不相离”，“大爱”方有“大憎”。鲁迅的文本与文本之间甚至同一文本之中，各种不同乃至截然对立的元素始终奔突混融在一起，构成了鲁迅文本多义繁复、深蕴难解的一面，但我们更应看到其不变的共性——对人性的透析和省视。而这一点恰恰给我们提供了一个“可能”——超越时空地阅读鲁迅的“可能”。

何以实现这种“可能”？何以走进鲁迅文本与鲁迅得以精神的相遇？需要树立一种重要的阅读心理——“回问我们自己”。阅读鲁迅，就是阅读我们自己；阅读鲁迅的过程，就是“认识你自己”，铸造我们精神世界的过程。以《孔乙己》为例，这篇鲁迅先生生前最为看重的小说，采用了一种独特的“叙事结构”，钱理群先生称之为“看/被看”的叙事模式。对于这种叙事方式的选择，钱先生认为：“形成了小说三个层次的‘看/被看’结构：先是‘孔乙己’与‘酒客、掌柜’之间的即小说人物之间‘被看/看’；再是‘叙述者’（小伙计）与‘小说人物’（孔乙己、酒客、掌柜）之间的‘看/被看’；最后是‘隐含作者’与‘叙述者’‘小说人物’之间的‘看/被看’。而实际上‘读者’在欣赏作品时，又形成了‘读者’与‘隐含作者’‘叙述者’‘小说人物’之间的‘看/被看’。”显然，“叙述者”（小伙计）的叙述存在着一种有意识的误导。假如我们只看到“叙述者”（小伙计）的超然冷观，而忽略了或感受不到“隐含作者”的“反讽意味”，就很可能与“我”一样不期然间滑入“看客”的行列，这出悲剧也就纯然变成一出滑稽闹剧，而这已与鲁迅文本从根本上无关了。鲁迅作品的真正“完成”，需要我们读者的“反思性参与”。不但《孔乙己》，其他作品亦如此。特级教师程翔十几年前在一次执教《祝福》时，课堂进行中抛出一个问题：“假如祥林嫂突然出现在你的面前，你想对她说几句什么话呢？”引发了学生的热烈讨论，据说当时一位听课教师竟然也按捺不住，站起来慷慨陈词一番。细节姑且不论，单从价值判断的层面来看，这是一种十分有意义的教学倾向：它促成了读者与“祥林嫂”“我”“隐含作者”之间的对话关系，在这种积极介入、反思参与的对话过程中，学生的精神、心理自会发生某些细微的变化。可惜的是，这种教例不是多了，而是少了。

延展开来讲，我们不但对鲁迅作品独特的叙事方式，而且对鲁迅作品全部的“有意味的形式”关注得都还不够甚至是整体性的缺失。鲁迅先生曾把他自己“五四”前期小说的文体特征概括为：“表现的深切，格式的特别。”前半句指丰富的人文内涵，后半句则是指超拔的表现形式了。这两者是合二为一的。而我们常常有意无意间只看重他思想家的一面，而淡化了或者粗浅理解了他作为文学家、文体家的一面。茅盾评论说：“在中国文坛上，鲁迅君常常是创造新形式的先锋，《呐喊》里的十多篇小说几乎一篇有一篇新形式，而这些新形式又莫不给青年作者以极大的影响，必然有多数人跟上去实验。”这些“有意味的形式”，除却独特的叙事方式外，当然还包括他特有的语言风格。鲁迅在谈及语言时曾说：“比较的难懂，不像茶淘饭似的可以一口吞下去是真的，但补这缺点的是精密。”鲁迅先生作为现代白话小说创作的第一人，在广泛吸取文言、白话、欧化语体、俗语的基础上，对自己的语言进行了创造性的“陌生化”处理，其语言结构的繁复、修饰语的叠加、标点符号的活用，都是同时代作家所不可比拟的。鲁迅先生似乎有意引你沉入一种由特别的语言张力所形成的阅读紧张中，“吃劲”地寻觅文字背后的“意味”。初读易生“不文不白”“佶屈聱牙”之感，经过一番紧张的来回寻索之后，获得的那种阅读的情致，确是无与伦比的。阅读鲁迅的文章要耐得住性子咀嚼，期求“茶淘饭似的可以一口吞下去”是行不通的。其实，鲁迅之所以是鲁迅，很大程度上与他独特的语言风格有关。有鲁迅研究者指出：“突出的表现就是鲁迅创造了一种背离正常用法的语言来表现背离正常的精神生活引起的精神激动。”（汪晖）这一点在选入中学语文教材的诸多篇章中，都能感受得到。例如：《狂人日记》中“狂人”的“呓语”，《故乡》中“少年闰土”与“中年闰土”话语方式的对照，《孔乙己》中“孔乙己”表现出来的“失语”症状，等等，我们不都从这种“背离正常用法的语言”中得以深刻把握着那种“背离正常的精神生活引起的精神激动”吗？令人悲哀的是，鲁迅的“陌生化表达”，在一部分教师和学生那里，真的“陌生”起来。与不能深刻认同鲁迅作品丰富的人文内涵来比，对于鲁迅作品超拔的表现形式所产生的“隔膜”，使得我们的语文教学在鲁迅作品面前变得更加的手足无措。而对鲁迅作品人文内涵的疏离，某种程度上正是由“隔膜”鲁迅作品“有意味的形式”所导致的。结合语文学科的特点和任务来看，引导学生潜入鲁迅文本的语言内层，涵泳玩味，就显得十分必要而且重要了。

鲁迅人文思想的博大，鲁迅文学世界的深邃，并非如生吞钙片似的就能消化得下去，只能用我们的语感之“齿”、精神之“胃”，去反复“咀嚼”“反刍”，才能化为我们肌体的有益营养，我们的“语文”也才能够真正强大起来。

重估鲁迅作品的教学价值，就是重估我们自己，重估我们的价值观念。

【课例展示】

课例一

《鲁迅自传》的三种读法

无论从哪种角度讲，《鲁迅自传》都是一篇十分特殊的文字。它篇幅短小，短小到容易使人忽略它对认识鲁迅所具有的重要意义；它行文简约，简约到以致极可能被低估其独特的教学价值。事实上，这篇看似不起眼的小篇什，俭省的文字背后站立着一个大写的“人”，平静的叙述中蕴含着一个波澜起伏的世界。关键看怎样去解读。

一、超文本阅读——作为鲁迅作品教学系统中的“链”

我们太“熟悉”鲁迅了，中学语文教材中有很多鲁迅的作品要去学，去背，去考；可是，我们真的了解他吗？——作为一个人而不是“神”的了解。鲁迅先生身上负载着太多的光环，也连带着太多纠缠不清的纷争，由于多年来对鲁迅先生的纷杂宣传甚至不切实际的拔高，人们极易受思维定式的影响，而与鲁迅先生产生一种“隔膜”，结果便是要么把他奉之为神，敬而远之；要么对其产生逆反心理，进而贬低歪曲。不能打破这层精神沟通的“厚障壁”，我们就不可能真正走进鲁迅的文学世界。鲁迅先生究竟是一个怎样的人？他出生在一个怎样的家庭背景？他的童年是怎样的？求学经历是怎样的？他何以走上文学道路？他的写作基于一种怎样的生存处境？他的精神发展历程是怎样的？他是怎样被推上“神坛”又是怎样被误读扭曲的？《鲁迅自传》给我们提供了这样一个结识鲁迅这个“人”的绝好契机。这就是把《鲁迅自传》作为鲁迅作品教学系统中的“链”，进行非线性的“超文本阅读”，打通与其他鲁迅作品以至鲁迅世界的联系。如以“我心目中的鲁迅”“学者名流眼中的鲁迅”“论敌眼中的鲁迅”“鲁迅眼中的鲁迅”等为话题展开交流，可从其他鲁迅作品中找出这篇自传中鲁迅心态的影子，可推荐几种适合学生阅读的鲁迅传记，可指导学生登陆鲁迅研究论坛发表自己的看法，可播放介绍鲁迅生平的短片，有条件的话，还可组织学生观看根据鲁迅作品改编的电影，参观鲁迅故居、鲁迅博物馆等。一节课当然不可能做这么多，也不能只做这些事情。但若以本课的学习，引导学生关注鲁迅这个“人”，关注鲁迅的作品世界，更重要的是关注“鲁迅与我们自己”，其深远意义远远超出单纯教学这篇《鲁迅自传》的本身。

二、细读——作为一个“文本”

学习这样一篇线索清晰的自述文章，一般的做法是让学生理出作者的行踪，明了鲁迅的人生轨迹，这些当然要做，但仅仅做这些还不够。行色匆匆的辗转中闪现着一个怎样的背影？朴实平静的文字背后蕴藏着一颗怎样的心灵？非细读文本不能感受到。“细读”，就要善于捕捉那些看似平淡却极具表现“意味”的词句。如理清作者行踪后，可启发学生思考：作者是用哪些词语标示自己每一次的人生转徙的？学生不难找出，如：“旅行”“考入”“又走出”“改进”“派往”“进了”“再到”“回到”“走出”“又走出”“招我”“移入”“逃到”“走出”“出”等，这些词语尤其是“走出”“又走出”的反复使用，让我们看到了一个怎样的人生具象？这是一个面对人生困顿遭际而不懈挣扎的鲁迅，这是一个为了执着的人生追求而上下求索的鲁迅，这是一个人生路上义无反顾的“行走的鲁迅”！“都陆续失败了”“也失败了”“没有地方可去”“到底被拒绝了”，自出走那天起，他就走上了一条拷问生命的不归路，再也没有回头！“说我不好”“要捕拿我”，轻描淡写的文字里，流露出的是“寄意寒星荃不察”的无边的寂寞；“逃出”“走出”“又走出”的奔走中，澎湃的是“我以我血荐轩辕”的不变的激情！学生未必能体会这么深刻，但引导学生“细读”文本，感悟文字耐人寻味的表现“张力”，哪怕感悟一点点，也会给他们留下难以磨灭的印象。

三、比较阅读——作为一篇“传记”

作为一篇传记，又是一篇自传，自有其不同于其他文体的鲜明特征。教学时，拿同题材而体裁不同的文章给学生对照来读，让他们自己来归纳传记的写作特征，也有其他教学形式所不可取代的效用。可推荐鲁迅先生本人的《琐记》《〈呐喊〉自序》，如《琐记》这篇散文，洋洋上千字所叙写的内容，《鲁迅自传》一文仅用第2段开头的两句话就一掠而过。还可提供他人记写鲁迅人生经历的文字对照来读，甚至还可拿同是自传的《五柳先生传》《老舍自传》进行比较阅读，比较它们不同的写作风格。如何操作，应视具体情况而定。

值得注意的是，《鲁迅自传》首先是一篇传记，才成其为鲁迅作品教学系统的"链"，作为一个"文本"，它又是特殊的，是一篇有着独特文体特征的"传记"。基于此，三种读法必然是不能割裂的，只不过根据不同的教学情境的需要，在融会三者的基础之上，有意突出某方面的特色罢了。

（课例设计：李卫东）

智慧点示：

《鲁迅自传》，篇幅短小，行文简约，却向我们书写了一个站立着的大写的"人"；朴素的语言、平淡的叙述，却蕴含着精神成长的源泉，像一股涓涓细流，绵长深远。

《〈鲁迅自传〉的三种读法》，用深邃的思想、独到的艺术，从三个层面教给我们解读文本常见的思路。

实践拓展，是学生综合能力训练的最佳途径。像"超文本阅读的解读方式"，用一线串珠的"链接"，从我、学者、论敌、自我等多层次立体角度，使学生学会利用网络搜集资料、全面了解我们教师未曾关注的视域，用大语文的教育教学观，引导学生学会立体地解读一个人。且采取影视观看、深入实践等社会化的活动，更是推动学生在学习中把自己定位为一个社会人，自觉融入社会。

精神注入，是学生自主行为引领的有效方式。如"细读——作为一个'文本'"，简化了教学内容，一课一得。解读鲁迅这个人思想博大、文化世界深邃的民族魂，吸取成长旅途中的精神营养，勇于面对挫折、直面惨淡的人生，用"我以我血荐轩辕"的激情，从容行走在求学、生活的路途。

比较阅读，是学生思维艺术延伸的高效方法。学习传记，让学生掌握传记文学基本的写作思路，习得文本的艺术价值；拓展延伸，在类比阅读中学习同一时代不同人物的精神内核，获得文本的思想价值，真正实现文以载道的本源。

课例二

跟鲁迅学改文章

——《藤野先生》教学设计

简要说明

这份学案主要是供学生第一课时自学用的，所以提供了充分的背景资料，对学生的自读思考也做了必要的提示和指导。第二课时主要是师生讨论鲁迅先生的几处改笔。这几处改笔涉及词语的推敲、修辞的润饰、构思行文的调整等各个方面。而且几处改笔分散在文章的各个部分。因此，讨论这些改笔，不但让学生跟着大师学习作文及修改，同时也自然带动了《藤野先生》一课的阅读理解。

一、背景资料的了解

1. 从鲁迅先生的著作中，我们可以看出，其学生时代的三位教师——寿镜吾先生、章太炎先生和藤野先生，对他的人生道路产生了重大影响，让他铭记难忘。那位读书痴醉时只管自己尽情“拗过去，拗过去”的寿镜吾先生，大家并不陌生，《从百草园到三味书屋》一文中有生动描述。章太炎先生是鲁迅学习国学时的导师，《因太炎先生而想起的二三事》就是回忆章先生的，那是一篇没有完稿的鲁迅先生的绝笔之作，是他逝世前忍着极度的病痛写的。藤野先生则是鲁迅在日本学医期间的一位日本医学教授，一个异国的普通老师何以让鲁迅先生感怀不忘并专门撰文纪念呢？读过《藤野先生》一文，也许你就会找到答案。

2. 青年鲁迅是抱着救国救民的愿望于 1903 年到日本留学的，初在东京，后到仙台，又返东京，1909 年回国，前后约 7 年。其时的日本是不把积贫积弱的中国放在眼里的，尤其是那些日本极端军国主义者更是不断制造出挑衅中国留学生的事端来。这更加激发了鲁迅先生求知报国的动力。在日本期间，鲁迅先生初学医，后决定转为文艺工作，“弃医从文”这个鲁迅先生一生的重大转折就是在仙台期间发生的，也是在仙台他遇到了藤野先生，那个普通而又不平凡的日本医学教授。

3. 鲁迅先生离开仙台后就与藤野先生失去了联系，一直到他逝世。但他始终没有忘记这位异国的恩师。1935 年日译版《鲁迅选集》即将出版，译者专门去征求鲁迅先生的意见，他说：“一切随意，但希望能把《藤野先生》选录进去。”

1935 年，一个偶然的机会，已偏居乡下的藤野先生看到别人推荐来的日译版《鲁迅选集》，得知昔日的学生已成为中国的大文豪，他异常惊喜。但没过多久，鲁迅先生就与世长辞了，师生再也没能见上一面。当藤野先生听到鲁迅逝世的噩耗后，他正襟危坐，默哀良久，徐徐抬起头来，用颤抖的双手将鲁迅的照片高高举起，而后饱蘸浓墨，挥笔写下“谨忆周树人君”几个大字。后来当有人问及他当年教鲁迅的心情时，藤野先生写道：“我少年时期，有一位野坂先生教过我汉文，我尊敬中国，也就觉得对那个国家的人也应该高看的……前后外国留学生只有周先生一人。因此我帮他寻找住处，学习日语，虽我能力有限，却要尽力关心……我是为了对道德的先进国家表示敬意，而不单为周先生一人……”（注：以上根据有关资料编写，资料来源不再一一注明。）

二、自主的阅读思考

1. 请给文章的每个自然段标上序号。

2. 阅读本文至少一遍，最好在书页空白处随手写下你初读时的感受，做点批注。

3. 本文的叙述结构还是比较清晰的，按“在东京（与藤野先生相识前）——在仙台（与藤野先生相识相处）——归国后（对藤野先生的感激和怀念）”的线索自然行文，围绕“藤野先生的为人行事”把诸多材料有机组织起来，丰富而不紊乱，形散而神聚。建议同学们读完课文后，分两步来思考：

（1）写人离不开写事，这篇文章选写了藤野先生与“我”之间的四个生活片段。最后一个片段可概括为“向我了解有关中国女人裹脚的事”，你能概括一下其他三个片段吗？另外，本文还延展开来，写了两个“事件”，一个可称作“匿名信事件”，你能说出另一个吗？

做完这些工作，你对文章的整体内容结构就有了一个比较清楚的把握，也就是说，对文章“写了什么”，做到了初步的梳理和了解。但阅读学习仅仅到这一步还不够，还要由此出发，多问几个“为什么”，进行稍微深入的思考。

（2）第二步就是在前面工作的基础上侧重思考“作者为什么要这样写？换一种写法行不行？”等等，也就是说，作者这样选材，这样安排结构，这样表达语言，有什么效果，如果是合理的，是富于表现力的，合理在哪里？表现力体现在哪里？具体到这篇《藤野先生》，我们就可以做出好多有意思也有价值的发问。比如：文章开始为什么不直接从仙台与藤野先生的第一次见面写起？藤野先生向“我”了解中国女人裹脚的事，究竟用意何在？等等。相信你还能发现其他有意义的问题，在不断地提出问题、尝试解决问题的过程中，你的阅读理解能力就会逐渐提高。

三、课堂的细读讨论

我们的课堂讨论，主要讨论鲁迅先生对《藤野先生》所做的几处修改，也就是换一种角度学习《藤野先生》，跟鲁迅先生学改文章。揣摩作家的文章修改有什么益处呢？鲁迅先生曾经介绍过惠列赛耶夫的一段话：“应该这么写，必须从大作家的完成了的作品去领会。那么，不应该那么写这一面，恐怕最好是从那同一作品的未定稿本去学习了。在这里，简直好像艺术家在对我们用实物教授。恰如他指着每一行，直接对我们这样说——‘你看——哪，这是应该删去的。这要缩短，这要改作，因为不自然了。在这里，还得加些渲染，使形象更加显豁些。’”鲁迅先生引这段话后指出：“这确是极有益处的学习法。”令人庆幸的是，鲁迅先生本人就给我们留下了许多作品的手稿、未定稿，拿鲁迅作品的原稿和改定稿对照阅读，非常有意思，而且对我们学习文章的做法会有很大的帮助。比如这篇《藤野先生》，鲁迅先生就做了多次改动，看到这些改动，我们可试着做些思考：为什么要这样改？改过之后比原来好在什么地方？不这样改行不行？是不是还有别的改法？甚至可以去找找鲁迅先生没有发现的问题，并提出自己的修改意见等。列举几处鲁迅先生的修改实例：

1. 第 2 自然段。原稿：“问问熟识时事的人”。改定稿：“问问精通时事的人”。

2. 第 6 自然段。原稿：在“最初是骨学”后有这样的句子“×××的是一个很矮小的教员”，似乎作者原来打算写写和藤野先生一同担任解剖学的另一个教员。改定稿：把这样的句子删掉了。

3. 第 6 自然段。原稿：“便向学生介绍自己道”。改定稿：“便用了缓慢而很有顿挫的声调，向学生介绍自己道”。

4. 第 20 自然段。原稿：“同学一百余人之中，我在中间，总算没有落第”。改定稿：“同学一百余人之中，我在中间，不过是没有落第”。

5. 第 23 自然段。原稿：“还叹息说，‘总要看一看才好。究竟是怎么一回事？’”改定稿：“还叹息道，‘总要看一看才知道。究竟是怎么一回事呢？’”

6. 第 31 自然段。原稿：“便是在中国，闲看×××××绑去枪毙人犯的人们，也何尝不酒醉似的喝彩”。改定稿：“此后回到中国来，我看见那些闲看枪毙犯人的人们，他们也何尝不酒醉似的喝彩”。

7. 第 37 自然段。原稿：“有时我常常想：他的对于我的热心的希望，继续的教诲”。改定稿：“有时我常常想：他的对于我的热心的希望，不倦的教诲”。

8. 文章最后一段的开头改换了两次：第一次，开头是“回想起来，我在日本所受的苦恼”。删去后又这样开头“他的照片已”，也做了调整，换成了现在这个开头。

四、课余的拓展学习

1. 找来《从百草园到三味书屋》《因太炎先生而想起的二三事》，连同本文做比较阅读和研究，以《鲁迅和他的老师》为题写篇文章。

2. “弃医从文”是鲁迅一生中的一个重大决定，请参阅《朝花夕拾·小引》及《鲁迅传记》，探寻鲁迅“那时那地”的心理变化历程。推荐书目：林贤治《人间鲁迅》（上册）。

3. 课余搜集鲁迅先生的手稿，继续学习揣摩鲁迅先生的文章修改艺术。推荐书目：朱正《跟鲁迅学改文章》。

（课例设计：李卫东）

智慧点示：

智慧点示：每一篇经典文本都是一个丰富的宝藏。在教学中进行深度开掘，总能让经典常读常新，不断绽放出新的精彩。认真研读李卫东老师这个教学设计，李老师首先把文本放在鲁迅先生读书成长的历程中去进行解读，一个看似不经意的背景资料拓展，却把鲁迅先生的师生情以及鲁迅先生作为一位伟人的崇高品质“润物细无声”地渗透进了学生的心灵，使文本的人文价值得到了彰显。其次，李老师把鲁迅先生对《藤野先生》所做的几处修改材料适时引入课堂，引导学生跟着鲁迅先生学习修改文章，既提升了学生品读、感悟与表达的语言文字运用能力，更培养了学生“文章不厌百回改”的良好写作态度，使新课程标准所倡导的“三维目标”得以落实。第三就是在课文阅读的整体设计上，既充分放手让学生自主，自主阅读、自主探究，又突出教师的导读导学主导地位，根据学生的认知规律由浅入深，按照文章写了什么，作者为什么要这样写以及作者是怎样写的三个板块逐层深入，一直把学生带进文本深处。这样的设计除了让学生读懂、读通文本之外，还教给了学生阅读的基本方法和策略，长此以往，必将有助于学生阅读能力与语文素养的提升。

课例三

《阿长与〈山海经〉》的两种教法

教学设想

1. 调动体验。调动原有阅读体验，比如《从百草园到三味书屋》中的“长妈妈”；调动学生的生活体验，比如回想围绕自己身边“慈母般人物”发生的诸多细节及感慨，从而更真切的走入文本，走近“长妈妈”，走进鲁迅的心灵世界。

2. 放飞想象。适时引导学生展开想象的翅膀，换一种阅读方式，体味情境，解读文本。比如："哥儿"接到阿长送给的《山海经》时，他如果用语言来表达自己的情感，会说些什么？以想象来填补阅读的空白。

3．拓展思维。帮助学生打开思维的多重触角，尽可能的形成思维的多向流动，进行富有创造力的个性解读。比如关于"长妈妈"这一人物的评价，完全可以让学生各抒己见，畅所欲言，只要言之成理即可。

4．师生互动。尽可能多的施之于师生之间多维的谈话交流，在师生组成的学习共同体中，互为启发，共同建构。

教学重点

1．理清文章的记叙线索，领会围绕中心人物合理选材、组材的特点。

2．揣摩重要语句的深刻含义，并理解其对表现人物性格、心理的作用。

3．体悟作者蕴含文中的深挚感情。

教学过程

方案一

一、导入新课

提起鲁迅先生，大家并不陌生，我们在七年级上学期就学过他的一篇散文《从百草园到三味书屋》，文中写到的那位讲述"美女蛇"传说的故事高手——长妈妈，是对鲁迅童年生活产生过重要影响的人物，鲁迅先生曾在好几篇文章中提到她，有一篇文章《阿长与〈山海经〉》即专门回忆作者儿时与保姆长妈妈相处的情景。

鲁迅先生终其一生没有写成一篇专门回忆自己母亲的文章，而对一个普通的保姆却花了不少的笔墨，这是为什么呢？今天我们就来学习这篇文章——《阿长与〈山海经〉》。

二、明确教学重点

师生确认教学重点，确认方式灵活而定。注意：

1．作为一篇写人记事的散文，本文以"我"对"阿长"的感情变化为线索，把"我"与"阿长"交往中的诸多典型事件与细节有机串联起来，使"阿长"这一人物形象饱满丰富而又性格鲜明。尤其是对人物性格缺点的一些细节描写，学生不易深察，教学时应加以引导。

2. 教学鲁迅先生的文章，语言风格的体味和揣摩既是重点又是难点。本文的语言运用有两个突出特点，一是蕴藉深长，二是诙谐幽默。对初一学生而言，不易完全领会，抓住精彩几处细加玩味，有所感悟即可。

3.《阿长与〈山海经〉》是一篇表露人间亲情的散文，相对于鲁迅先生的其他作品来说，色调比较明快温暖，易与初中学生的情感产生共鸣，教学时应以此为契机，品味语言，培育情感。

三、整体感知课文

1. 通读全文，着重思考以下几个问题：

本文围绕“阿长”写了哪些事情？

明确：A. 交代了“阿长”名字的来历；B. “阿长”喜欢切切察察和她夏天的睡态；C. 她懂得许多规矩；D. 讲“长毛”的故事；E. 给“我”买《山海经》。

（旨在整体把握文章内容，粗知文章脉络。）

2. 请同学们谈一谈初读本文后对“阿长”这一人物的整体感受，并能简要陈述理由。

（学生可讨论、可争辩，回答不求统一。意在唤起学生的主体阅读意识。）

3. 那么少年鲁迅对“阿长”的态度又是怎样，感情有无变化？

明确：厌烦→敬佩→憎恶→敬佩

（旨在理清行文线索，把握作者感情变化的历程，为下一步的深入体悟打下基础。）

四、研究性学习

在整体感知的基础上，自然进入问题情境，展开问题讨论，问题可由学生提出，也可由教师挑起。

1. 两次“敬佩”，一次是“空前的敬意”，一次是“新的敬意”，两次有无区别？到底是什么促使少年鲁迅对阿长的态度发生了根本性变化？为什么？

（此问题指向是认识阿长性格中实质性的东西，并理解文章题目命为“阿长与《山海经》”的原因。）

训练要点：A. 当作者收到送来的《山海经》时，会说些什么？B. 作者两次提到的“伟大的神力”有无区别？C. 三次提到《山海经》中画的“人面的兽，九头的蛇……”有何意味？D. 一部刻印十分粗糙的本子，作者为什么说“那是我最为心爱的宝书”？

2. 怎样来看待阿长“令人厌烦的许多规矩”呢？比如“正月初一让作者吃福橘”一事。

（意在让学生全面而恰当地把握“阿长”这一人物形象。）

训练要点：阅读第 7 ~ 11 自然段，圈画关键词语，体味人物动作、神态、语气，揣摩人物感情，做出自己的评价和判断。

3. 研读文末最后一段，体会鲁迅先生寄托其中的深意。

（背景：本文选自《朝花夕拾》，鲁迅先生创作这部散文集时，正处于流离逐放之中，心绪颇为芜杂，他在《朝花夕拾·小引》中说过：“我常想在纷扰中寻出一点闲静来”，可联系此背景加以体味。）

五、联想与扩展

可启发学生联系自己的写人习作，与本文对照，反思为文之道。

明确：是的，阿长是一个爱切切察察又有许多规矩甚或有点迷信的人，但她善良、仁慈，务实肯干，对美好生活充满热切的盼望，即便从那些“小毛病”上，我们也能感觉到她的率真粗犷，她是一个可亲可近又可信的人，是一个富有“人气”的人。写文贵在“有真意，去粉饰；少做作，勿卖弄”，鲁迅笔下的“阿长”给我们提供了有益的启示。

方案二

教学鲁迅先生的作品，最容易一讲到底，教师条分缕析，面面俱到；学生则不知所云，索然无味。针对此，不妨化繁为简，尝试运用开放式教学方案，把学习的主动权交给学生，由学生来提出问题、分析问题、解决问题，实现对鲁迅作品意义的建构。比如本文，可分两块来进行：一、提供背景。课前印发有关本文的背景资料，可包括：阿长的介绍，《山海经》的介绍，《朝花夕拾·小引》有关文字等，拓展学生的知识背景，为学习新课做好准备。二、课堂研讨。由学生发起问题，以他们的需要为发端，让学生体验问题解决的全过程。教师则是学生的学习伙伴，以促进者、协调者、帮助者的身份来参与知识的建构过程。此教学方案中，教师并不是消极的观望，而是课前积极准备，课中相机参与，有效发挥指导者的作用。

（课例设计：李卫东）

智慧点示：

《阿长与〈山海经〉》是鲁迅先生仅有的几篇写自己成长历程里重要他人中的最为普通的人物的文章，是幽默诙谐又意蕴深沉、朴素平淡又情感丰盈的散文佳品。

静心品味，李卫东老师两种教法的教学设计，紧扣散文“形散而神不散”的特点。活动化的教学设计，展示了其教材解读的深度、广度、维度，为我们提供了教学解读的新思路。

创设情境，调动了学生阅读经历，便于学生对鲁迅作品的学习进行前后勾连，利于学生养成专题阅读习惯和思维，在阅读中提高语文阅读的素养和素质。面点相辅相成，以情感为线索、典型事件为着力点等写人的技巧完美呈现在学生学习过程里，实现为文之道。拓展思维，巧抓“长妈妈”人物评价、“哥儿”的情景对话，发散了学生的思维，提升了学生牵连上下文发挥联想和想象的能力。

课例四

《从百草园到三味书屋》教学设计

教学设想

1. 提供充足的背景资料，诸如“鲁迅”“百草园”“书塾”“三味书屋”的有关介绍等，让学生于课前预习时一并阅读，为第一次学习鲁迅作品做好比较充分的知识准备。

2. 鉴于七年级学生第一次接触鲁迅先生的文章，且本文篇幅较长，宜化繁就简，突出重点，紧密结合学生的生活经验和阅读需要，抓住几个重点段落和重点问题精要品味即可，不宜面面俱到，烦琐讲解。

3. 适当提供有关的音像资料，增强教学的形象性，辅助学生尽可能顺畅地走进鲁迅先生笔下的“百草园”和“三味书屋”。

4. 努力打通学生生活世界与本文文本世界的联系，使他们在阅读体验的过程中，自觉联想自己的童年经历和写作经验，感悟本文的写作特色，实现有意义的知识建构。

教学重点

1. 揣摩本文抓住特点，准确、生动的描写景物的写法。

2. 体会本文轻松愉快、幽默风趣的语言风格。

3. 感受作者深蕴文中的童心、童趣。

教学过程

第一课时

一、导入新课

有一个人，他在这个世界上仅仅生活了五十五个年头，却以如椽大笔给我们留下了众多熠熠生辉的文学形象：闰土、孔乙己、祥林嫂、阿Q……他体躯瘦小，却以坚韧顽强的品格、反抗绝望的信念、永不屈服的精神，坚挺中华民族的脊梁！他离开我们六十多年来，一直为人们所念及和敬仰，被称为“民族魂”“硬骨头”“中国现代文学的一面光辉旗帜”……但对他的污蔑、攻击和争议，几十年来也始终未曾停歇过……他，就是“鲁迅”，一个多么厚重的名字！鲁迅（1881—1936），原名周树人，浙江绍兴人，伟大的文学家、思想家，著作有小说、散文、杂文、诗歌等。从今天起，我们在中学阶段要学习他的十余篇著名作品，同学们将在阅读鲁迅、体验鲁迅的过程中，走进鲁迅、认识鲁迅，构建属于自己的“鲁迅世界”。今天所学的《从百草园到三味书屋》选自他的散文集《朝花夕拾》，书名的字面意思是早上的花到晚上拾取，意指这是一本回忆童年、少年时期生活的散文集，共收入十篇文章，《从百草园到三味书屋》即为其中一篇。“百草园”是绍兴城内鲁迅家房屋后面的园子。“三味书屋”是鲁迅家附近的书塾，鲁迅12岁至17岁在这里读书。

二、明确教学重点

师生确认教学重点，方式灵活而定。注意：

1. 本文的景物描写十分准确传神，尤其是文章的第2自然段和第7自然段，抓住百草园春夏秋冬四季景色的不同特征，饶有情致的描摹和介绍，给人留下颇为深刻的印象。以如此细致的笔触写景状物，在鲁迅先生的文章中是很少见的，应细加揣摩品味。

2. 与回忆儿时生活有关，本文文字并不艰深，而是轻松活泼、幽默风趣，给人审美的愉悦和心灵的熨帖。反复朗读以至背诵某些精彩段落，仔细感受这种语言特色。

3. 虽然是“夕拾”“朝花”，但作者以儿童的眼光和神情去触摸旧时的百草园、三味书屋的角角落落，充溢于文中的是天真的童心和浓郁的童趣。深入思考：作者之“夕拾”仅仅是因“花、草、人、事”吗？若非此，那深意何在？

三、整体感知课文

在课前预习的基础上，再次速读全文，理清文章脉络，感受文章基调。

1. 分析题目，你能获得哪些信息？

明确：（1）回忆重心在百草园、三味书屋。（2）叙写视角有空间和时间上的转移。（3）本文分为两大部分，一写百草园，一写三味书屋。（学会从分析题目入手，捕捉文章信息。）

2. 那么，文章的第9自然段在全文的内容和结构上有什么作用？放声朗读并加以感受。

明确：（1）结构上的过渡和转换。（2）流露出对百草园的依恋之情。注意体会有关句式、修辞选用的妙处。

3. “我”对百草园为什么如此的依恋呢？百草园美不美？哪一段描写百草园的景色最为精彩？（教学板块的自然转移。）

四、研究性学习

围绕三个大的教学问题，师生互为启发，多向交流，以期对文章有较为深刻的领悟。（教师设计大的问题意向，具体问题则由师生互动而产生。）

1. 为什么说百草园是“我”的乐园？作者是如何描写百草园的景色的？

（1）速读第2自然段，标出所描写的“物”有哪些，并体会作者是如何描摹这些“物”的，可摘取原文词语来说明这是什么样的“物”，或这种“物”怎么样。如“（碧绿）的菜畦”，“油蛉在低唱”等，进而思考如果去掉这些描写性的词语行不行。（准确的动词、形容词描绘了各种动、植、静物的色彩、形态、动作、声音、味道等，生动而形象。）

（2）本段景物描写的重心是放在后半部分还是前半部分，是通过哪种句式完成这种转换？这种句式有何表达效果？（后半部分，“不必说……也不必说……单是……”，突出百草园的乐趣无穷。）

（3）分男女声来朗读本段，可灵活设计。（通过分声部朗读，体会本段于整齐而富于变化的语句中流露出的欢快和愉悦，在反复朗读的基础上力争当堂成诵。）

（4）指导学生仿照“不必说……也不必说……单是……”这一句式写一段话，尽量运用恰当的形容词和动词。

第二课时

紧承上一节课的研究性学习。

（5）你第一次读到文中的“美女蛇”传说时，是怎样一种感受？作者为什么插叙这样一段传说？（学生可能答“害怕”“神奇”“神秘”“做人之险”等，言之成理即可。总之，这一传说以及它的叙说者均在“我”百草园的生活经历中占有重要位置，想起百草园自然不会抹去这段记忆，这一传说的插叙，不仅增添了百草园的神秘色彩，还丰富了文章的内容。）

（6）如果说第2自然段描写了百草园春、夏、秋的景色，那么，作者笔下冬天的百草园又是怎样一番情景呢？

圈画动词，放声朗读，闭眼想象（或观看录像），尝试描述，体味传神的动作描写。

2. 书塾里的先生是怎样一个人，三味书屋的生活到底怎么样？

读书圈画，分组讨论，师生交流。认识鲁迅先生复杂的性格特征和三味书屋特有的生活情趣。（先生“是一个高而瘦的老人，须发都花白了，还戴着大眼镜”，他“是本城中极方正，质朴，博学的人”，他“和蔼地在一旁答礼”，他“有一条戒尺，但是不常用，也有罚跪的规则，但也不常用，普通总不过瞪几眼”，他读书入神时“总是微笑起来，而且将头仰起，摇着，向后面拗过去，拗过去”。可以说，他严而不厉，迂而不腐。他的身上虽然带有旧式文人落后的印记，但就其本质而言，他是一个方正纯朴、善良可亲的人。与老先生有关，三味书屋的生活虽不如百草园般天马行空、无拘无束，但也可边读边玩，氛围是亦庄亦谐，自有另一番情趣，同样给“我”留下了美好的童年记忆。）

突破这一认识上的难点，可抓住几个典型的细节和场景。如：

（1）“然而同窗们到园里的太多，太久，可就不行了，先生在书房里便大叫起来：‘人都到哪里去了！’”

可设计几种不同的吆喝法，加以比较人物的不同性格和心理。如下：

“都给我回来！”

“都给我滚回来！”

（2）分角色排演“人声鼎沸”一节。

通过排演，努力走入文本情境，体验老先生读书时的酣态和痴迷，感受鲁迅先生幽默风趣的笔触。

3．探讨本文的写作主旨。

于此环节再来反观本文的主题，应该是水到渠成。但也要鼓励学生各抒己见，不可先入为主、硬性灌输。（在鲁迅先生的笔下，百草园和三味书屋的生活都是充满乐趣的。那多姿多彩的自然风光，那引人入胜的“美女蛇”传说，那雪地捕鸟的期待和欢乐，还有那如赶大集般热闹的读书场面，那位戴着大眼镜的老先生读书入神时的醉态……都定格为“我”美好的童年记忆。这是人到中年的鲁迅以一颗赤诚的童心拾捡起的一枚晶莹鲜亮的“朝花”，是在他身世沧桑、飘零无依时对古朴纯真的童年生活的美好回忆。）

五、联想与扩展

鲁迅先生的不少作品都或多或少的涂有“百草园”“三味书屋”的底色，那是童年的底色，是心灵的底片，既模糊又清晰，既遥远又切近。我们完全可由这篇联想到其他诸篇，如：

《阿长与〈山海经〉》——阿长，那位讲述“美女蛇”传说的故事高手，同样给少年鲁迅的心灵留下了善良真诚的印记。

《社戏》——氤氲弥漫的江南水气中，依稀可见乘船而来的少年鲁迅，活泼纯朴、天真烂漫的童心童趣是鲁迅先生永远的珍藏。

《故乡》——在苍凉萧索的天底下，萦绕不去的是那个记忆中的形象，那个“项戴银圈，手捏钢叉”的少年闰土，模糊而又清晰，清晰而又模糊，那是作者心目中永远抹不去的少年英雄！

（课例设计：李卫东）

智慧点示：

有效教学一定是基于真实学情的教学。《从百草园到三味书屋》是初中语文教材中的经典名篇，又是学生进入初中阶段第一次接触的鲁迅先生的文章，可以教、值得教的内容确实非常多。面对诸多的教学内容，教师应该如何取舍？这需要教师的智慧。阅读李卫东老师的这篇教学设计，李老师紧紧扣住初一学生的学情特点，“弱水三千，只取一瓢饮”，可谓是删繁就简，纲举目张。

李老师这篇设计，紧扣“童心、童趣”精心选择教学内容，组织教学活动，重点突出，学生活动充分。如男女生分声部的朗读，于整齐而富于变化的语句中流露出的欢快和愉悦，在反复朗读的基础上力争当堂成诵，不仅加深了学生对文本内容的理解，更丰富了学生整散结合的表达积累。再比如，对“人声鼎沸”一节的分角色排演，让学生在具体生动的情境中去感悟、去体验、去表达，不仅让学生充分感受到了鲁迅先生幽默风趣的笔触，更巧妙地突破了文章主旨理解的难点。这样的设计，还让学生从另一个角度感受到了鲁迅先生是伟大的，鲁迅先生更是可爱的。

课例五

用点矛盾分析法

——《社戏》教学设计

背景介绍

现行的各种版本的初中语文教材，都选入了鲁迅先生的小说《社戏》。虽然各个版本把它放入了不同的主题单元，对其教学功能的定位有细微的差别，但在具体的教学处理中，有两个大的背景不可忽视。一是宏观的鲁迅文学世界，具体说是中学语文鲁迅作品教学的有机系统。说其有机，是因为这些篇目无论在内容主题上还是形式手法上都存在着内在的关联。因此，解读鲁迅先生的文章，不但要顾及全篇，而且要尽可能地考虑到更广阔的文本背景。比如《社戏》和《从百草园到三味书屋》《故乡》，就有很大的可比性。三篇文章都以“乡土绍兴”为故事背景，都涉及了“童年”“故土”“人际关系”“生存状态”，在具体的表现主题和形式上又各有侧重。是否关注到这些，教学的实际效果会有较大的差异。二是文本的具体特点，尤其指表现形式上。鲁迅的诸多作品之所以成为经典，不仅是因为他深邃的思想上，而且也凭借了精到的“形式”实验上。比如同是“对比”结构、以“我”为叙事者，《故乡》《孔乙己》《社戏》也“意味”有别。注重“形式”方面的体味是教学鲁迅作品另一个重要的方面。内容与形式两方面剥离掉其中任何一个，都不可能真正走入鲁迅的文学世界，也就不能很好地发挥文本应有的教学功能。

切入角度

《社戏》“是小说，也是回忆童年生活的美丽的抒情散文”。（严家炎语）或者说，它兼有小说和散文的特点。因此，教学中不去刻意强化小说的文体分析，而重在通过朗读、比较、想象，理解小说的主题、把握文本的意境，涵养学生的语感。学生读过这篇小说，对散发其中的童心、童趣，一般不会存在隔阂，“偷豆”一节他们甚至会觉得非常“好玩”，但这也很可能仅仅出于一种粗略的直觉，他们对氤氲文中的景、人、事、情及其背后的深意往往语焉不详，尤其文末一段的感慨更可能被他们轻轻略过。不妨就从学生最易忽略也最为困惑的最后一段教起，以“惑”起始，调动学生阅读探究的兴致。这也是有意打破学生线形阅读的思维秩序，造成阅读的适度紧张，形成积极释疑的心理状态，用矛盾分析的方法去带动整篇课文的学习。

教学目标

1. 领悟小说的主题。
2. 品味小说的结构特点。
3. 揣摩小说中的心理描写、语言描写、景物描写。

教学过程

一、最后一段朗读生疑

通读一遍课文，直接导入结尾一段，待学生齐读两遍后，教师发疑：小说的结尾说：“真的，一直到现在，我实在再没有吃到那夜似的好豆，——也不再看到那夜似的好戏了。”那么，那一夜舞台上演的“社戏”到底好看不好看呢？（可能会有个别学生马上回应，但教师最好按兵不动，再行蓄势。）

二、看戏部分简析促疑

师：咱先不忙着做出回答，能不能先退一步，看看文中哪一部分是直接写这个“社戏”上演的过程，到底好看不好看。（让学生带着问题先到文章最直接相关的部分反复阅读、尝试解疑。）

问题：“看戏”这几个自然段，集中围绕一个问题讨论：文中的“我”以及他的小伙伴对这个戏到底是什么看法？能否圈画出表示他们整个看戏过程中心理感受的词语和句子。

明确：在“社戏”本身究竟好看与否上，有些学生因受“先见”思维的影响，估计会脱离文本做出错误的理解，但通过对描述心理活动的关键词的分析后，会做出及时的调整和正确的判定——“社戏”本身并不好看。比如这些词句：“我有些疲倦了”，“我最愿意看的是一个人蒙了白布，两手在头上捧着一支棒似的蛇头的蛇精，其次是套了黄布衣跳老虎。但是等了许多时都不见”，“年纪小的几个多打呵欠了，大的也各管自己谈话”，“大家也都很扫兴”，“喃喃的骂”，等等。

三、“偷豆”部分品味释疑

问题：既然“社戏”不好看，那为什么又说“一直到现在，我实在再没有吃到那夜似的好豆”了，尤其是说，我再也看不到“那夜似的好戏了”呢？这不是矛盾吗？（生讨论、交流，师巡视、了解讨论的情况。）

明确：学生会比较自然的转到“看戏”部分的前后来找答案，把眼光转移到“人”身上，尤其是“归航偷豆”一部分，小伙伴们身上体现出的“活戏”的成分——童心、野趣、人与人之间的真情。当然还需要教师及时给出辅助性的提炼归纳。

教师引导：既然把“归航偷豆”这一部分看作是一出戏，你能根据文中的描绘，说说他们都扮演了怎样的角色，并且能分析各个角色所具有的性格特点吗？请同学们读后思考。

具体讨论中，可抓住这几句话做文章：

1.“阿阿，阿发，这边是你家的，这边是老六一家的，我们偷那一边的呢?”，启发学生思考：双喜为什么这样问？从这儿可以看出双喜这个人怎么样？能不能有其他问法？

2.“阿发一面跳，一面说道，‘且慢，让我来看一看罢。’”“他于是往来的摸了一回。”“偷我们的罢，我们的大得多呢。”思考：第一反应为什么会是“且慢”“摸”，请设想，不同类型的“阿发”会做出怎样不同的反应和回答？

（这两处语言的揣摩及换角度设计，意图都是挖掘人物语言背后的潜台词，细读隐藏在语言背后的“意味”，从而深刻把握人物的性格特点。）

接下来简要分析“六一公公”这个“配角”，品读第34~38自然段写第二天六一公公和“我”的一番对话。教师提问：六一公公问“我”昨夜的豆子是否好吃时，“我”说“很好”，怎么过了一夜再吃六一公公送来的豆子，就不好了呢？不是一样的豆子吗？你读出了什么？

在师生讨论的基础上，教师小结：“归航偷豆”一节中，小伙伴们那种野趣、童趣令人难忘。那夜的好戏很大程度上也是因为他和小伙伴们上演的一出活生生的戏，一出无拘无束的、天真烂漫的、自由自在的戏。关于那夜的“戏”很好看，你还有补充意见吗？能否再放开视野，到全文中找答案？

课堂讨论转到“月下行船”景物描写一部分，主要是第11、12自然段。这一部分作为补充和强化，简略处理。顺着“戏”这一元素再做文章：这段景物描写我们不妨把它看作是“那夜的戏”的背景，如果让你给那戏添加上“背景图画”和“背景音乐”，你打算怎样添加？（学生朗读思考，在添加的过程中体味本文多感官、多角度写景的特点和作用。）

小结：“戏”好就好在“景色美、人情美、情境美”。

四、删节部分佐证强化

师：我们看到的这篇文章并不是《社戏》的真正面目，这篇《社戏》的全文实际是5500字，其中前10段在选入我们的课本时已删去了，同学们现在所看到的是从第11段到小说的结束。我介绍一下前10段的内容。小说的第一部分描写了在大都市，在北京，两次看京戏的情景。剧场里喧闹嘈杂，拥挤不堪；名角摆架子，久盼不出，令人失望；尤其是写其中的一个胖绅士，目中无人，俗不可耐，对文中的“我”显出鄙夷不屑的神色，并且一不小心就把我给挤到一边去了，因为他太胖了，并且很蛮横，也很傲气，“吁吁地喘着粗气”，使我苦不堪言。因此，在第一部分，作者最后用了这样一段话来结束第一部分的叙写（多媒体展示）：“我向来没有这样忍耐的等候过什么事物。而况这身边的胖绅士的吁吁的喘气，这台上冬冬蝗蝗的敲打，红红绿绿的晃荡，加之以十二点，忽而使我醒悟到在这里不适于生存了。”于是转到回忆他童年时看到的社戏，发生的事情。我想问一问同学们，前10段能删掉吗？可以发表不同意见，你认为可以删掉，理由是什么？你认为不可以删掉，不可以删掉的理由是什么？

这一环节也简略处理，问题的具体答案不求整齐统一，自圆其说即可。主要意图是提供给学生《社戏》的全貌，促成学生对小说对比结构及主题的深层认知。如条件允许，还可让学生课下就《社戏》《从百草园到三味书屋》《故乡》的结构、主题作比照分析。

五、对联环节深化迁移

在进行这个环节时，先给学生简单讲述一下少年鲁迅在课堂上“对对子”时戏趣同窗的小故事。（独角兽—四眼狗—比目鱼），强化学生对对联的感知。（这个小故事本身与本文的主题也构成了互补。）

教师给出上联“船头看戏倦”，学生对下联。这一句难度不大，对学生格式的要求也不宜过于严格。如“月下行船快”“归航偷豆乐”“月下归航欢”等皆可给予肯定。

再联系删节部分命一上联：京都剧院地挤声杂看客傲俗不可耐。难度有所加大，课上如不能完成，可留为课后作业。提供一种对法仅供参考：江南水乡景美事趣人情纯乐亦无穷。

教学反思

这节课有意尝试了一种新教法，舍弃了逐段解析面面俱到的做法，而从文章最后一句教起，揭示“矛盾”、凸显“矛盾”、分析“矛盾”，通过还原和比较完成对小说审美价值的体验。具体的课堂行进是：最后一段朗读生疑——看戏部分简析促疑——“偷豆”部分品味释疑——删节部分佐证强化——对联环节深化迁移。重点放在了“偷豆”部分的品味释疑，这一部分尽可能多地调动起各种手段，尤其是朗读、比较手段的运用。另外，抓住“戏”的元素，通过让学生添加“背景图画”“背景音乐”来带动写景部分的学习，促成他们的想象阅读。对联环节实际上是“变式训练”，再次深化学生对课文的理解，同时也是紧密结合课程的语言运用训练。感到不足的是，整个设计预构的痕迹有些重，虽然在问题讨论中学生的自主思考也得到了较为充分的体现，矛盾的解决过程基本上是他们主动需求和探究的过程，但显然还是少了学生发起疑问的空间，而多感觉到的是教师竭力拉动的意图。

（课例设计：李卫东）

智慧点示：

正如李老师对鲁迅作品的理解：内容与形式两方面剥离掉其中任何一个，都不可能真正走入鲁迅的文学世界。他对《社戏》的教学，同样也没有剥离内容与形式中的任何一个。

从教学设计来说，他敏锐抓住文章最后一句“真的，一直到现在，我实在再没有吃到那夜似的好豆，——也不再看到那夜似的好戏了”而生疑，扣住“戏”和“豆”，品“看戏情节”而促疑，品“偷豆情节”以释疑。让学生在品读中充分认识到：“戏”好不好看，“豆”好不好吃，不在其本身，而在于人情与人性。这样，一篇复杂的文章就这样四两拨千斤，简单而巧妙地引出深刻的主题。

从教学内容上说，李老师舍弃了情节等学生理解上毫无难度的问题，而是选取“景色美、人情美、情境美”等学生需要深入理解的问题进行教学，切合文本与学生学习实际。为达成这一目标，李老师又对文本进行了艺术化的处理，抓住文章中两句含义丰富的话（①“阿阿，阿发，这边是你家的，这边是老六一家的，我们偷那一边的呢？”②阿发一面跳，一面说道，“且慢，让我来看一看罢。”“他于是往来的摸了一回。”“偷我们的罢，我们的大得多呢！”）通过朗读、讨论等多种方式，品动作，读语气，揣心理，以让学生在具体的语言文字中充分感受到平桥村的民风是那样淳朴，人性是那么善良。

课例六

《风筝》教学设计

文本简析

鲁迅先生在《风筝》中以反省“精神的虐杀”为核心，抒发了无限深沉的感慨。在相当长的一段时间里，鲁迅十分关注儿童问题。在《从孩子的照相说起》《略论中国人的脸》等文章中，他对中国孩子太过于“向‘静’的一方面发展，低眉顺眼，唯唯诺诺”，而缺乏必需的“兽性”感慨万端。在鲁迅看来，中国固有文化的弊端之一便是抹杀儿童好动好奇的天性，他在《我们现在怎样做父亲》一文中呼吁父辈们“自己背着因袭的重担，肩住黑暗的闸门，放他们（指孩子们——编者注）到宽阔光明的地方去”。因此，我们就不难理解，他对于自己二十年前“虐杀”弟弟天性的行为如此地自责与懊悔。更让鲁迅忧虑的是，这种不自觉的虐杀和被虐杀不知何时才能停止，他把更为深邃的目光投向对整个中国固有文化的反思之中。

本文语言含义深刻而凝练，阅读时须联系上下文具体语境细加揣摩。其中第 4 自然段的动作神态描写蕴含着强烈的感情色彩，两个截然对立的人物形象跃然纸上，须细加体味。阅读理解的难点是：既然弟弟已全然忘记了那件事，“我”的心为什么依然沉重？对弟弟的“全然忘却”，“我”究竟持怎样的感想？

设计理念

1. 以学生的阅读疑惑作为整个教学设计的基点。《风筝》篇幅不长，学生初读一遍后，对文章大意能有朦胧而粗略的感受，但因文意蕴藉深沉，语言凝练含蓄，肯定会有不少阅读难点。因此，不妨以学生的阅读需要为教学重点，以几个核心问题的研讨为中心，带动整篇文章的阅读理解，切实让学生有一些阅读收获。

2. 鲁迅思想的深邃相当一部分来源于他深刻的自省意识。走近鲁迅，走进鲁文，就要袒露自己的心灵，以文本为媒介，与鲁迅先生进行精神上的沟通与对话。如本文写到的“精神虐杀”，想必师生并不缺少遭受他人“精神虐杀”或者给他人“精神虐杀”的经历，唤醒这些经历，读者（师生）、文本、作者之间的对话与交流才可能实现。

3. 给学生提供更多的知识背景，以鲁文解鲁文。阅读鲁迅先生的作品，如单就一篇孤立地读，难以达到全面而深入的理解。由一篇联及多篇，由文及人，然后由人及文，有利于学生在更为广阔的阅读视野中解读鲁文，感受鲁迅。如学习本文，《一件小事》《略论中国人的脸》《从孩子的照相说起》《雪》《希望》等文及“我的的确确时时解剖别人，然而更多的是更无情面的解剖我自己”等言论均可作为参照。

教学过程

一、导入

同学们喜欢风筝吗？放过风筝吗？风筝是你自己做的吗？

鲁迅先生曾与风筝有过一段难以释怀的缘分，他于 1925 年 1 月 24 日写下《风筝》一文，那天正是农历正月初一。此文问世不久，即被选入当时的初中语文教科书。今天，我们就来学习这篇短文——《风筝》。

二、整体感知课文

布置预习，让每位同学记下自己的阅读感受和疑难问题，教师于课前收齐并做初步整理。结合已有的教学实践来看，学生可能提出的问题有：

1. 为什么“我”看到远处有一二风筝浮动，就感到一种“惊异和悲哀”？

2. “二十年来毫不忆及的幼小时候对于精神的虐杀的这一幕”，这“精神的虐杀的这一幕”具体指什么？为什么说是“精神”的“虐杀”？

3. 既然弟弟已全然忘却了那件事，“我”的心为什么依然沉重？

4. 课文结尾说“一并也带着无可把握的悲哀”，什么是“无可把握的悲哀”？

5. “四面都还是严冬的肃杀，而久经诀别的故乡的久经逝去的春天，却就在这天空中荡漾了”这一句太拗口，应如何理解？

6. “我倒不如躲到肃杀的严冬中去罢，一旦是，四面又明明是严冬，正给我非常的寒威和冷气”这句话是什么意思？为什么开头和结尾都提到了“严冬”？

7. “我不幸偶而看了一本……”这句话中运用了“不幸”一词，按正常理解，此处应是很幸运才对，一本书纠正了他的一种错误思想，为什么说是不幸呢？

8. 为什么把第5、6自然段分开？

9. “远处有一二风筝浮动”，为什么说“浮动”，而不是“飘着”或“飞着”呢？

10. “去讨他的宽恕”，用“讨”还是用“求”好？“我还能希求什么呢”中的“希求”可否改成“奢求”？

学生所提出的问题肯定还有很多，但涉及全文主旨的要害问题（整体性的而非细节性的）无非是前三个问题，弄懂这几个问题，其他的也就迎刃而解了。教学不可能穷尽所有问题，培养学生的问题意识、研讨意识及分析问题、解决问题的能力是最重要的。

上课时，请同学们再次速读一遍课文，整理自己的读后感受，看有没有新发现。在学生所提问题的基础上，师生商讨后确定几个需要共同研究的关键问题，即上述前三个问题。

三、深入理解与探讨

围绕三个关键问题依次展开研讨，逐层深入，理解全篇。

1．“悲”从何来，是否仅仅因为“我”不喜欢风筝？

这个问题意在引导学生着眼于全篇来寻求答案，树立阅读的整体意识。

明确：眼前的风筝勾起了我沉重的心事，二十年前“我”曾粗暴地阻止弟弟制作和放飞风筝，“我”为自己犯下的过失而“悲哀”。

2．“精神的虐杀的这一幕”具体指什么？为什么说是“精神”的“虐杀”？

这是课堂研讨的核心部分，宜逐步展开。

（1）紧承上一问题的探讨，得出结论：“精神的虐杀的这一幕”指二十年前“我”粗暴地阻止弟弟制作和放飞风筝，具体内容指文章的第 3、4 自然段。放声朗读第 4 自然段，体会作者以一种怎样的心情回忆当年的这一幕。

明确：忏悔自责。

（2）为什么把这一幕称为“精神的虐杀”？不就是毁掉一个风筝吗？从哪些词可以感受到“我”实施的“虐杀”之“虐”？哪些词可以感受到“小兄弟”遭受到的无情的“虐杀”？

明确：遭到粗暴践踏的不只是一只风筝，更重要的是人的精神。“我”：折断、掷、踏扁、傲然；“小兄弟”：惊惶地站起来、失了色瑟缩着、绝望。

（3）根据文中提供的材料，发挥你的想象，如果小兄弟的那只风筝能完工，那将是怎样的一件工艺品？请你描绘一番。（意在通过想象，进一步体验这种精神虐杀的残酷。）

（4）你自己有没有这种虐杀他人精神或遭受他人精神虐杀的经历？请描述一番。（打开“文本语文”与“生活语文”的通道，使它们互相丰富和支持。）

以上四步不应机械进行，宜视具体情况而定。

3．既然弟弟已全然忘却那件事，“我”的心为什么依然沉重？对弟弟的“全然忘却”，“我”究竟持怎样的态度？

这个问题有一定难度，可让学生充分讨论，允许发表不同观点。不过，依照本文的具体语境及鲁迅先生一以贯之的观念（国人的劣性——精神的健忘及其可怕的遗传）来看，“我”的悲哀显然是典型的“鲁迅式的悲哀”，这种“悲哀”既是为当年的“精神的虐杀”而悲哀，更是为被虐杀者的健忘而深深地悲哀。“四面又明明是严冬，正给我非常的寒威和冷气”，给“我”寒威和冷气的不仅是“严冬”，更是那种可怕的精神健忘，那种难以拔除的集体无意识。教学时应相机阐发，不可硬性灌输。

四、联想与扩展

推荐鲁迅先生 1919 年创作的《我的兄弟》一文，与课文作比较阅读。全文如下：

我的兄弟

我是不喜欢放风筝的，我的一个小兄弟是喜欢放风筝的。

我的父亲死去之后，家里没有钱了。我的兄弟无论怎么热心，也得不到一个风筝了。

一天午后。我走到一间从来不用的屋子里，看见我的兄弟，正躲在里面糊风筝，有几支竹丝，是自己削的，几张皮纸，是自己买的，有四个风轮，已经糊好了。

我是不喜欢放风筝的，也最讨厌他放风筝，我便生气，踏碎了风轮，拆了竹丝，将纸也撕了。

我的兄弟哭着出去了，悄然的在廊下坐着，以后怎样，我那时没有理会，都不知道了。

我后来悟到我的错处。我的兄弟却将我这错处全忘了，他总是很要好的叫我“哥哥”。

我很抱歉，将这事说给他听，他却连影子都记不起了。他仍是很要好的叫“哥哥”。

阿！我的兄弟。你没有记得我的错处，我能请你原谅么？

然而还是请你原谅罢！

对于《我的兄弟》与《风筝》的关系，唐弢先生形容得好：“正如色彩鲜艳的油画先画一个简朴的素描草稿。”与《我的兄弟》相比，《风筝》一文人物形象更加鲜明，故事情节更加细致，更重要的是突出强调了“我”自知过失后的懊悔和无法得以赎罪的“悲哀”，使主题更加深刻了。

（课例设计：李卫东）

智慧点示：

真正优秀的教学设计在于对文本和学生的深度解读的基础上，赋予的科学与艺术的处理。李卫东老师的《风筝》教学，正完美地体现了这一点。

《风筝》是人教版七年级课文，文章中的人物复杂情感理解上较为困难，加之七年级学生认知能力有限，就增加了教学《风筝》的难度。李老师深切地认识到这一点，挣脱常规的教学模式，化难为易，以质疑、解疑、联想与扩展为主线，从两个方面帮助学生进行难点突破。一是调动学生的自主学习。例如整体感知环节，让学生梳理问题，就是指引学生自我理解课文的过程；又如，圈点批注环节，学生在品字品词过程中，体会作者难以释然的悔意。二是运用多种策略及辅助手段，帮助学生理解。例如，对学生提出的众多疑问，老师筛选带动全篇的关键问题，进行重点“爆破”，引导学生充分认识“悲从何来”“精神虐杀”等核心问题。又如，请学生描述“自己虐杀他人精神或遭受他人精神虐杀的经历”，打通文本与生活的通道，进一步理解主旨。再如，教师借用“比较阅读、相关资料”，有效地帮助学生从深度和广度上理解文章。

【知识链接】

链接一　更为可悲的是，作为受害者的小兄弟，却对往事毫无记忆，“全然忘却，毫无怨恨”，这又使我们想到《狂人日记》，被吃者和吃人者都处于不自觉状态中。当“我”已经意识到了“我”当初行为的虐杀性时，被虐杀者却毫无痛苦，历史之错从何处去改正？因此，《风筝》文末“我”的悲哀，并不仅仅是个人没有求得宽恕的“难过”，而更是对历史中“精神虐杀”事件的无影无踪，不得求证，也就无所谓改过的悲哀。再说远一点，《狂人日记》写于1918年，《我们现在怎样做父亲》写于1919年，六七年过去了，“长者”和“儿童”错位，不自觉地虐杀和被虐杀的事件似乎仍在重演，作者当初的呼号似乎落空了，于是本该飘在故乡春天的风筝，却在北京的冬季“浮动”，错位的悲哀将持续下去。（姚丹《鲁迅的“儿童本位”观和“文化原罪”感——对〈风筝〉的一种解读》，摘自《语文建设》2002年第8期）

链接二　本文具有几个主题线索发展的特征。一个主题线索是“我”对于幼年的弟弟的“精神的虐杀”的自悔的心境，以现代科学的思想批判了封建的“家长式”的吃人的道德观念和行为。二是回忆故乡温暖的春天和现实生活中的“四面都还是严冬的肃杀”的环境的对立，暗示作者对于严酷的现实的不满与反抗的情绪。三是“我”请求弟弟原谅自己的过失，而弟弟却全然忘却，以至于自己无法忏悔，包含了对于忘却别人错处的美德的一种肯定和赞誉。三种主题线索中，以第一种为核心。（孙玉石《现实的与哲学的——鲁迅〈野草〉重释》，上海书店出版社2001年）

第八编

生态阅读，快乐教学

蔡明

【内涵阐释】

生态阅读是“生态语文教育”的重要组成部分。顾名思义，生态阅读就是从生态的视角切入阅读，用生态的方式研究阅读。生态的视角，是全息性、生命化的视角；生态的方式，是关联的、发展的、绿色的、灵动的、变化的方式。生态阅读的理念是：阅读存在的地方，就是一所迷人的学校；教育是从阅读开始的。生态阅读是一个立体的、联系的、综合的文化建构。我们从狭义阅读和广义阅读两个维度进行建构，用一个非常简单的图示表示：

- 生态阅读
  - 广义阅读
    - 课外阅读（时间）
    - 一个人，一部书的阅读（对象）
    - 习惯养成为主的阅读（价值取向）
    - 全感官生活阅读（样本）
  - 狭义阅读
    - 课内阅读（时间）
    - 一篇文章，一个专题的阅读（对象）
    - 方法指导为主的阅读（价值取向）
    - 视感官文本阅读（样本）

生态阅读在关注阅读文本之外，更关注学生的阅读样态、姿态、情态和意态。生态阅读教学是实施和落实生态阅读的重要保证。生态阅读教学永远有它的显著表情：我阅读，我快乐！生态阅读教学永远有它的显著特质：个性的、现场的、生成的和美好的。生态阅读教学的课堂永远是有层次或境界的：常态的、学生的、体验的、发展的、有效的、智慧的和诗意的。

生态阅读是这样来回答“读什么”和“怎么读”的。

“读什么”呢？首先充分用好语文教科书这个语言文字学习的“范本”，以此为“凭借”，引导学生吸收中国文化的精髓，继承民族的优良传统，积累语言文字的知识，总结读写的方法与规律。更为重要的是要学会举一反三，即“举”教材“范本”学习中之“一隅”，而“三反”于课外的阅读、广泛而大量的阅读。古今中外的经典名著是学生阅读的“大餐”，报刊时文、美文是学生阅读最可口的“时蔬”。如何阅读一本书，如何阅读一个专题的文章，如何阅读某一个作家的数本书，如何阅读同一个时期的作家作品，常常成为语文学习的家常话题，也成为学生乐此不疲的谈论话题。每周有语文课是必须在阅览室或图书馆上的，每个教室里都有图书角，保证学生随时读书随时有书读。只有真正养成阅读的习惯，让阅读成为人生的行走方式，这样的阅读才是有意义的阅读，这样的读者才是真正的读者。

“怎么读”呢？从狭义阅读的研究来说，我们有“五点”（要点、重点、难点、疑点、微点）阅读法的总结，还有不同阅读课型（精读、略读，美读、趣读，细读、粗读，课内、课外等）的实践。我们提倡自觉进行语文课堂教学形态的自觉重构。学生讲，学生听，学生评，学生议；小组学习、研讨，全班展示和交流；围绕阅读内容与作者、与文本的对话，更与同伴、老师等展开对话。我们提出阅读课是先读后教，生读生教，充分发挥并体现学生学习的自觉性、主体性、主动性和参与性。老师是学生学习的帮助者、促进者；偶有讲解，往往在学生疑难处、有误处，稍加点拨引导，切实做到“导而弗牵，强而弗抑，开而弗达”，力求学生在民主、自主、自由、热烈的语文学习环境中，形成知识的交流、情感的沟通和智慧的碰撞，学得活泼主动，轻松愉悦。

在这里我们能够呈现的，更多的可能还是单篇文章的阅读教学。我们将尽可能在尺幅之内多透露或渗透生态阅读的相关信息，以期得到大家更多的帮助和指导。

【课例展示】

课例一

境界全从读中来

——《陋室铭》课例展示

教学过程

一、导入

师：我们一起来齐读一首诗。（多媒体展示：《秋词》。）

师生："自古逢秋悲寂寥，我言秋日胜春朝。晴空一鹤排云上，便引诗情到碧霄。"

师："我言秋日胜春朝"，这位一反古人悲秋之情、乐观旷达的诗人是谁？

生（齐）：刘禹锡。

师：是的，这个被白居易称为"诗豪"的刘禹锡，一生留下800多篇诗文，今天，我们将一起来学习他的另一名篇《陋室铭》。（板书课题：陋室铭）（多媒体展示：画面音乐。）

二、读出音韵之美

师：请同学们大声地自由朗读课文，并注意两点：读准字音、读准节奏。（多媒体展示。）

师：（在学生自由朗读之后，指名生1读。）谢谢你，很流畅。有读错的字吗？

生2：（点出读错的字，并略作评价。）

（板书："馨""调""牍"三字的读音）

师：节奏读得如何？

生3：（评价，主要指出节奏太快等。）

师：是的，我们在朗读古文的时候，如果我们稍微放慢一下语速，稍微注意一下语音的轻重，不仅古文的味道有了，意思也基本弄明白了。比如前三句："山/不在高，有仙/则名。水/不在深，有龙/则灵。斯是/陋室，惟吾/德馨。"这样读，会更好一点。好的，那我们来齐读一遍。

（学生齐读。）

师：自我感觉读得怎么样？

（很多学生感觉有进步，于是为自己鼓掌。）

师：老师也觉得你们的朗读，有音韵之美，特别是读来朗朗上口！因为这是一篇铭文（板书课题：铭），什么是"铭"？

生：铭文是讲究押韵的一种文体。

师：押了什么韵呀？来看看韵脚。

生：名……灵……馨……

师：读到韵脚这些字，一定要读得饱满。

三、读出意蕴之美

师：铭，是一种文体，就像"爱莲说"的"说"也是一种特殊的文体，那我们看标题，意思是——

生：为陋室而写的一篇铭文。

师："陋室"是什么意思呢？

生：简陋的房屋。（读书下注释。）

师：那你认为，怎样的屋子是简陋的？

生：茅椽蓬牖（yǒu），瓦灶（zào）绳床。

师：太棒了，你竟然可以用我们现在几乎使用不到的两个四字词语来回答，而且有几个字不但难写而且难认。（老师顺手写到黑板上，并给冷字注音，并请这个同学把这两个成语领读两遍。）

师（面带微笑，对该生）：老师也很喜欢《红楼梦》，你这四字词语是从阅读《红楼梦》第一回中得来的吗？

生：（得意且激动，连连点头。）

师（自言自语）：阅读好啊，经典好啊！

（一时间，课堂上很多同学对该生投去“羡慕”的目光……）

师：好的，标题中的“陋室”，我们明白了，接下来请同学们速读课文，找找看，课文中诗人刘禹锡的陋室，“陋”在哪里？（多媒体展示：请结合语句，具体说明陋室之“陋”，陋在何处？）

学生寻找之后，便是相互议论。然后，老师请学生自由表达。最后，老师将学生的表达稍作整理，归纳提示，同时也是在老师的引导下讨论，进一步清晰化、条理化。内容如下：

1．室外之陋：

“苔痕上阶绿，草色入帘青”这句话是写陋室的环境。

苔藓的痕迹都长绿了台阶，可见这是阴暗潮湿的，是一般人不会居住的地方。苔藓痕迹长满台阶，可见来往人物之少，是个“门前冷落鞍马稀”的人迹罕至的地方。而窗外的杂草都快长到屋里来了，这是一个怎样荒芜的地方。

这房子外面没有华丽的装饰，没有高门大户，没有亭台轩榭，没有假山池沼，没有名贵花树，有的只是人迹罕至的冷绿苔痕和窗外的丛生杂草。

师：这样的环境，还真是简陋呢。看完室外之景，再来看看室内之景吧。

2．室内之陋：

素琴：不加装饰的琴。

一张不加装饰的琴，一张不镶嵌金银玉石等华美装饰的琴。对于一个朝中官员来说，还真是有点简陋。

师：看来，刘禹锡的居室，还真是陋室，不仅“陋”在室外环境的荒凉，还“陋”在室内陈设的简朴。（多媒体展示：陋室之“陋”，陋在室外室内。）那作者是不是也认为自己的房子简陋呢？从文中哪句话看出来的？

生：“何陋之有？”（多媒体展示：何陋之有？）

师：这句话怎么解释？

生：有什么简陋的呢？

师：是呀，有什么简陋的呢，如果把反问句改为陈述句，这是不简陋的。为何在作者看来，又不简陋了呢？而且还特别运用反问的修辞手法，表达强烈的情感。

请同学们再回到文本，和你的同桌一起探讨，从文字中找一找作者“不以为陋”的理由。（多媒体展示：我虽身居陋室，但我不以为陋，因为……）

讨论探究：

师：同学们探讨时，不能简单用文中一句话来完成投影上的题目，一定要紧接着寻找理由，说明“为什么”。

在老师组织下进行全班交流和展示，根据交流内容撮要整理如下：

3. 因为“谈笑有鸿儒，往来无白丁”。理由是：孔子云，“观友知其人”；俗语云，“人以群分，物以类聚”。

明确：①这句话是写陋室主人谈笑交往的人物。②采用了互文的修辞手法。③“白丁”书下注释：平民，这里指没有什么学问的人。那到底指“平民百姓”还是“没有学问的人”？古人常用“白”“丁”等字来表示最简单的字，如成语“目不识丁”就是说连最简单的字也不认识，当然不可能是有学问的人。④所以，一个“有”字，一个“无”字，让我们感受到了作者将无学无德的世俗之徒、纨绔子弟拒之门外，留下一块自由的天地供学高德馨的“鸿儒”们放意地“谈笑”。这正是君子儒雅的生活行为。

因为“可以调素琴，阅金经”。理由是：“调”素琴，是一种悠闲惬意的生活；“阅金经”，金经，指佛经。超凡脱俗的人阅读佛经。自在地浏览着经卷，放纵自己的心灵去体味佛教对于生命的觉悟。一“调”一“阅”的生活，正巧对应的是“无丝竹之乱耳，无案牍之劳形”。这是一种远离喧嚣、远离官场，以弹琴为乐、以读书为乐的志趣高雅的生活，这其中何陋之有呢？

明确：①“乱”：扰乱；劳：使……劳累（使动用法）。“丝”，指弹弦乐器，“竹”指竹制吹奏乐器，而“丝竹”合奏，作为一种演出形式，却常常出现在达官贵人的宴会上，所以作者鄙夷“丝竹之乱耳”，实质是表达对灯红酒绿、歌舞升平这种官僚生活的鄙弃。②借代修辞。③“可以调素琴”是作者自我精神愉悦、兴致高雅的体现，“无丝竹之乱耳”是作者甘于淡泊、不为物役的高尚情操的体现，这里的“素琴”与“丝竹”两者内涵是大不相同的。

4. 因为“苔痕上阶绿，草色入帘青”。理由是：单看主人公，很有一种天人合一的情怀。临阶看苔绿，隔帘观草青，你觉得他以此为陋吗？在这样的环境中交友、谈笑，弹琴、看书、读经，这是怎样的一种人生态度，如佛道情怀，散淡自然。正如田园归隐诗人陶渊明“种豆南山下，草盛豆苗稀”但仍有满足惬意。“暧暧远人村，依依墟里烟”不也是美景吗？心中若有桃花源，何处不是水云间？心中有风景，处处有风景。亦如孔子想要搬到荒芜之地去居住，有人说：“那里太简陋，怎么能居住呢？”孔子回答说：“君子居之，何陋之有？”

对前面的交流和展示再作一个小结：（多媒体展示：表格）

师：是的，室外的环境是荒凉的，但正是这偏僻、荒凉，带给诗人宁静和致远；室中来往的客人是稀少的，但是，主客间的言谈交往却是高雅的；遭贬后室中的生活是单调的，但是他放纵自己的心灵去调素琴、阅金经，他的心是饱满的。这陋室，陋的是居室，是外在的物质；而不陋的，是居室主人，是主人的才、德，主人的精神世界，“惟吾德馨”。（板书：惟吾德馨；对比）

师：请同学们再读这些文字，读出居室主人那种“秋日胜春朝”的旷达，那种“陋室胜华堂”的悠闲、恬淡和自得。

（学生齐读。）

四、读出文脉之美

师：一片自然风景，是一种心境。一座陋室，也是一种心境。一篇《陋室铭》，更是一种心境，一种超凡脱俗、淡泊名利的心境。这就是托物言志之妙。可是，作者明明是在歌颂自己的陋室，为何又写诸葛庐，子云亭呢？

生：是想表明作者像诸葛亮一样有德，像扬子云一样有才。

师：照应文中哪句话？

生：“惟吾德馨”。

师：是呀，看似宕开一笔，确是深化主题之笔，用诸葛亮、扬子云来类比自己也身居陋室，也有德有才。（板书：类比）

师：文章开头写山写水又有什么作用呢？

生：以山水做类比，引出陋室。

生：是一种比兴。

师：先言他物，以引起所咏之物。（板书：比兴）一篇 81 字的《陋室铭》，看似短小却精悍，看似言简却意赅。

小结：（多媒体展示：比兴、对比、类比）

1．开篇，中间，结尾都围绕“陋室不陋”。

2．三处用比，一比到底，却比比不同，同样是陋，却是室陋人不陋，陋室简陋，而人却不浅陋，不粗陋，更不丑陋，恰恰是德才兼备，惟吾德馨。

3．这就是这篇铭文的特殊之处，不同于警戒自己的座右铭，也不同于歌功颂德的墓志铭，正如西晋文学家陆机所言“铭，博约而温润”（多媒体展示），文字简约、却意蕴丰富，文笔温润典雅，多用互文、对偶。

4．一篇81字的铭文，处处是美点，骈散结合的音韵之美，“陋而不陋”对比中的意蕴之美，三处用比、一比到底的文脉之美，真可谓字字珠玑、耐人回味。

五、师生吟诵，享受铭文之美

师：老师忽然有个想法，也想来读一读这篇至善至美的文章，可以吗？（多媒体展示：《陋室铭》，师读，一片掌声。）

师：老师只是把心中的感觉读出来了，其实最美的声音，当属你们。

（学生：诵读《陋室铭》。掌声。）

师：真正好的文章，只有读到心里，才能成为你心中的风景。让我们一起再读一遍，让这风景永远沉淀在心里。（全班合书吟诵，最后是自己给自己热烈鼓掌。）

师：相信，这篇81字的铭文，已经让我们每一位同学铭记在心，而你们今天的精彩表现，也同样让老师铭记在心。同学们，再见！

（课例设计：陈　芳）

智慧点示：

《陋室铭》是传统名篇。要让教学既遵循语文学习的规律，又能体现教师教学的风格，更能体现课堂的生成性和文本解读的独特性，让学生有所获有所悟，同时也让同仁、专家有所感动有所认可，这不是一件容易的事。

这堂课的设计，用一个字概括就是“读”，用两个字概括就是“三读”，即读出音韵之美，读出意蕴之美，读出文脉之美。诵读是文言文学习特别是诗文类的文言学习必不可少的功课。语文之美，从某种意义上说，就是诵读之美。而诵读之美又必须体现在高低、强弱和缓急三个方面。而决定这三个方面的运用与变化的不仅仅是形式，更重要的是内涵意蕴和文气文脉。而陈芳老师的课堂恰恰是抓住了形式——音韵之美；更抓住了内容——意蕴和文脉。由此展开学习过程，推进品读的步步深入。一反传统逐字逐句的翻译，逐字逐句讲解阐发的方式方法，给人耳目一新的享受，最后又在享受铭文之美的吟诵中，结束课堂，充分体现了生态语文阅读课的“美读”的特点。

但这远不是这堂课的精彩，这堂课的精彩有点儿“白妞说书”的味道，每一个细节都处理得那么圆润婉转，让你觉得是那么的舒心和惬意。比如《秋词》的导入，何止是引出作者，何止是教学上的熟点切入，更是理解全文的一把钥匙，是感悟刘禹锡旷达情怀的妙招；比如学生“茅椽蓬牖，瓦灶绳床”的回答之后，老师的处理和自言自语的场景的营造，应该是“润物细无声”的绝妙广告，关于《红楼梦》的阅读广告；更有关于“陋”和“不陋”的对比，关于“苔痕上阶绿，草色入帘青”的辩证处理，关于“三比”的解读，围绕以上内容所展开的课堂对话，以及对话形式的变化，无不显示了独特化、个性化和创意化的阅读教学的智慧。即使是最后的师生交互诵读以及齐诵的处理，都能在不经意间，在常态间显示出匠心和化境……而这一切，正是生态阅读教学所追求的一种生成性、创意性和共生性。

没有做什么关于陋室背景的补充，也没有对作者做宦海沉浮的介绍，就是一个不知不觉的阅读，让学习有了这样的一种收获，不能不说是难能可贵的。

课例二

如画风光，美韵无限

——《阿里山纪行》课例展示

教学过程

一、析题导入

师：今天，我们一起来学习一篇游记散文《阿里山纪行》（板书：阿里山纪行），能读懂题目吗？

生：记录了行走在阿里山的所见所闻的文字。

师：相当准确。

二、捕捉美丽

师：在阿里山，作者一路走来，从火车站到神木这一段路程中，他欣赏到了哪些美景呢？让我们把目光投向第4~9自然段，在幽幽墨香中，感受阿里山迷人的风光。（师生共读，再次亲近文本。）

师：一路走来，作者欣赏到了哪些景物呢？这些景物又有哪些特点呢？（找出所写景物，用直线“____”画出，找出表现景物特点的词语，用实心圆点“．”标出。）

老师组织学生进行概括交流，根据交流，老师在黑板上写如下内容：

1. 清亮的姊妹潭
2. 宁静的原始森林
3. 厚密的青苔路（曲径幽路）
4. 无边的森林
5. 罕见的神木（庞然大物般的神木）

师：是的，一路走来，一路欣赏，一路风景，那潭水、森林、青苔、神木，一幅幅美景舒展自如地呈现在我们眼前，真有一种美不胜收的感觉。能用一句话来表达作者的游览感受吗？

生：我只觉得阿里山的风光美如画。（第10段末尾句。）

三、品味美丽

（一）静谧的原始森林

师：（板书：美如画）“美”，这个褒义词，已经是对阿里山的极高评价了，可作者却说“美如画”，你觉得怎样的美，才能如画一样呢？

生（交流）：如栩栩如生、心旷神怡、人间仙境……（老师一一写在黑板上。）

师：那么，阿里山的风光属于哪一种如画之美呢？让我们从这5幅风景图中，找一幅来读读、品品。选择哪一幅先开始呢？

（多数学生选择第二幅。）

师：好的，我们就选择作者花墨最多的第二幅，也是最能代表阿里山景观的森林，课文第5自然段，静谧的原始森林。

师：请一位女同学读一下，其他同学闭上眼睛用心聆听。

生：（伴乐诵读。）

师：这5句话，是怎样来写原始森林的“静谧”这一特点的呢？请圈画出关键词，进行批注，有根据地说出理由。（圈画字词品味——全班交流。）

学生一番圈画批注后，老师组织全班交流。以下内容为交流提要：

1. 第1句：“满眼”强调森林之大之广之深，又因山间人少树多，所以特别宁静。有“只在此山中，云深不知处”之感，可以说，从绘画艺术上讲，描绘出了一个广阔的背景，给出了审美对象。

2. 第2句：两“无”是对偶句，强调的是“静”。

用“偶或有”之声音，来衬托“没有”了的静谧。蝉声、蝇声、蚊声，声音本已细微，但是在谛听、分辨、甚至捕捉之后，却了无声息，足以体现森林之宁静。艺术上谓之“蝉噪林愈静，鸟鸣山更幽”般的反衬。（读一遍，读出宁静的韵味和美感。）

正是这样细腻的写实，把宁静写足了，写透了，写得神奇了。（板书：写实）

3. 第3句：这种宁静，还是一种净洁。

净洁：是特别干净，如冬天白雪红梅的琉璃世界，如夏日出淤泥而不染的荷花，亭亭净直，一尘不染，能给人一种崇敬之感。所以，这种宁静，已不是一般的宁静，是有着人的品质的宁静、纯净。这样，就把景物的品质传神地表

达出来。（板书：传神）

禅：这种宁静，是禅的世界。这是一种排除杂念、了无杂尘、忘却自我、超凡脱俗的境界。（板书：妙悟——禅的境界）

题破山寺后禅院

清晨入古寺，初日照高林。
竹径通幽处，禅房花木深。
山光悦鸟性，潭影空人心。
万籁此俱寂，但余钟磬音。

4. 回头再来看看这一景，“宁静的原始森林”，是怎样具有画的意蕴的？

（生交流，师板书：写实、传神、妙悟 静、净、境）

师：说到这里，老师想到著名美学家宗白华先生所说的一段话：（多媒体展示，请一学生读。）

师：懂这段话的意思吗？

（学生摇头。）

师再读，解释如下：

有意境是艺术追求的境界，它不是一个单层的平面的自然的再现，而是一个境界层深的创构，以直观感性的摹写（也就是写实），活跃生命的传达（可以对应传神），到最高灵境的启示（在本段，也就是禅的顿悟）。

师：难怪作者说，阿里山的风光美如画。仅此一个宁静的原始森林，在作者的眼中、心中和笔下，就能这样的富有画的意蕴，就这样有意境，一个境界层深的创构，让我们从栩栩如生的写实中，感受传神的高尚品质，最后到达禅意空灵的妙悟之境。这么好的句子，我们真该含英咀华，牢记于心。

（学生齐读，节奏和强弱处理得比较得当。）

（教师同步播放音乐。）

此刻的课堂也是一种境界层深的美的天地，听之仿佛身临其境。

（二）庞然大物般的神木

师：听了你们的朗读，老师也沉醉了。原来阿里山的森林可以有如此静谧的美丽。难怪作者会说：“不到阿里山，何以能说到了台湾？”作者还说：“不到神木，又何以能说到了阿里山？”这神木，究竟“神”在哪里呢？作者又是怎样画出这幅画面的呢？请同学们自由朗读第8、第9两个自然段，然后说说体会。

学生自由诵读后，自觉参与讨论。以下为交流要点归纳：

1. 它本身高大、历史悠久："它是台湾著名的红桧……近一个世纪。"

2. 它英勇顽强："两段横卧地上，一段还站着"，一个"站"字，是多么了不得，一声焦雷，简直是灭顶之灾。但是它却拔地参天地站着。让我们想到生而不死3000年，死而不倒3000年，甚至可能倒而不朽3000年。

生：我觉得，一个"拔地参天"便可以写出神木的神韵了，为什么还要连用四个短语呢？

师：这个发现好，大家一起研究，看看它们分别强调了什么，也就能明白为什么要连用四个短语了。

学生进行一番交流后得出：

拔地参天（特别的高大，从地上拔起，耸立天空）

八面威风（特异的神威，神气十足）

雄踞山间（特殊的地位，强有力地占有山林中间）

无可匹敌（特有的厉害，没有能够和他相提并论的对手。强调其特别厉害。匹敌，匹，相当；敌，对手 ）

结论：四个短语连用，从四个角度传达了神木与众不同的特别品质，语言整饬，赞美之情溢于言表。

师：应该怎样读，才能把这种感情和气势读出来呢？

（一学生主动起立诵读，全班掌声。）

师：由此看来，生长在阿里山的"神木"，虽遭焦雷巨创，一劈为三，但是依然拔地参天，八面……所以说，眼前的这棵红桧，它已不仅仅是一棵树，它还具有生命的奇迹，"它仍然是阿里山的标志、灵魂"。而这"标志"和"灵魂"是对神木的最高礼赞，也是作者观神木的瞬间妙悟。让我们用声音来表达心声，用起立来表达崇敬，读出神木的神奇之美，读出神木的精神和品质。（生齐读最后两句。）

四、升华美丽

师：作者吴功正老师行走在阿里山，一路游览、一路风光、一路描写、一路感悟，正如爱米儿（Amiel）说过，“一片自然风景就是一种心境”。阿里山的一片自然风景，不管是宁静的森林，还是罕见的神木，在作者的眼中、心中和笔下早就是一种心境了，从写实到传神再到妙悟，境界层深，美丽无限，意蕴无限。阿里山所有的风光，早就因为作者的生花妙笔，在人们心中定格为一幅有情趣有品味有境界的美丽的艺术品——一幅连轴画卷——“阿里山的风光美如画”。

课文中还有许多美丽如画的游览景观，我们下节课继续观赏，下课！

（课例设计：陈　芳）

智慧点示：

《阿里山纪行》是美学家吴功正的一篇游记作品。如何挖掘出这篇游记的文本特质，走进美学大师的游记文学，感受和学习渗透在写景状物中的审美品质，是教学本文的一大挑战。同时，这也是一篇文本较长的游记，在八年级教学，且是一个课时教学，取和舍，也是对教者的一大考验。

应该说，陈芳老师不仅接受了挑战，也经受住了考验。这堂课无论是从教什么角度的取舍来看，还是从如何教角度的设计来看，都是可圈可点的。抓牢文眼句“阿里山的风光美如画”，备课钻研，深掘文本，找出隐藏在优美文字背后的美学意境，选择两个精彩画作为切入点，让学生在品读中感受“写实、传神、妙悟”有机结合且层层推进的意境表达艺术，收到了读景、读神、读境的美的享受。

品读中适时引入的常建的诗、宗白华的美学观以及结尾处爱米儿的“一片自然风景就是一种心境”的名言，不仅为理解和品读提供了依据，也为审美品质的培养提供了丰富的矿藏，开拓了学生的眼界。

特别让人兴奋的是八年级学生在老师的引导和组织下，对于“静谧的原始森林”和“神木”的品读，不只是视角令人耳目一新，更在品读的深度上让人叹为观止。不由得不让人想到一句语文老师不愿意接受的表达：“学生的高度，不是来自学生，而是来自高明的老师。”还有一句更为通俗的表达：“有什么样的老师，就有什么样的学生。”其实，这就是“名师高徒”的不同表达而已。

听完这节课之后，心中一直有这样的感受："游记散文，还可以这样读！"

课例三

精段精读，妙文妙品

——《呼兰河传（节选）》精段品读课例展示

师：苏轼曾说，"旧书不厌百回读，熟读深思子自知"。意思是说，优秀的文学作品，特别是耐人寻味的文学作品，需要我们含英咀华，反复品味，这样才能常读常新。今天这堂课，我们就以《呼兰河传》的第28自然段"花开了"为例，进行精段品读。请翻开课本。

（学生翻开课本，先粗略浏览一遍课文。）

师："品读"，顾名思义，就是品味加诵读。因此，我们把本堂课的目标锁定在"三品"和"三读"。

（多媒体展示本课目标：

1. "三品"：品析所写文段的思路；品评一个"就"字；品玩景物背后的情味。

2. "三读"：读出"天真"；读出"自由"；读出"诗意"。）

（学生齐读教学目标。）

师：好的，首先请同学们自由朗读这一段，想一想写了哪些内容。

（学生自由朗读课文第28自然段。）

师：读完了，可以回答了吗？

生：写了花、鸟、虫和倭瓜、黄瓜、玉米。

师：能按照顺序说清楚所写的对象，但是你的回答不是一个完整的句子。再想想怎么表述，会更完整。

生：写了花开、鸟飞、虫叫和倭瓜、黄瓜、玉米的生长。

师：嗯，这次说得比刚才好多了。还有其他的表述吗？

生：写了园中一切动植物自由地生长。

师：你用“一切”来概括了园中所有的动植物，不错，这样的表述更精练。园中的动物是自由的，植物是自由的，作者是怎样有条理地写好这自由的一切的呢？

生：先写花、鸟、虫，再写倭瓜、黄瓜、玉米，最后写蝴蝶。

师：你的表述很有条理。如果让你说的更清楚些，给第 28 自然段分层，你准备怎么分？

生：第 1～3 句为一层，第 4～11 句为一层。第一层运用拟人来写，第二层具体写。

师：是这样，好，先请坐。听听其他同学的观点。

生：第 1～3 句为一层，第 4～7 句为一层，第 8～11 句为一层。第一层写花鸟虫，第二层写植物，第三层写动物蝴蝶。

师：哦，第一层花鸟虫不也是既有植物又有动物吗？怎么可以合到一起呢？

生：因为它们的句式相似。

师：你能从句式角度来思考，很好。那么第 5～11 句句式如何？

生：好像也是一样的。我知道了，分两层。第 1～3 句为一层，第 4～11 句为一层。

生：我不赞同他，我认为可以分三层。第 1～3 句为一层，第 4 句为一层，第 5～11 句为一层。

师：你的观点很新颖，说说理由。

生：说到句式，我发现第 4 句和其他几句都不一样，不是具体的描写，而是一句总写。

师：总写，中心句？

生：是的。

师：为什么把中心句放在这里？

生：这句话既是承上句，又是启下句，所以单独成一层更好。

师：同意他的观点吗？请举手示意。

生：我也赞同他，这句话不仅是承上启下，而且还是中心句，所以要独立为一层。

师：从刚才同学们的回答中，老师发现，萧红还真是一位高明的作家，她先描写最具中国审美意象的花、鸟、虫（第1~3句），再描写倭瓜、黄瓜、玉米这些植物（第5~8句），最后描写昆虫蝴蝶（第9~11句），而这一切都是围绕第4句展开的。整段文字先写景，后抒情议论，接着又写景，条理清晰。而整幅画面也动静相宜，色彩鲜明，构成一幅多彩的风土画。

（多媒体展示：

萧红的《呼兰河传》，是一幅多彩的风土画。

——茅盾）

师：面对这幅多彩的风土画，老师觉得，最妙的、最亮的点睛之笔是反复出现的"就"，你们觉得呢？

（学生点头赞同。）

师：还真同意我的观点？老师说的不一定对，现在是你们同意，那就要说出你们的理由。我们先来做一个简单的工作，找一找，有多少个"就"？

生：（圈画"就"字）共11个。

师：为什么这11个"就"字是传神之笔呢？小组内交流讨论一下。

（学生讨论交流。）

生：我们一组说前3句的"就"字。"花开了，就像花睡醒了似的。鸟飞了，就像鸟上天了似的。虫子叫了，就像虫子说话似的"是用来强调。

师：强调什么？

生：……

师：老师来说个句子，"你的字写得真漂亮，像是王羲之写的"和"你的字写得真漂亮，就像是王羲之写的"。能明白两者的差别吗？

生：明白了，用一个"就"字强调眼前的一切很自然逼真。

师：你的悟性很高。这三个"就"字，放在了比喻词"像……似的"前面，相当于"很"和"真"，突出强调两种情态（"开"和"睡醒"；"飞"和"上天"；"叫"和"说话"）之间的相似性，这在一个孩子的眼里，不能不说是一个惊喜的发现。其他小组呢？

生：我们说的是后面的7个"就"，"黄瓜愿意开花就开花，玉米愿长多高就长多高"，它们好像特别自由自在。

师：嗯，你妈妈说“你想看书就看书，想看电视就看电视”，多自由啊！

（学生笑。）

师：这几个“就”字和前面三个不太一样，它们用在动词前，表示在某种情况或条件下自然会怎么样，传达出随心所欲、心想事成、自由自在、无拘无束等情感。但是，老师想告诉你们，刚才的7个“就”字中，有一个“就”和其他6个不太一样，能否找到？

生：“若都不愿意，就是一个黄瓜也不结，一朵花也不开也没有人问它。”

师：找得很快，而且找得还很准。那么这个“就”字，该如何理解？

生：……

师：你们看，这个“就”字所放的位置和其他的“就”不同，表达的意思应该也不同。想想是什么意思？

生：好像有“万一”“果真”的意思。

师：非常好，你能换个词语来理解。果真是一个黄瓜也不结，一朵花也不开，也没有人问它。太自由了，无人约束、问责的自由。

师：这11个“就”字，虽然所处的位置不同，表达的意思不同，但传达的情感却是相似的，传达出一种自由与无拘无束。一个“就”字，连用11次，一气呵成，万能传神。

（多媒体展示：

“就”字妙用：

1. 用在比喻词“像……似的”前面，表示“很”和“真”的意思，起强调作用。

2. 用在动词前，表示在某种情况或条件下自然会怎么样，传达出随心所欲、自由自在的情感。

3. 用在假设关系的语句中，有“万一”“果真”的意思。）

师：当然，本段文字中传神的不仅仅是一个“就”字，有人说，萧红的《呼兰河传》通篇没有华丽的词语，但字字句句童心四溢；看似不经意地写景状物，其实无不传情表意。你们有这样的发现吗？

生：我说一说，“就像……似的”特别充满童趣，当作者看到花开，想到花睡醒，欣欣然张开眼，特别的神采奕奕。

师：你和作者一样，很有想象力。

生：我也说“就像……似的”，当作者听到虫叫，觉得它们在说话，感觉特别神奇，似乎萧红能听懂虫子的语言，虫子也能听懂萧红的语言。

师：你也特别有想象力。像萧红的老师及朋友，鲁迅先生在《从百草园到三味书屋》中也有这样的句子，想想看。

生（齐）：油蛉在这里低唱，蟋蟀们在这里弹琴。

生：我想说说“愿意”一词。倭瓜愿意爬上架就爬上架，黄瓜愿意开花就开花，玉米愿意向上长就向上长，是多么的随心所欲与惬意呀！

师：你读懂了植物的心声，也读懂了萧红的心声。

生：我想说说蝴蝶，它们一会儿飞来，一会儿飞走，两个“一会儿”连用，特别自由自在。

师：你们说得真是太好了。刚才，我们不知不觉完成了三件事：品析所写文段的思路；品评一个“就”字；品玩景物背后的情味。这样的“三品”，让我们对这个语段有了更多更深的理解。正如朱熹所言：“为学读书，须是耐心、细意去理会，切不可粗心。”读书如品茶，只有慢慢、细细地品，才会齿唇留香。

（多媒体展示：

为学读书，须是耐心、细意去理会，切不可粗心。

——朱熹）

师：让我们再次回到教学目标：“三品”“三读”，“品”是为了更好地读，“读”是用声音传达出你的品。有人说，就是这段文字，用不同的语音、语速、语调，会读出不同的情韵，请在小组内试试看。

（学生大声地自由朗读。）

师：能读出各种味道吗？

小组1：我们想读一读“天真”。（4名学生齐读前3句。）

师：其他小组，觉得他们读出“天真”了吗？

小组2：好像还行，但又差一点点。

师：差在哪里？

小组2：读得有点冷。

（学生笑。）

师：那你们这一组读得热一点。

（小组2齐读前三句。）

师：好像是热一点了，热在哪里了呢？

小组3：他们声音更响亮了，而且读得轻快活泼。

师：哈哈，看来评价其他小组读出天真与否，还不是一个“冷”字或“热”字能概括的，应从语音、语速和语调来评价。好，刚才我们说到，要读出天真，你就要想象你是萧红，用儿童的眼光打量世界，用儿童的声音诵读文字，用活泼的语调传达情感。我还想请第一组同学来读。

（小组1的4名学生齐读前3句。）

师：这次的朗读比刚才上了一个台阶。因为你们理解了何为“天真”。谢谢！

小组4：我们来读一读“自由”。（齐读第5～11句。）

师：这次我想请你们自己来说说，是怎样读出“自由”的？

小组4：我们抓住了“想……就……”，来重读突出“自由”。

师：是突出语音。那么语速和语调呢？

小组4：语速应该要快一点，语调要轻松自在一点。

师：说得很好，请再来读一遍好吗？

（小组4齐读。）

师：真不错，老师好像看见那生动自由的画面了。其他小组想来读读吗？

小组5：我们也来读一读第5～11句，我们觉得要突出“自由”，还要抓住“也没人问它”“也没人管它”。（学生齐读。）

师：谢谢你们精彩的“自由”，特别好。我发现我们三（2）班真是出人才的班级，你们看，朗诵能手数不胜数，小小朗诵家们，能不能读出诗意呢？我们还是以前三句为例。

（全班同学自由朗读，指一名学生读前3句。）

师：声音温婉柔美，请问读出诗意了吗？

生：读出来了，读得很抒情。

师：哦，抒情，诗歌确实要有意象和意境，要有画面的美感和强烈的抒情。

但是老师觉得，她读得还不够抒情，想想怎么处理。

生：可以语速更慢一点，语音更低一点。

师：你很聪明，能从语音、语速上考虑。我想请刚才那位同学再读一遍。

生：（读前 3 句。）

（多媒体展示：

花开了，就像花睡醒了似的。

鸟飞了，就像鸟上天了似的。

虫子叫了，就像虫子在说话似的。）

师：比刚才好了很多，来，我再换个形式让你读一读。

（多媒体展示：

花开了
就像
花睡醒了似的
鸟飞了
就像
鸟上天了似的
虫子叫了
就像
虫子在说话似的）

（学生沉醉其中。）

师：读得怎么样?

生：好!

师：让我们一起来齐读，读出心中荡漾的诗意。

（学生齐读。）

师：其实，第 28 自然段的每一句，都是平仄的诗行。

（师生齐读。）

（多媒体展示：

黄瓜
愿意开一朵谎花
就开一朵谎花
愿意结一个黄瓜
就结一个黄瓜
若
都不愿意
就是
一个黄瓜也不结
一朵花也不开
也没有人问它）

师：萧红，用她的眼睛，看花睡花醒，用她的耳朵听虫鸟歌唱，用她的文字书写美丽的诗行，难怪茅盾说，萧红的小说是一首叙事诗，一首不分行的诗。

（多媒体展示：

萧红的《呼兰河传》，是一幅多彩的风土画，是一篇叙事诗。

——茅盾）

师：写诗有一个重要密码，那就是转换一个视角，把物当作人，站在花鸟物的角度思考说话。老师也换个角度来写这花园中的精灵们：

（多媒体展示：

花儿对我说
月亮给了我酣睡的美梦
太阳给了我梦醒的芬芳
鸟儿对我说
云彩是我美丽的翅膀
蓝天是我飞翔的故乡
虫儿对我说
晚风聆听我窃窃的私语
晨露润泽我唧唧的歌唱
倭瓜对我说

瓜架给我向上的诱惑
房顶是我伸展的远方
黄瓜对我说
结不结瓜是我的自由
开一朵谎花也有幽香
玉米对我说
我依恋着大地慢慢成长
我憧憬着蓝天节节向上
蝴蝶对我说
白姐姐飞向何处与花共舞
黄哥哥又从谁家捎来花香
我对太阳说
是你的温暖
给了她们活力与精彩
是你的光亮
给了她们自由的徜徉）

师：读完这首改编的诗后，我们回头再来看萧红的文字，我们会发现，这段骈散结合的文字，真是一首不分行的儿童诗。三分诗，七分读，即使诗不怎么好，但只要我们读得好，就会特别富有诗意。

（学生齐读第28自然段。）

师：读着这美丽灵动的文字，同学们有什么感觉？

生1：感觉很快乐，很诗意。

生2：感觉很惬意，很自由。

师：老师也和你们有一样的感觉，我们似乎在一个繁星当空的夜晚，听萧红娓娓讲述着呼兰河——她美丽的家乡，她美好快乐的童年。其实，她的童年是不幸的，母亲去世，父亲凶暴，只有祖父给她温暖。而且，萧红在写作本文时，处在离家万里的孤岛香港，处在贫困、病痛与孤独之中。

（多媒体展示：

萧红，9岁丧母，父亲暴虐，只有祖父给她温暖。20岁弃家出走，从此便开始了漫长、艰苦的流亡生涯。她在贫病中极力挣扎，最后客死于南方孤岛香港，年仅31岁。）

师：为何她在最艰难的时候，还能留给我们满溢着阳光的童年画卷呢？

生1：可能是想回到童年吧？

生2：也许是对童年的眷恋。

生3：可能是对光明的渴望。

师：让我们一起来听读小说的尾声，相信，一切你都会明白。

（多媒体展示：

呼兰河这小城里边，以前住着我的祖父，现在埋着我的祖父。

我生的时候，祖父已经六十多岁了，我长到四五岁，祖父就快七十了。我还没有长到二十岁，祖父就七八十岁了。祖父一过了八十，祖父就死了。

从前那后花园的主人，而今不见了。老主人死了，小主人逃荒去了。

那花园里的蝴蝶，蚂蚱，蜻蜓，也许还是年年仍旧……

——《呼兰河传》尾声）

师：忘却不了，难以忘却。她在寂寞中，用自己的文字来给自己谱写快乐，用情思绵长的文字来为自己找寻精神的栖息之地。这样温暖阳光的文字，让我们永远永远记住它。永远记住萧红，记住呼兰河，记住这精彩的一段。

（学生齐读第28自然段。）

（多媒体展示：

萧红的《呼兰河传》，是一幅多彩的风土画，是一篇叙事诗，是一首凄婉的歌谣。

——茅盾）

师：这节课就上到这里，下课！

（课例设计：陈　芳）

智慧点示：

用精彩来形容这堂课，肯定不足以表达你的感受。张曦老师听完课之后说，这是带给她“温柔的震撼”的一堂课，为她轻轻推开了语文阅读教学的“三重门”：教学设计的灵魂之门，朗读指导的创意之门和自身魅力的折服之门。而陈娟老师的评课更让参加生态语文课堂活动的共同体老师们眼界大开，受益匪浅。

课堂充满着生态语文人的智慧和灵气。教师的匠心独运让人印象深刻，突出表现在她对教学内容的选择和处理上。这篇文章是萧红散文体小说《呼兰河传》的节选，没有前后连贯的故事，没有波澜起伏的情节，有的就是童年的“我”与祖父在蜂飞蝶舞的后花园的一段生活。于是，教师对节选文本做了再次节选，抓住了集中抒发作者情感的一个代表性语段第28自然段，精心打磨，吟咏咀嚼，深入理解，直达作者的内心世界，这是一种极其可赞可叹的敏锐与果敢。课堂推进又以茅盾先生对萧红小说的评价为线索，逐层深入地向前推进。事实证明，这样的取舍是科学而有效的，学生的注意力集中，思想活跃，在教师“三品三读”的引领之下，层层深入，一步步提升着自己的感知能力、理解能力、表达能力、写作能力，最终达成三维教学目标。

课堂充满着浓郁诗意的语文韵味。首先是教师每个环节的设置都指向了学生语文素养的训练，可圈可点的有很多，其中对文段中11个“就”字的分析堪称绝妙，在不经意间引导归类和细化品味之后，那种自由的味道、天真的味道、童年的味道都氤氲在空气中了，这就是最生态自然的语文原味，更让人叫绝的是洋溢在整个课堂中的诗意。都说一篇好的文章，就像一首诗，打动着读者的心灵，一堂好的语文课灵动雅致，也仿佛如诗般沁人心脾，陈老师的课堂上，每时每刻都能感受到醉人的诗情画意，那一抹微笑是一首诗，那一行行精致的板书是一首诗，那一双清澈的眼眸是一首诗，那一句句流淌着关切、鼓励与智慧的话语是一首诗，尤其是在老师设置的“读出诗意”的环节上，老师巧妙地将散文化的文字化为了诗的语言，化为了一行行美妙的诗句，伴着悠扬的背景音乐，孩子们的脸上写满了诗意，他们的声音是纯纯的，欢快的，当诗心进驻他们心灵的时候，他们就是这世界上最充实、最幸福的人了。这是我们向往的语文的滋味。

课堂散发着智慧迷人的生态芳香。作为生态语文课堂的参与者、引导者，语文教师的职责就是提供并创造合适的语文学习环境，带领学生在语文的天地里自由地呼吸、生长，用自己的眼睛去触及，用自己的嘴巴去吟诵，用自己的心灵去体悟，获得富有个性的成长体验。而帮助学生达成这一目标的必须依靠教师从文本、学生出发精心创设的一系列语文活动。陈芳老师把握住了生态语文课堂的这一教学规律，任何一次活动的创设都使得学生能舒展手脚，愉悦身心，尽情地表达、交流、争鸣，课堂上，教师尊重学生的个性阅读感受，因为每位学生的既有知识结构不尽相同，情感体验也各有不同，但每一次思维的火花都是学生灵感的闪现，是学生的一次成长。陈芳老师耐心地倾听，耐心地等待，适时地点拨，课堂生成忠于学生的阅读基础，忠于学生的阅读交流，学生在独立学习、合作学习的同时，体验、激发、质疑、探究、互动，在不知不觉中实现着从文化到精神的潜滋暗长，语文的魅力，正是它永远陪伴着学生不断成长。

苏联教育家苏霍姆林斯基曾说过："没有一条寓有诗意的、感情的和审美的清泉，就不可能有学生的智力发展。"陈芳老师的《呼兰河传》正是这样，灵动中透着洒脱，洒脱中浸着优雅，优雅中闪着睿智，睿智中写着诗意，诗意中给人以无法言传的感动。这就是生态课堂的魅力所在，情趣所在，那一双双高举着的青春的手，那一个个灿烂的笑容，那一声声亮丽的吟诵，便是最好的证明！

课例四

千古名篇　常教常新

——《愚公移山》课例展示

教学目标

1. 疏通文章，理解文意。
2. 咀嚼字句，品评人物。
3. 探究文本，把握寓意。

教学过程

一、导入

（多媒体播放歌曲《愚公移山》。）

歌曲所唱的故事同学们一定不陌生，今天就让我们一起重温这个情节完整、带着神话色彩的寓言故事——《愚公移山》。（板书课题。）

看到这个题目，同学们有什么疑问吗？

带着疑问，让我们一起来学习这篇课文。

二、感知

1. 自由朗读。（“朗读吟咏的时候，不仅理智地了解，而且亲切地体会，不知不觉之间，内容与理法化为自己的东西了，这是最可贵的一种境界。”——叶圣陶语）

2. 请四位同学分段朗读。

3. 全班齐读课文。让我们走进文本。

三、赏析

（一）你能用原文中的句子回答下列问题吗？（多媒体展示 8 个问题，不包括破折号后面内容，问题可抢答，在抢答中老师逐步完善破折号后面的内容。）

1. 二山简介——“方七百里，高万仞。本在冀州之南，河阳之北”。（面积、高度、地理位置）任务越艰巨，越能显示出人不同的精神面貌。

2. 移山原因——“惩山北之塞，出入之迂也”。痛感迂塞之苦。

3. 移山好处——“指通豫南，达于汉阴”。天险变通途的美好图景。

4. 移山方法——“叩石垦壤，箕畚运”。工具简陋。

5. 土石处理——“投诸渤海之尾，隐土之北”。家人解决的，“杂曰”照应上文“杂然相许”，显示热情，目标一致。

6. 移山艰辛——“寒暑易节，始一反焉”。路途遥远，费时多。

7. 移山人数——愚公、荷担者三人、遗男（5 人），人少而移山，更见任务之艰巨。

8. 移山结局——“冀之南，汉之阴，无陇断焉”。这样的结尾，是一种神话式的浪漫主义，不但符合寓言文体的特点，也照应了开头。

这个结局是愚公的功劳吗？

从表面看，两座山是由“夸娥氏二子”搬走的。但这仅是问题表面，实质应抓住“命”“感”“惧”三个词，“命”是谁“命”？为什么“命”？“感其诚”，“诚”是诚心，也就是愚公的精神，所以这个“诚”的内涵就是“愚公移山精神”。“帝”为什么会“感”？因为操蛇之神“告”，“惧其不已”，说明了愚公的精神的威力在于长期坚持不懈。所以根子在“其不已”上。由此可以得出：两座山的搬走，根本原因是愚公移山的伟大精神。

（二）通过刚才的梳理，我们已经知道愚公移山时遇到了很多困难——山高大，人数少，工具简陋，路远时长，其实这些都是可以努力克服的，可还有一种困难却是很难克服的——他人的阻止（河曲智叟）：

1. 出示愚公妻和智叟对愚公说的话，反复读，比较分析有何不同。

“以君之力，曾不能损魁父之丘，如太行、王屋何？且焉置土石？”

“甚矣，汝之不惠。以残年余力，曾不能毁山之一毛，其如土石何？”

（1）倒装句强调愚公不聪明到了极点。这句话愚公的妻子是不会讲的。

（不同之一：对愚公的看法不同。）

（2）再看一看称谓（君、汝）“君”表示尊重，“汝”很不客气，看不起。

长辈对小辈，地位高的人对地位低的人，一般用“汝”。平辈之间用“汝”，就有些不尊重的意思。

（不同之二：对愚公的称谓不同。）

（3）同样是说愚公力量小，移山困难，而“损魁父之丘”和“毁山之一毛”的态度相差很大，后者十分轻蔑。

（不同之三：对愚公的态度不同。）

（4）“如太行、王屋何”和“其如土石何”，同样是“如……何”的句式，可是智叟的话里多了一个“其”字，显示出语气较强，强调愚公没用。

（不同之四：对愚公说话的语气不同。）

（5）最后一句——“且焉置土石”愚公妻提出这个问题，强调“焉置”，说明她关心这个问题该怎么解决，想要设法克服困难；还对老头子有点担心，快九十的人了，去移那么大的山，能不叫人担心吗？

（不同之五：对愚公的心理不同。）

各用文中的一个字说明两人对愚公的态度是：

愚公妻——献（关心）　智叟——笑（讥笑）

2. 智叟认为移山是完全不可能的，愚公真是一个笨老头，但是，两人对话的结果是什么？——“河曲智叟亡以应。”他为什么哑口无言？

移山的可能性——“虽我之死，有子存焉……何苦而不平？”愚公讲出了一个很普通却很在理的道理，可见他移山的志气、决心，移山的行为，父亲传给儿子，儿子传给孙子，代代相传，生生不息，无穷无尽，就这样一点点地啃这两座大山。“而山不加增”一转显得特别有力，最后自然引出结论——“何苦而不平?”以致智叟都无言以对。可见愚公移山不是一次盲目的行动，他考虑得很周到，其目光是长远的，移山完全有可能。

3. 如何看待“愚公”和“智叟”这两个人物的名字?

(1) 这里的“愚”，没有讽刺的意味，他看似“愚”，实则不愚，正所谓“大智若愚”。其实他有远见，有抱负，深谋远虑，能用发展的眼光看待事情，坚持不懈，从“愚”字中透露出顽强、坚毅，不达目的不罢休的拼劲。

(2) 至于“智叟”并非不智，他和愚公各代表了一种智慧，但是在“愚公移山”所设置的这个特殊情境之下，我们不能选择智叟式的思维模式，只能说文中智叟的“智”是所谓的“小聪明”，具有讽刺的意味，是“褒词贬用”，他没有克服困难的勇气与智慧，目光短浅，安于现状。

4. 有一个成语叫作“后息为胜”，意思是说，两个人在争辩，最后停下来的那个人，最后发言的那个人，其实就是隐含着的胜利者。在我们的课文里，最后留下的是谁的声音?是愚公的声音——“何苦而不平”!然后就在那边回荡，何苦而不平，何苦而不平……

假如再给智叟一个发言的机会，让他最后一个来发言，他可以怎么说?

……

此时让我们重新评价愚公和智叟，我想，这句话再贴切不过了:“积极的人在每一次忧患中都看到了机会，而消极的人则在每个机会中都看到某种忧患。”

(三) 深化

1. 法国寓言家拉·封丹认为，寓言有身体和灵魂两部分，身体就是故事，灵魂就是寓意。(边板书边小结。)“愚公移山”的故事告诉我们——微弱的“力量”;长期的“努力”;艰巨的“任务”;最后的“胜利”。

其实这也是一个人生寓言，我们每个人都可能有过这样的体验。(可让学生展开讨论。)

2. 你能说出几个与“愚公移山”寓意类似的成语或故事吗?

(如精卫填海、夸父逐日、古希腊西西弗斯不断推起又落下的石头、滴水穿石、绳锯木断、铁杵磨针等。)

3. 对比精卫填海、夸父逐日等神话的共性，都是人与自然力量的抗争，很多都是以失败告终，为何给“愚公移山”安排一个喜剧式的结局呢？

（1）对持之以恒、不屈不挠的精神的奖励。

（2）对“人”的精神的肯定，人是可以战胜自然的。

（3）对群体意志的肯定。愚公代表了多数人的意愿。

这些，是可以给我们的精神带来积极意义的。所以，千百年来，大家还对这样一个老人津津乐道，是因为作为一个写作典型，这位怀揣梦想、脚踏实地执着的老人，背后隐藏着我们熟悉的一种文化渊源，是和我们传统的一种精神一脉相承的——儒家的积极朗健的精神，凝结着我们中国人千百年来上下求索的精神向往，才成为滋润多少代人的精神营养。

4. 对这样的老者，我们应该心怀敬畏，（如时间充裕，可让学生“怀着敬畏之心送给愚公一句话，表达自己的敬仰之情”……）这敬畏，既是一种尊重，更是一种守望，其实，我们也正是愚公“无穷匮的子孙”，正代代传承，行走在圆梦的路上……

既然人生的大幕已经拉开，就一定要积极地演出；既然前进的脚步已经跨出，风雨坎坷也不能退步；既然我们已把希望播种，就一定要坚持到胜利的谢幕！

5. 集体朗读《愚公移山》。下课。

（课例设计：黄　芳）

智慧点示：

《愚公移山》是文言文中的传统名篇，是寓言故事。如何让这类已经成为中华民族文化和精神滋养的经典作品，在一代代炎黄子孙的心中播下，形成现代文明背景下的精神认同，这是需要教师的智慧的。

三个教学目标的确定并没有什么特别之处，但是，如何落实这三个教学目标，的确是富有匠心的。开始的音乐选择，就让我们感到了一种积极向上的正能量。“感知”环节中叶圣陶关于诵读的要求，体现了教师的价值取向，这也正是生态语文阅读所提倡的，因为，我们有这样的口号：“像叶圣陶那样教语文。”

当教学进入“赏析”环节之后，亮点也就不断闪现。八大问题的抢答，在学生主动积极的参与中基本疏通了文言大意，解决了许多文字理解上的难点，这不能不说是较为高明的设计。对人物对话的比较赏析，是走入文本的又一精彩设计。在这样的基础上进行愚公和智叟两位人物愚和智的讨论，便进入了一个有据可依、健康审美的良性生态场。而在“深化”这一环节中，巧妙借助拉·封丹的话，将阅读欣赏的成果进一步巩固和扩大，通过喜剧结尾安排的研讨，进而让学生形成积极有益的人生价值观。这一系列的步步推进式的环节处理和活动安排，既不露痕迹，又水到渠成。

【知识链接】

链接一　生态语文是生态教育的重要组成部分。语文学科的工具性和人文性决定了语文教育在整个生态教育中的地位不同一般。语文远不是一个普通学科教育、教学的问题，而是关系到人的身心健康成长的问题，关系到精神、文化的发育和发展的问题。同时，作为生态语文本身来说，强调的正是语文这个因子在整个教育生态圈中的核心地位，而不要误解为有关生态方面的语文。

“生态”更是一个时常能引发我们联想到诗情画意的大自然，让我们想到绿色的生态农业，理想的生态文明……于是我们可以时刻提醒自己：不可拔苗助长，不要急功近利，不能违背儿童成长规律、学生语文学习规律去办蠢事。我们承认协调性，更承认差异性；我们关注整体性，更尊重个性。

生态语文是建设我们美好精神家园的语文；是让我们美丽起来的语文；是走向低碳、自然、和谐、可持续发展的语文；是体现学生主体地位的语文；是尊重语文学习规律和生命成长规律的语文。

在这样思考的基础上，我们把生态语文描述为“成长”的语文，是在语文老师的启发、引导和组织下，每一个学习个体（生命个体）在丰富多彩的语文学习活动中互相影响、“自能读书”“自能作文”、自我发育的生命化过程，是“致力于学生语文素养不断形成和发展”的生态化语文教与学的实践。“生态语文”是我们的一个习惯性简称，严格说，应该是“生态语文教育”。（蔡明《生态语文教育》，摘自《语文教学通讯》B 刊，2013 年第 4 期）

链接二　**“生态语文”的内涵**

生态是环境。不仅是营造和谐的课堂生态环境，更重要的是引导并建立一种无处不在的语文学习的课程环境。凡有人类活动处，就有语文（语言）的习得，潜移默化，悄然发生，正所谓生活的外延与语文学习的外延相等，此言不虚。

生态是关系。师生之间、生生之间、师生与教材之间、师生与环境之间，师生的语文学习与政治、社会、经济、道德、人生、自然等方面都是以各种复杂关系而存在的。优化教学过程的本质，就是处理好各种“关系”的诉求。一个不关注课堂上各种关系、更不会调节和利用各种复杂关系的教师，是很难把语文教好的。

生态是意态。从词素解释的视角看，“生”是“生命”，“态”可以是样态、姿态，侧重外在显示；也可以是状态和意态，侧重由外而内且是内外结合的存在。语文课程应该熨帖得像生命的一部分、一部分的生命。“生态语文”追求一种儒雅、优雅，甚至有点闲情逸致式的阅读与表达、交际与实践。

生态是规律。语文课程有自己内部的演进规律（尤以语言学习规律为主），但语文还需要处理语文课程与外部世界的关系，“胜汰原理”“拓适原理”“瓶颈原理”“循环原理”“反馈原理”等生态学原理给语文课程带来重要启示。（蔡明《生态语文》，摘自《江苏教育》中学教学版，2013 年第 9 期）

链接三　“生态”有三重内涵：一是每一个生命（生物）个体的样态，二是生命（生物）体相互间的联系与影响，三是生命（生物）体与环境之间的“圆融互摄”“共生共长”的发展与演变。语文与之对应的也有三重意蕴：一是“语文是每一个人的语文”。二是语文能力与习惯的养成是在人与人的语言学习、对话、交流、表达、阅读、鉴赏等实践活动中形成、丰富和发展的。用蔡明的表达，语文学习是“你中有我，我中有你”。三是语文课程的建设永远与时代、社会、自然、人生等环境密不可分，“语文的外延与生活的外延相等”。于是有了关于“生态语文”的提出与概括：学校教育中的生态语文是在语文教师的启发、引导和组织下，每一个学习个体（生命个体）在丰富多彩的语文学习活动中互相影响、“自能读书”“自能作文”、自我发育的生命化过程，是“致力于学生语文素养不断形成和发展”的语文教与学的实践。

“语文是每个人的语文。”这句话表达了语文教学开放的姿态和语文研究对话的品格。“每个人的语文”是大家的语文，大家的才是生态的、共生共荣的。

“每个人的语文”，更是强调一个个鲜活个体的语文生机才是整个生态系统得以和谐、平衡、共生、发展的保证。每个人的成长环境与“听”“说”“读”“写”能力不尽相同，语文教学就是要尽可能地贴近、切合和满足学生差异性和个性化的发展需求。语文有“规定动作”，还要有“自选动作”。每个人的语文素养，是由后天的阅读的量和质所决定的。这已经是人所尽知的常识。培根说过，知识就是力量。学生的知识增长取决于有效知识量的增长；学生的智慧发展取决于有效知识量的丰富；学生的思想境界的提升取决于有效知识量的提升与内化，正所谓“智赡德日新”（叶圣陶语）。如何才能使有效知识的量和质产生变化呢？那就是“阅读”，“有效的阅读”，“大量的阅读”。这是“读者”蔡明的坚信，他的改革也就是从这里起步和发展的。（苏立康《按语文学习的规律教语文——一个阅读者的理论与实践》，摘自《江苏教育》中学教学版，2013 年第 9 期）

链接四　我们对生态语文课堂的概括是这样的：从关怀生命出发，以学习祖国语言文字的运用为目标，以学生的主动、互动、能动为表征，师生共同营造求真、求美、求新的多形式的、多向度的、多元化的语文读写的生态场。

这个生态场“从关怀生命出发”，关怀每一个生态因子的快乐学习与健康成长，关注理解接受程度，关注参与过程，关注举手投足情绪变化，体现的是生本思想。而不是如传统课堂只关注语文教材、教学内容、教学任务的完成与落实，只关注知识、分数而不关注人。

生态语文课堂的实践要求教师永远有学生意识，永远有课程意识。语文课程本身的宗旨在于“学习祖国语言文字的运用”，并在这种学习和运用中，学会学习和运用，培养自觉读写、终身读写的好习惯，形成较好的语文素养。用叶老的话说，“从国文科，咱们将得到什么知识，养成什么习惯呢？简单概括地说，只有两项，一项是阅读，又一项是写作。……这两项知识和习惯，他种学科是不负授与和训练的责任的，这是国文科的专责。每一个学习国文的人应该认清楚：得到阅读和写作的知识，从而养成阅读和写作的习惯，就是学习国文的目标”。（摘自叶圣陶《略谈学习国文》）

生态语文课堂，不能只是老师这一生态因子“独人舞”，而是在老师这一主导因子的不露痕迹的组织、启发和相机诱导下，所有生态因子围绕语文学习的“听说读写”，积极参与、主动思考、个性表达、能动发展的“广场舞”。因此，我们特别强调学生这一生态因子的“主动、互动、能动”的参与读写过程。主动，相对于每一个个体；互动，相对于个体之间；能动，既强调个体也强调集体。“三动”不仅是生态语文课堂的追求，也是所有理想课堂的追求，是世界上最优秀课堂的追求。传统课堂，除了教师这一生态因子的“主动”外，学生几乎“被动”，“互动”多半是形式，“能动”只是天方夜谭。目前看“三动”，是生态语文课堂的理想样态，而日后呢？它应该成为生态语文课堂的基本样态，甚至是“常态”。

我们为什么强调“三求”呢？同样是基于生态语文课堂的思考。

“求真”。它包括：求真理，一方面强调语文知识的科学性，另一方面要强调语文知识的实践运用；求真实，语文课堂学习“不表演”“不尚虚”，重循序渐进，重日积月累，重实功实做；求真诚，关注语文学习与实践活动过程中学生情感、态度和价值观的发展与变化，诚如叶老所说“立诚最为贵”，语文读写“唯一的方法乃在自己修养，磨炼到一个‘诚’字”。

“求美”。汉语本是世界上最美的语言，汉语之美更是丰富多彩的美，优美的汉语所承载的传统文化、价值观念、人类进步、文明发展、动人故事、山川美景等，无不是对学生进行审美教育、人文教育的绝好教材，借此培养健康的审美习惯和高尚的审美品质，甚至还包括审美批判意识，是语文科“人文性”的性质所决定的。

“求新”。生态语文课堂，不能只是一种或几种样态，而应该是千姿百态。因而，我们强调语文学习过程的求新，富有变化与智慧选择；强调语文教与学方法的求新，别出心裁和匠心独运；强调思维品质的求新，独抒己见、个性表达与求异创新。

如果说“求真”重在语文课堂上落实“工具性”“实践性”，“求美”重在落实“人文性” “审美性”，那么，“求新”就是重在落实“丰富性”和“创造性”。

在我们的生态语文课堂的诠释中还有一个“三多”是非常醒目的。

所谓多形式，是就课堂上的各种语文学习与实践活动而言的，听、说、读、写、思是能力，更是语文学习与实践的形式；讨论、交流、训练、演讲、辩论、读书报告会等既是具体的学习活动，更是丰富多彩的生态语文课堂的好形式。没有多样的语文学习和活动形式，丰富、扎实、趣味的语文读写任务就难以得到和谐、有序、高效的落实。

所谓多向度，从信息论的角度观之，课堂信息接受与反馈是多向的；从对话理论角度观之，学生、老师、文本、教材编写者诸多生态因子之间的对话与交流更是多向的和动态的。用课程标准中的话说，“阅读教学是学生、教师、教科书编者、文本之间的多重对话，是思想碰撞和心灵交流的动态过程”。

所谓多元化，从语文学科的“实践性”和“综合性”课程特点而言，它需要各种语文学习的方式与方法；从生态语文课堂组织管理而言，需要老师主导式的学习，更需要学生自主式学习和小组合作式学习，等等。当然，语文学习本身更需要得法课内、收获课外，做到课内外结合。这里不再展开。

把课堂喻为“场所”，这是郑金洲教授的表达。他的四个观点有一定的影响：课堂不是教师表演的场所，而是师生之间交往、互动的场所；课堂不是对学生进行训练的场所，而是引导学生发展的场所；课堂不只是传授知识的场所，而且更应该是探究知识的场所；课堂不是教师教学行为模式化运作的场所，而是教师教育智慧充分展现的场所。生态语文研究者非常认可这样的观点和喜欢这样的表达，并触类旁通地把语文课堂喻为“生态场”。而这个生态场是由多种信息元素共同构成的关于语文教与学为主的时空场所。学生这一元素或因子是空前活跃、备受关注的信息元素。这个生态场，不是原生的、无序的、自然的生态场，也不是电场、磁场、力场。它是气场、人气场、信息交流场、实践演练场、技能提升场、智慧碰撞场、生命共生场、灵魂升华场。有空气流、人气流、知识流、生活流、生命流、思想流、思维流、情感流、人性流、艺术流等等汇聚而成的生态场。语文老师的能耐在于能够自然、有序、巧妙、智慧地引导学生营造这样的生态场，或“汇流成河”，或“化流成溪”，让每一个学生在这个读写的生态场中能“积极参与”“生动活泼”而又“各得其所”。

生态语文课堂，是在传统课堂基础上发展而来的课堂，它吸收了传统语文课堂中的诸多精华；是在我们团队许多优秀教师的语文课堂教学的大量实践的基础上，总结、概括、提炼而成的，它保留了诸多优秀语文课堂的特质；更是我们几十年来一直学习和实践叶圣陶语文教育思想的一个重要成果，它和许多名师提倡和实践的生命课堂、生本课堂、和谐课堂、本色课堂、绿色课堂甚至原生态课堂都会有这样那样的关联甚至是某些相通默契之处。因此，它并非“空降部队”，也非“天外来客”。（蔡明《像叶圣陶那样教语文》，摘自《语文学习》2013 年第 10 期）

链接五　再一次听到蔡明老师介绍他和他的团队的生态语文，这一次是更为完整和系统地概述、剖析、阐释，比我过去看到的材料，他又有许多新的表达，说明生态语文是一个不断完善、不断发展的过程。所以，他说“生态语文，永远在路上”，我是相信的，而且十分推崇。这一次以不同维度的“生态因子”的划分，定义了“生态语文”的研究内容和方向，视角是崭新的，且较为系统的，改变了孤立地研究语文的做法。另一个不同是，蔡明老师把“生态语文”的成就归功于他的团队，提出了“生态语文团队”的概念。这固然与一个人的胸襟有关，但也应该成为一个有影响力的名师的本职工作，没有比这个更有意义的事情了，像蔡明老师一样，从语文教育与研究的“独乐乐”发展到带领大家“众乐乐”。当然，一个团队的发展，它需要一个制度环境和文化氛围，最为重要的是文化的氛围。你可以用行政力量为推手，但行政力量不及文化环境自身的浸淫与熏陶。语文的学术本身就藏有迷人的魅力，一个领军人物，一个地域名师，可以让这种魅力发挥到极致。在我看来，蔡明老师具备了这样的能力，这样的魅力。（成尚荣《生态语文：蔡明和他的团队的崇高追求》，摘自《语文学习》2013 年第 10 期）

第九编

阅读教学：凸显文本的核心教育价值

郑桂华

【内涵阐释】

如何提高语文教学的效率，是长期困扰语文教育的基本问题。解决的途径，除了改进课程设置、提高教师素质等，选择更有价值的内容作为教学或学习目标，让有限的教学活动事半功倍，也是十分重要的。

认知学研究表明，确立具体、明确学习目标有利于学习者掌握知识与技能，从而提高单位时间内的学习效率。大多数基础教育学科，每个单元几乎都有明确而具体的学习目标，如数学科的“二元一次方程”，物理科的“万有引力”，化学科的“氧化还原反应”，历史科的“洋务运动”，但是，语文学科则例外，是以阅读教学为例，一个学习单元的阅读材料——选文，往往是一个综合性的信息集合，文中既含有作者的思想倾向和审美情趣，又承载着一定的社会、历史和文化信息，同时还有语言表达的示范意义，这些虽然都是学生发展必不可少的养料，但语文教学时间的有限性却不允许将他们都作为学习内容，教师在设计一节课或一个单元的阅读教学目标时，必须有所选择，有所舍弃，具体地说，应把文本中的语文价值作为学习的核心，而适当弱化科学普及价值、社会生活认知价值、思想品德养成价值等，一句话，要把语文课上成真正的“语文”课。

课文中的“语文核心价值”，应该具备以下特点：

1. 是关于语文的知识与技能，或者说，只有通过语文课才能学到的知识。比如阅读《人民解放军百万大军横渡长江》一文，主要目标不是了解渡江战役的进展，也不是熟悉军事地理知识，而是获得关于新闻的结构和语言方面的特点。

2. 特征明显、便于辨识的语文特点。一篇课文中往往含有许多语文特点，但只有那些认可度较高、教师能讲得清楚、也易于被学生理解的，才适合作为核心教学内容，比如朱自清的《背影》，有人觉得它是“忏悔文”体，有人认为它用了“反叛与回归”的叙事结构，也有人认为它可以作为中国父子文化的隐喻。但这些解读显然过于“个性”甚至生硬，很难达成共识，而如果说这篇文章是“侧面描写”的范例，则容易达成共识。

3．具有代表性和典型性，可作为阅读理解一类文本的工具。例如《中国石拱桥》一文，从说明内容的选择、说明顺序的安排，到说明方法的运用，以及说明语言的讲究，几乎都臻于完善，确实达到了叶圣陶先生主张的“欲示学生以文章之范”的程度。这就是语文核心价值对提高语文学习效率的作用。

下面这几则教学设计，其教学内容就是按照这样的思路来确定的。其中，《安塞腰鼓》的教学目标是“学会品味文章有气势的语言与腰鼓特点的关系”；《散步》的教学目标是“体会语言与表达意图之间的联系”；《陋室铭》的教学目标是“了解‘铭’的文体特点，体会作者‘借铭而自抒胸臆’的意味”；《给女儿的信》的教学目标是“学习依据谈论的话题和谈话对象选择恰当的表达方式”。总的意图是，通过一篇文章的学习，让学生掌握一种笔法的精要，或领略一类文章的特点，有助于将来学习同类文章，实现叶老理想的“教是为了不需要教”的目的。

当然，一篇课文的核心内容，肯定是见仁见智的；一种技能的获得，靠阅读一篇文章也难以完成，课堂教学，仅仅是个示范而已。另一方面，“凸显文本语文核心价值”的说法和做法，也只是近年来我在提高教学效率方面所做的一点尝试，目的是希望更多的人重视和改进语文教学的效率。

【课例展示】

课例一

感受、品味有气势的语言
——《安塞腰鼓》教学设计

设计意图

刘成章的《安塞腰鼓》是一篇风格鲜明的散文，曾经被人教版、上海二期课改版等几种初中语文教材选作课文。

安塞腰鼓是中华文化的活化石之一，尤其是文章描写的安塞腰鼓群舞，具有我国西北地区地域文化和民风的显著特点：粗犷、刚劲，带有原始的野性和蓬勃的生命力。《安塞腰鼓》以千字的篇幅，把群体演奏安塞腰鼓那种磅礴的气势和跃动不羁的生命力生动地描摹出来，能给读者一种强烈的震撼。不过，文章写安塞腰鼓的磅礴气势，并不是用抒情和议论等方式直接抒发出来的，作者也不可能用音像手段传达给读者，他依靠的仅仅是一连串的语言手段，比如多用短句，运用大量排比、比喻，有很多双声叠韵词等，极具民族语言的特色；文中古诗句的引用、铺排手法使用、营造的意象，上追诗经“国风”风骨，下近唐朝边塞诗意境，与中国传统诗歌有明显的脉承关系。因此，如果抓住其语言特点进行阅读教学，即以文章的词句理解文意，以文意认识安塞腰鼓舞的特点，以安塞腰鼓来理解中华传统文化中阳刚的一面，则既能让学生读懂一篇文章、感受一类文化现象，还能感知语言与表达对象、表达意图之间的内在联系。相反，如果只是为了了解文章写了什么内容，写作意图如何，那么学生对安塞腰鼓的印象反而不深、学习的意义反而不大了。

教学目标

1. 感受文章语言传达出的磅礴气势，发现文中句式以及用词上的鲜明特点。知道文章的表达形式与表达内容相互统一的道理。

2. 感受中国民族文化的生命力，初步懂得民间艺术形式与其地域特点息息相关的道理。

教学过程

一、导入

观看短片，感受安塞腰鼓的气势。

上课伊始，放映一段反映集体表演安塞腰鼓的视频，时间控制在 2 分钟左右。意图是让学生在具体情景中感受腰鼓“奔放的舞姿，激越的声音，磅礴的气势，明快的节奏　汇成一股撼人心魄的力量”的特点，以便与课文对安塞腰鼓的文字描写作对照，初步感受安塞腰鼓集体表演给人的感觉，为理解文章做文化背景和情绪上的准备。

交流：安塞腰鼓有什么特点？

说明：很多影视作品中都拍摄过安塞腰鼓表演的镜头，如陈凯歌、张艺谋拍摄的电影《黄土地》、1987 年春节晚会、1990 年的北京亚运会等，这类视频资料在网上很容易找到。

二、整体感知

指导学生阅读课文，感受文章的气势。（学生自由阅读课文，要求学生细心体会，并用一两个词语概括自己的感受。）

师生交流的问题：

1. 阅读完文章，你有什么感受？

（学生可能给出的答案：震撼、刺激、奔放、威猛、强烈……较好的答案：震撼。）

教师可能要做词义区分：什么是文章自身特点，什么是读者的阅读感受。如果教师在上课过程中长期坚持这样的词语辨析，有助于学生清晰理解交流对方的意图、准确把握语言的含义。

说明：自由朗读是最接近生活状态的一种阅读方式，其好处是能保持与文本的自然接触，获得的是对文本的直觉印象，而集体朗读则主要是在理解的基础上感受文章的气势。

2. 这种感受是从哪里来的？

（学生可能给出的答案：从词语、句子、修辞手法……）

引出话题：这篇文章在语言表达上有哪些特点？

说明：阅读理解文章，往往是从感受语言开始的。开始交流的时候，学生也许不能具体说出是哪些词语、句子、修辞手法特点给自己带来的，这正是下一个环节要重点解决的。只要能让学生知道，“阅读文章内容、感受文章特点往往是从语言开始的”道理即可。

三、研读课文

结合具体语句探究本文语言特点。

先小组探究，然后作班级交流，引导学生选择自己喜欢的句子，探究本文语言的特点，理解文章风格与语言运用的关系。

1. 《安塞腰鼓》一文中感叹句很多，有 15 个自然段是用感叹句结尾的。

2. 文章多用短句来表现安塞腰鼓的特点。如“忘情了，没命了”，有力地表现了打腰鼓的人与腰鼓的浑然一体，他们都是沸腾着生命的；“只听见隆隆，隆隆，隆隆”“愈捶愈烈”等句，无不铿锵激昂。

3. 本文多次运用比喻的手法，例如：“骤雨一样，是急促的鼓点；旋风一样，是飞扬的流苏；乱蛙一样，是蹦跳的脚步；火花一样，是闪射的瞳仁；斗虎一样，是强健的风姿。”这组句子从多个角度描写腰鼓和打腰鼓的人。这些喻体总的形象是有力量、有激情、有强烈动感和明快节奏等。

提示：如果学生的整体状况比较好，譬如以前学过关于比喻知识，知道喻体与喻本之间的关系，能比较容易地发现《安塞腰鼓》在比喻运用方面的特点，则教师可顺势使学习深入：作者选择的喻体有什么共同特点？喻体与喻本——腰鼓以及演出特点的关系，则可使学习更上一层。但是，如果学生基础较差，教师可点到为止，不要展开介绍喻体与喻本的知识。以免在一个局部作过多纠缠，从而影响对全文的学习。

4. 本文大量运用排比，不仅有排比句，还有排比段。有的排比句交错出现，有的一连铺排许多句排比。再如“骤雨一样，是急促的鼓点”这一段，依次描摹了腰鼓队的舞姿、雨点般的鼓点，翻飞的装饰物——流苏，跃动的脚步，飞扬的眼神。这几幅画面犹如一组快速闪动的电影镜头，令人眼花缭乱，心魄颤动。快速跃动的画面让读者来不及细细观看品味，读者只能被动地感受，被它强烈震慑，并不由自主地发出赞叹。

5. 连续运用几组反义词，产生对比鲜明的效果。如：“这腰鼓，使冰冷的空气立即变得燥热了，使恬静的阳光立即变得飞溅了，使困倦的世界立即变得亢奋了。”这三组反义词鲜明地突出了腰鼓给这里带来的热情与活力。

说明：这一部分是整个学习活动的核心，应重点准备，并较充分地展开。

在学生个人阅读、发现的基础上分组讨论，既能使学习建立在个人感悟的基础上，避免单纯听教师讲解，还可发挥合作学习的长处，互相启发，使学习得以深入。分组方式可以灵活掌握，如以段落为单位，即一个小组分别研读某一段文字，发现这一段中存在的比较突出的语言现象；也可以按照“短句”“排比”“比喻”等一种语言现象为单位，即几个小组专门寻找某一类语言现象加以体会、讨论。

学习内容不要求面面俱到，如果一节课能聚焦于一种语言现象——如比喻的运用，引导学生作深入分析，让他们在一点上有所收获，已经算是完成了学习任务，至于这篇课文涉及的其他语言现象，可留待其他课文中去重点学习。

四、探究决定语言表达的关键原因

1. 理解文章作者对安塞腰鼓的感情基调。

联系作者长期生活于黄土高原、散文风格多豪迈、苍凉等基本信息，了解作者对安塞腰鼓的情感与黄土高原地理特点、当地风俗的关系。

2. 初步懂得文章的语言表达风格等是为作者的需要服务的。

苍凉悠远的西北、厚重的黄土高原孕育出安塞腰鼓的地理文化环境。西北汉子性格刚烈质朴、处事干脆利索，不拖泥带水。西北人的这种生活态度是安塞腰鼓这种艺术形式产生的人为因素；此时此地，人和鼓一体，艺术和生命同在。

作者选择这样节奏鲜明强烈、意象雄浑的表达形式正是为了表现安塞腰鼓的豪迈、奔放、激烈，西北汉子生命中奔腾的力量，以及要冲破束缚、阻碍的强烈渴望。

五、拓展深化

主题探究学习，围绕一种民间艺术，收集整理相关材料，进行适当调查或访谈，撰写知识卡片或者小报告。

说明：这一环节可以视学生的情况确定研究小组成员人数与搭配，以及作业的篇幅、完成时间等。

附：参考资料

早在1977年，我即被安塞腰鼓深深震撼了。那时我在延安歌舞剧团工作。一天，团里从安塞县请了一些作为腰鼓手的农民后生，让他们给舞蹈演员传授打法。剧团简陋的黄土院子就是教学场所。那天我正在写什么东西，根本没兴趣去看。还是在出门上厕所时，无意瞟了那么一眼。但这一瞟就放不下了，觉得那些农民后生简直神透了，他们舞臂啸风，踢腿喷火，他们的每一个动作都扑打着我，点燃着我。那是一种从来没有经历过的剧烈的艺术体验。可我们剧团那几十号基本功很过硬的专业舞蹈演员，却硬是没有一个能学会的。后来经过好几年的练习，虽也能踢打起来，却和安塞农民后生的踢打大相径庭。这些舞蹈演员根本出不来那样的气势和味道，最终知趣而绝望地放弃了。从此我得出一个结论，安塞腰鼓是安塞农民骨头里生出的艺术，没有那样的骨头，你休想学会。我不知这样的结论对不对，反正，我是被安塞腰鼓彻底征服了。但在此后的八九年时间里，我从来没有想到把它写一写。不过，这八九年，我艺术创作的子宫并没有空着，而隐隐包裹的就是它。

一个小小生命的孕育期，居然有八九年！

它的分娩其实也是很偶然的。1986年，为了样书的事情，我和《人民日报》的丛培香女士有了联系。我先给她寄了一篇以干阳重视教育为内容的文章，她认为没写好，将文章退了回来，让我另写一篇。我忽然想到可以写写安塞腰鼓。怎么写呢？我不想走一般路子，比如先写到了安塞，安塞的自然风光，再写看腰鼓表演，接着写安塞腰鼓的历史传说，尔后再写安塞县近半青年都会打腰鼓，甚至连上小学的六七岁的娃娃都会打，其中还写上专业舞蹈演员如何学不会，等等等等。我觉得这样写诚然省力，却是一种没出息的写法。我曾看过一篇外国的写花朵开放的散文，受其启发，我决定把以上那些信手拈来的东西甩开，扔远，视之为庸物，而只留下观看安塞腰鼓表演的一小段，正面描写它。后来每当我想起来都觉过脑门子发紧，觉得自己那时有点太冒失了，简直是给自己出了一道最难的难题，成功的把握几乎为零。但奇怪的是，当年写作时却一点没有费力，只觉得各种词儿像泉水一样从脑子里咕嘟咕嘟往外冒，一气便呵成了。写的时候我甚至还借鉴了《阿房宫赋》的修辞方法：排比，比喻，本体和喻体的倒置，具体如“明星荧荧，开妆镜也。绿云扰扰。梳晓鬟也。渭流涨腻，弃脂水也……”事实证明也是借鉴对了。

——《刘成章谈〈安塞腰鼓〉》

而我觉得他能写出《安塞腰鼓》的另一个重要原因是，陕北的特殊环境赋予这个陕北汉子的特殊基因、特殊性格、黄土地母爱般的温馨，以及他本人沧桑的人生体验、丰富的生活阅历。正是这一切，激活了他强烈的创作欲望。于是他找到了“安塞腰鼓”这个感情的载体。他把他的全部激情淋漓尽致地倾泻出来了。在另外一篇散文中，他把自己比作一只陕北的老山羊，他说：“……我虽在外面生活了那么多年，然而，卧在黄土地上我不应当嫌脏，见了陕北的青草，我应当有很好的食欲。我虽然气力不行了，但也应当振奋精神，跟上踏青的队伍，并以自己发痒的嗓子，唱一曲跟上时代节拍的‘西北风’。绝不能让人家指着脊梁说：‘那是一只乏羊。’”

——杜书文《刘成章和他的〈安塞腰鼓〉》，摘自《中国语文周报》

（课例设计：郑桂华）

智慧点示：

散文的教学设计一般会围绕两个重点确立目标，一是作者独特的见闻、见解或感受，二是作者个性化的语言表达，也就是通常所说的内容和形式这“二元”。在实际的教学设计或实施中，要处理好这二元的关系并不容易，我们多见的是教学中引导学生对课文内容做梳理，即通过教学让学生知道作者这一段写了什么，全文整体上表达了什么，好一些的还会追问作者为什么这么写。这是典型的“教内容”，现在已经被大家渐渐认识到不足了。

还有一种做法是脱离内容单纯地“教形式”，比如修辞如何、描写怎么样、抒情特点等，实际上，离开具体的表达需要单纯地去鉴赏语言，语文课就有可能成为技术学习，效果也值得怀疑。

这则设计，用一句话概括就是“从语言出发理解主旨，借助主旨领会语言的奥妙”。《安塞腰鼓》的语言特点和感情特点都比较鲜明，两者之间的联系也清晰可见，因此，从语言切入，再回到语言与内容的关系是讲得清楚的。而按照这个大的思路，我曾经在不同学校上过课，一般来说，学生都能较容易地发现两者之间的这种联系，从而达到借助一篇文章的学习，领会一类知识的目的。

具体教学操作中，因学生阅读能力、预习程度以及学习习惯有不少差异，因此，在具体环节的掌握上，可有多与少、深与浅的不同，教学时间上也可以灵活一些。

课例二

品味庄重的语言表达，鉴赏以小见大的表达艺术

——《散步》教学设计

设计意图

《散步》一文篇幅短小、语言庄重，通过一家三代人散步的场景，传达出了浓浓的代际间的亲情，温馨而美好，传递出中年男人强烈的责任感以及对生命的认识。文章以小见大，构思严谨，因此很多教材都把它选作课文。

但是，《散步》这类课文其实并不太容易作教学设计。原因是，文章所写的主要事件——“家人散步”，属于日常生活中极普通、极常见的生活内容，没有曲折的故事，没有激烈的冲突，而且“亲情”也是很多作品反映的大众主题，因此，这篇文章粗看起来，没有什么新颖独特之处；而且，这篇散文的语言浅显易懂，学生在阅读上几乎没有什么障碍。因而很多教师会感叹“这篇文章没有什么好教的”。

其实，如何把平淡的生活事件写得不平凡些，让日常感受变得丰富些、深沉些，正是这篇散文的独特之处。而探讨作者是通过哪些语言手段来实现这种转换的，就是我的教学设计的核心。

教学目标

1. 感受庄重的语言风格，初步了解庄重的语言风格可由特殊的句式、修辞方法等形式生成。

2. 圈画出文中结构对称的句子，说出具有比较、强调的表达效果；能圈画出一些词语（我的母亲、信服、分歧等）、标点（逗号、冒号等）等有着庄重意味的表达。

3. 知道日常小事中蕴含着人生的大道理，培养自己的家庭责任感。

教学过程

一、检查预习：疏通课文大意

1. 课文写了一件什么样的事情?

活动：请1~2名同学概括大致内容。

提示：一开始，学生的概括尽可能随他们的阅读习惯和阅读感受而来，板书内容也随发言的自然顺序随机排列，发言篇幅也可以长短自由。但这个环节的最后，教师可用“时间、地点、人物、过程（散步中发生了什么事情）、结果”的图式对学生的回答加以梳理，最好在写板书的时候，按照这样的结构安排，这样可使学生熟知记叙文的基本要素、学会概括的方法。

参考答案：

（1）我们一家四口人在田野上散步的经过。

（2）我们一家四口，在春天的田野上散步时，为走大路还是走小路发生了分歧，最后我的母亲为了孙儿改变主意，一起走了小路。

2. 读了这篇文章，你从中感受到什么?（作者表达了什么情感?）

活动：请3名同学回答。

参考答案：亲情、生命、责任

提示：只要涉及亲情，不必统一到固定的几个关键词上，如“亲情的美好”，“生命的延续”也可。但是，要强调的是“你的阅读感受”，不是“文章写了什么”，否则又容易回到前面一个问题了。

二、比较，感知不同的表达

1. 如果是你们一家四口人去散步，一般怎样向别人描写（介绍）？

活动：请2~3名同学描述。

学生一般会这样介绍：

（1）我和爸爸、妈妈，还有奶奶在小区散步。

（2）我们一家四口人在田野上散步。

（3）我们一家去逛商场。

2. 我们的说法与作者的说法有什么区别？（感觉上有什么不同？）

活动：将两种表达出示在黑板上：

我和爸爸、妈妈，还有奶奶一家四口人在田野上散步/我，我的母亲，妻子和儿子在田野上散步。

提示：可通过反复朗读，让学生感受表达意味的差异，发现这种差异是怎么来的，探索句子在表达方式上的不同。

结论1：作者运用“母亲”这一书面语，表达郑重其事。

结论2：四个人的顺序排列可以看出作者有意识强调自己在这个家庭中责任的重大。

结论3：作者运用逗号分隔“我，我的母亲，我的妻子和儿子”而不用顿号，延长了停顿的时间，强调每一个人出场都是很不同寻常的。

结论4：文章用冒号传递出强调的意味，郑重其事地推出每一个人的特写镜头。

提示：学生一时可能发现不了句子上的变化，教师可按照这样的方式引导：

（1）构成成分一样吗？

（2）顺序（结构关系）一样吗？

（3）标点一样吗？

这样的引导，一方面可使学习顺利进行下去，更重要的是经过长久的知识、方法的教学，渐渐使学生学会按照一定的思路去比较两个句子或其他事物，发现事物间的差异。

推进：用冒号表示强调，课文不止一处，再读一读、找找看。

举例：

（1）后来发生了分歧：

（2）儿子虽然很胖，毕竟幼小，自然也轻：

这两处完全可以用逗号，作者却用了冒号，就是为了强调下文的内容。

3．我们一起来找找课文第2自然段中在结构上特别的词语或句子。

活动：一位同学朗读，其他同学边听边找，然后课堂交流。

举例：

（1）母亲信服地点点头。

（2）她现在很听我的话，就像我小时候很听她的话一样。

结论：

第一句，作者用了“信服”这种反场合的修辞。

第二句，作者运用结构相似、内容相近或相反的分句组成一句话（回环的修辞格），表层意思是介绍前后两种母与子的关系，深层意思是揭示了彼此之间的特殊关系。

这样的词句、句式，有强调、比较等效果。

三、小组合作，探究更多类似的表达

在课文中画出这种将小事写得很庄重的词语或句子，如结构对称的句子，讨论它们的表达效果。

活动：先自己圈画、再分小组讨论，最后进行班级交流。

举例：

（1）词语（包括短语）：太迟太迟、熬、分歧、慢慢地、稳稳地、很仔细、整个世界。

（2）我和母亲走在前面，我的妻子和儿子走在后面。

（3）前面也是妈妈和儿子，后面也是妈妈和儿子。

（4）母亲要走大路，大路平顺；我的儿子要走小路，小路有意思。

（5）我的母亲老了，她早已习惯听从她强壮的儿子；我的儿子还小，他还习惯听从他高大的父亲；妻子呢，在外面，她总是听我的。

（6）我想一个两全的办法，找不出；我想拆散一家人，分成两路，各得其

所，终不愿意。（不典型）

（7）我决定委屈儿子，因为我伴同他的时日还长，我伴同母亲的时日已短。

（8）到了一处，我蹲下来，背起了母亲，妻子也蹲下来，背起了儿子。

（9）我的母亲虽然高大，然而很瘦，自然不算重；儿子虽然很胖，毕竟幼小，自然也轻。

提示：对有些句子的结构特点及表达效果，可能会产生不同意见，教学中只需要聚焦于那些比较典型的、意见没有分歧的地方进行讨论即可，不必强求所有句子都是一样的，那样反而不科学，毕竟作者写的时候是无意识的。

四、布置作业，强化学习

必做题：

文中还有一些也能传递出作者这种郑重其事的词语或句子，这些句子以及背后的原理在课堂上没有讨论到？回去细读课文时画出来，选择一个词语或句子，并说说这样写的表达效果。

选作题：

1. 有一套教材在选用本文时删了三处文字：

（1）在清明将到的时候死去了

（2）就像民族领袖在严重关头时那样

（3）我伴同母亲的时日已短

思考教材编者这样删改的意图，删改后的表达效果，并试着说说背后的原理。

2. 朗读《金黄的大斗笠》，比较它与《散步》语言特点上的不同，并探究造成两文语言特点截然不同的原因。

（课例设计：郑桂华）

智慧点示：

《散步》以简短的故事，白描式的风景描写，点到为止的抒情与议论，浓浓的人伦情怀与隐隐的传统文化意味，为教师提供了从多个角度切入开展教学的机会。

但是，一篇好的文章距离一堂好的语文课尚有不小的距离，主要是因为这篇文章是以成人的角度来叙述和思考的，展现的是在家庭链条上承前启后的中年人对待家庭亲情、生命传承等问题的观察与理解。平时，初中学生对这样的情景或话题虽时有所见，却不一定具备情感上的深度体验，因此在学习中容易产生情感隔膜。

当然，简单的做法是，教师通过宣讲明白无误地告诉他们，或者让学生通过高频率、多量次的阅读自己去“感悟”。但能感动成年人的，不一定能感动青少年，能感动教师的，不一定能感动学生。如果找不到共鸣的地方，任教师在台上激动不已，学生则往往无动于衷，难免出现教学中常见的“阴阳两分割”现象。为了拉近文章内容与学生生活的距离，我在具体教学时采取了以下两个策略：一是唤起学生的生活记忆，体验文章的情感基调；二是依托语言特点设置悬念，引导学生揭秘语言表达背后的奥秘。我用这样的设计在不少地方执教，都取得了不错的效果。

下面是两个具体的教学片段，从中可以看出大致的样子。

1. 唤起生活中的记忆

教师：你们一家人一起散步会发生些什么事情？

学生甲：有一次我和爸爸、妈妈一起散步，妈妈要去服装店看衣服，我要去玩具店看玩具。

学生乙：有时为了吃什么，也会争论。

教师出示问题可以根据发问意图有所导向，比如和谁一起散步，有没有发生争论的时候，争论的结果怎么样等，可以请 2～3 名同学讲述经历，与大家交流。因为自己经历的生活场景是消除隔阂，实现沟通的捷径，但这段内容的目的一是唤起学生对话题的关注和接近，二是希望给新知的学习构筑合适的背景，达到教材与生活、作者与读者情感上的沟通，有利于新旧知识的重新建构，时间不宜过长。然后进入整体阅读，让学生的生活经验与课文的整体氛围接轨。

教师出示要求：轻声地朗读课文，熟悉课文内容。提示阅读要求，检查阅读效果：

A：散步的人有哪些？

B：散步的季节呢？

C：散步的地点？

D：散步中发生了什么事情？

E：结果如何？

由于有了感情铺垫，又有问题的激发，学习时学生读课文不再是被动地应付老师，也不是机械的念书，因此态度普遍认真，神情比较活跃。但是，老师的问题宜简单些，学习起步阶段要尽量让每个学生感受到成功的愉悦。梳理内容的目的是提醒学生初读文章时应该关注的要点有哪些，也是让不同程度的学生拉近距离，为下一步的学习活动提供一个共同的平台，用时髦的话说，就是课堂是一种特殊的环境资源。让学生在互动中感受文章所呈现的情景思想，实现与文本、与作者的对话交流。

教师：读完文章，你感受到了什么？

学生甲：亲情。

学生乙：温暖。

学生丙：感受到生命传递的意义。

这个回答让所有在场听课的人既佩服，又大吃一惊。的确，这是文章理解的底牌。语文课上常常发生这样的事，老师辛辛苦苦设计的一个“包袱”，原准备到一堂课的最后才抖出来制造高潮的，却不曾想被学生轻轻点破，于是上课程序改写，教师也方寸大乱，要么生硬地掩藏过去，要么草草收场，这看上去是教学经验和水平问题，其实又牵扯到观念问题。

2. 探索语言表达背后的奥秘

阅读教学的目的不仅仅是让学生理解课文或作者的思想情感，更重要的是通过本文的学习，知道自己为什么会产生这样的感觉，明白作者的意图是如何通过语言这一中介来实现的。因此，我的教学重点是：抓住词语和句式的突出特点，通过品味语言来把握文章的精神和风格，感受语言的魅力。

教师：文章中你感觉哪些词语或句式很特别？

教师：平时，如果向别人讲“一家人散步”这样的事，一般会怎样介绍：比如昨天晚上，我……

学生：我们全家人一起散步。

教师：如果需要向别人强调散步的人员，会怎么说？

学生：我和妈妈，妻子，儿子一起去散步。

教师：作者怎么写？

学生：我，我的母亲，我的妻子和儿子。

教师：这样写，与前面的两种相比，读起来有什么不同的感觉？

学生：很庄重，很严肃。

教师：对，把一件生活小事当作很重大的事件来写，如果用一个词来形容的话，就是“举轻若重”。

从语言现象出发发现语言表达规律，再运用于以后的阅读和写作实践，是高效学习的需要，也有利于学生素质的发展。理想的做法是，让学生自己提出问题，自主寻找解答，在学习经验中获得提高。但是，我们的基础教育环境中缺乏这样的训练，因此，单单一堂课无法用最理想的形式展开。因为如果在缺少必要认知背景的情况下，勉强由学生漫无目的地发问，再逐渐向中心问题归纳，既费时费力气，效率也不高，还会泻滞课堂气氛，并不利于具体一项学习目的的实现。因此，教师适当的引导是需要的。

课例三

从篇章角度挖掘文言文的学习价值

——《陋室铭》教学设计

设计意图

文言文是语文学习中颇被重视的材料，在当前通行的国内语文教材中，文言文篇目大约占四分之一，因此，做文言文教学设计也是语文教师的必修课。

如何确立文言文的教学内容或教学重点，是文言文教学设计的首要问题。一般来说，选入教材的文言文都是流传千百年的文化经典，文中含有许多值得吸取的养料，从价值取向看，文言文教学可以归为四大派，即重言派、重文派、重章派和重道派，并由此构成文言文解读的四个视角：所谓重言派，即重视文言文中的某些字的字形、字义、读音，以及古汉语句法现象，并把学习这类知识作为教学重点；所谓重文派，即把文言文当作文学作品来阅读，注意理解文中的人物形象，借此了解古人的生活内容，体会古人的情感方式，感受古人的语言表达风格；所谓重章派，即把文言文中的文体特征，包括为了实现表达需要而采用的结构、表达手法作为学习重点；所谓重道派，即把理解、把握文章的思想文化内涵——也即通常所说的把握主旨，作为学习的主要目的。

理论上，文言文教学存在上述四种价值取向的可能，但在实际教学中，这四种价值的体现并不均衡。比如，许多古文功底深厚的老教师较多地把精力放在字、词、语法学习及翻译上（他们也许是受了大学老师古文教学习惯的影响吧，近年来这种做法已经不多见了）；有些教师喜欢把文言文教成文学作品鉴赏，侧重于分析人物、环境、心理等，但这种教法受限于文本类型，比如只有少数具有一定文学色彩的文章如《愚公移山》《前出师表》等才可以这样教；教学中比较多见的是重道派，即以理解文章的观点，接受文化熏陶、传承中华文化为主要目的；教学中最少见的是从篇章结构的角度考察文言文、学习古人根据特定的环境和对象，选用恰当表达方式，以达到理想的表达效果的智慧。有人说，中国是一个文体大国和文章大国，古人丰富的表达智慧很少列入中学语文教学的目标，是很可惜的。

下面关于《陋室铭》的教学设想，就是让学生从“铭”的文体特点出发，理解作者为传达某种情绪而做出的表达努力，应该算是文言文教学的一种尝试。

教学目标

1. 背诵课文，记住“名、馨、鸿儒、素”等实词的意思。

2. 了解“铭”的文体特点，理解作者借铭明志、自抒胸臆、自矜自夸与自励兼有的表达意图。

3. 意识到一个人身处逆境时有高雅的志趣和精神追求对生命存在的重要性。

教学过程

一、借助工具书初读课文

1. 学生自读课文。

学生的任务：学生自读几遍课文，借助教材中的注释以及常用工具书，疏通文意。

要求：把不认识的字注音，不理解的词语画出来。

说明：刘禹锡的《陋室铭》一文篇幅短小，全文只有81个字，句子结构以短句为主，结构比较整齐，语言也比较简明，在文言文中属于比较容易懂的。预计学生借助注释或字典可以阅读课文，达成对文意的初步理解。

如果条件允许，上述任务可以当作预习作业，有效预习既可以提高学习效率，还能培养学生自主学习的习惯。当然，既然布置了预习，教师上课初应对预习情况作检查，解决学生遇到的问题，发现学生中一些好的做法要及时肯定。

教师的任务：在学生自读时教师巡视。

目的：帮助有困难的学生，纠正不好的学习习惯；肯定良好的学习习惯、发现自读中的亮点；归纳学习难点与问题，以便在下一个环节中有重点地解决。

教师巡视不是为了维持课堂纪律，更重要的是在发现学习亮点与问题，为下一个环节的学习作准备。教师巡视也是了解学情的有效途径。

2. 课堂交流初读成果。

任务：检查容易读错的字词的读音，关键词的理解。提醒“铭、馨、鸿儒”等字词的笔画书写，顺便完成字词教学。

说明：对初中生的语文学习来说，字词是一个不小的重点，教师不应忽视，但也没有必要集中识字。如果在整体教学的空隙，利用一点时间适当点拨一下，就能收到事半功倍的效果。

二、在理解的基础上朗读课文，感受文章韵味

1. 朗读课文。

任务：请2～3名学生自由朗读课文。

要求：在初步理解的基础上读出韵味。

做法：朗读前，教师提醒没有获得朗读机会的学生要细心听同学的朗读，发现他们在字词、断句、语气语调以及韵味方面的优点及问题。发现朗读好的学生，纠正朗读中可能存在的不足。

集体朗读，争取读出文章的基本韵味。

说明：在初中，可以尝试以下的方法：除刚才朗读的同学外，可以用竞争的方式，鼓励朗读好的同学补充朗读、示范朗读，教师肯定优秀的，点拨提高不足的。这样做不仅能使更多人学习好的朗读，还能活跃学习气氛，激发学习兴趣。

2. 交流朗读心得。

任务：基本读出感觉韵味，理解文章的感情基调。

提问：刚才朗读的同学是不是读出一点韵味来了？

做法：利用停顿、语调等朗读知识，指导学生读出韵味，如关于“停顿”的教学：

（1）句中停顿。

（2）句与句之间的停顿。

通过句与句之间停顿时间的长短，确定文章大致可分为三个层次：

第一层（第1～3句）：运用类比引出“斯是陋室，惟吾德馨”的感慨。

第二层（第4～7句）：具体叙述“陋室不陋”的表现，室中景的幽静、室中人的博学、室中事的高雅。

第三层（第8～9句）：把陋室与“诸葛庐”“子云亭”相比，并以孔子的话结束全文，含蓄地表达了作者以君子自况的志趣，呼应开头“惟吾德馨”。

（孔子的这句话见于《论语·子罕》篇：“君子居之，何陋之有？”）

说明：这一环节，可反复利用学生个人朗读、教师领读、集体朗读等，时间长度视学生的朗读状况而定，可以灵活掌握。

3. 总结朗读策略。

任务：如何判断读出了韵味？

（1）语流畅通，句读准确：这是必须的。

（2）语音轻重、语调升降，传达出作者的感情基调。

（3）读出节奏感。全文读时不可太快，每句停顿要正确。

说明：如何判断读出韵味，可以让学生边读、边体会、边总结。这是指阅读知识和阅读策略的学习，培养学生的阅读能力和理解能力是长久的功夫。

三、发现文章的表达特点

1．体会文章韵味之源。

任务：从刚才的朗读过程中，体会这篇文章的韵味是怎样形成的。

问题：通过朗读，你觉得这篇文章有什么特点？

落实：(1）句子简短，以四字句为主。

(2）句式匀称，以整句为主，偶用散句。

(3）多用骈体、对称，整齐和谐。

(4）押韵，一韵到底，韵脚比较密集。押韵的字有：名、灵、馨、青、丁、经、形、亭；除最后一句外，全文一韵到底。

(5）语调轻快，语气清丽和谐。

(6）用词典雅，颜色亮丽，带有灵气，都是可爱之物，有昂扬之气，如：仙、龙、鸿儒、金经、琴、青。

正因为上述特点，《陋室铭》读起来轻快宜人，没有压抑之感，反而充满自得自矜之状。

说明：从句式来看，《陋室铭》以骈句为主，句式整齐，给人一种视觉上的齐整之美。另外，《陋室铭》一韵到底，节奏明快，音韵和谐，读来朗朗上口，如玉盘珠落，给人一种听觉之美。但《陋室铭》最后“何陋之有”又是散句，在整齐中又有变化。

2．总结这篇短文在语言形式上的特点。

落实：以骈句为主，句式整齐、节奏明快、音韵和谐、名词亮丽。

说明：对《陋室铭》表达特点的总结，抓住主要特点即可，不必面面俱到，如“篇幅简短，句式整齐、节奏分明、富有韵律”，能让学生感受到，并按照自己的理解读出感觉即可。

四、借助知识及相关资料，理解作者借铭明志的情怀

1．理解“铭”的文体表达特点。

任务：借助教材及工具书，认识“铭”的特点。

文体特点：篇幅简短，句式整齐、节奏明快、富有韵律。

说明：学生发现，参考资料上关于“铭”的特点，恰恰也是在上面的学习环节中通过阅读、分析得到的，这会提高学生的成就感、激励他们主动学习。

2. 比较“铭”文的作用，体会《陋室铭》的表达意图。

任务：参考“铭”的一般表达作用，通过比较，理解《陋室铭》的主旨。

讨论：《陋室铭》与一般“铭”文自励的意图不尽相同之处。

说明：古代的“铭”，有记事和励志两种，用于个人的多励志，如“座右铭”，是用来激励自己如何发奋努力，或告诫自己如何为人处世等。但是，刘禹锡的《陋室铭》，却少有励志告诫自己的意味，而不乏自我标榜之意。这是为什么？

可参考教材中关于刘禹锡的主要经历以及写作本文时的处境，借助这些资料引导学生理解刘禹锡写作本文旨在明志。即自矜自夸的背后是世事所迫，也是他的精神追求的表现。

五、通过总结、作业，巩固学习成果

1. 回顾这节课的学习。

（1）你知道了什么？这可是你以前不知道的。

（2）对于一个处在逆境中的人，你的建议是什么？

（3）你最满意自己这节课上的一项表现是什么？

2. 背诵全文。

3. 课后为自己写一则座右铭，内容是关于读书、交友、兴趣爱好方面的。

说明：学生对本课学习的回顾，可以帮助学生整理一节课的学习活动，形成结构化的认知结果。课后作业为了引导学生强化对“铭”这一文体的认识，同时联系学生自己当下的生活。

附参考材料：

“贞元末，王叔文于东宫用事，后辈务进，多附丽之。禹锡尤为叔文知奖，以宰相器待之。……引禹锡及柳宗元入禁中，与之图议，言无不从。”

“颇怙威权，中伤端士。”

“王叔文败，坐贬连州刺史。在道，贬郎州司马。”“（元和十年，816年），自武陵还。作《游玄都观咏看花君子诗》，‘玄都观里桃千树，总是刘郎去后栽’。”

“贬连州刺史，去京师又十余年。”

“太和二年（828年），自和州还，复作《游玄都观诗序》，‘种桃道士今何在，前度刘郎又到来’。”

——《旧唐书·刘禹锡传》

“公恃才而放，心不能平，行年益晏，偃蹇寡合，乃以文章自适。善诗，精绝，与白居易酬唱颇多，尝推为‘诗豪’。”

——《唐才子传·刘禹锡》

“小小短章，无法不备，凡铭多自警，此却自得自夸，体格稍变，起以山水喻引，则来不突，末位引古结，则去不尽。中间室中景、室中人、室中事，布置层次。末引“何陋”之言，隐藏“君子居之”四字在内，若全引便著迹，尤见其巧处。”

——（清）李扶九《古文笔法百篇》

（课例设计：郑桂华）

智慧点示：

王宁教授指出：“语文课的教学不直接讲语言学，怎么培养语理？应该通过语言现象帮学生养成一种随时观察活生生的言语，从中捕捉规律的敏锐性，培养一种‘语言具有规律性’的观念，一种寻求语言规律的意识，这对学习语言和文学，都是十分重要的。”

对文言文语言规律的学习，不应由教师向学生讲授，而应放弃逐字逐句串讲和主旨宣讲，让学生在阅读、感受中自然获得。

《陋室铭》的教学设计思路是：借助朗读—感受其表达特点—总结形成该特点的成因—理解主旨。

当上面介绍的具体教学步骤以及每个步骤的详略，在教学实施中不能机械执行，而应根据学生情况作调整。例如，我在某个学校初一接班上《陋室铭》，上课一摸底得知，这个班的大部分学生都能背诵《陋室铭》，于是，教学环节便从“读出韵味”开始，然后“探究其韵味的成因”，最后是“总结《陋室铭》的表达特点”，一路的学习很顺利。

教师一旦带领走进经典文本的语言世界，让他们去感受、体验、想象、比较、鉴赏、评价、发现，学生的学习兴趣和学习收获都会有意想不到的结果。

另外，对一篇文章表达特点的认定可以从不同角度进行，例如按照李扶九《古文笔法百篇》中的解读，针对《陋室铭》具体写法的妙处设计教学，也是一格。

课例四

说什么和怎样说

——《致女儿的信》教学设计

设计意图

书信这种文章体式在语文教材中比较少见。一种可能的原因是，书信多是用于与具体的某个人的私下交流，所聊的内容多贴近生活，思路也是想到哪里就写到哪里，表达比较随意，因此，一般书信既无深奥的内容可挖掘，也少曲折离奇的故事可探寻，更缺乏形式方面的特征可借鉴，因此，遇到书信体的课文（当然，像《凡卡》这类模拟书信体而创作的小说除外），教师在教学设计时往往很犯难，缺少一个有特点、有意思的学习目标，讲课过程也常常枯燥无味。

其实，有具体的表达对象、有明显的交流目的，这正是书信最重要的功能。那么，书信一定也会有一些与这种表达功能相适应的形式特点，如果把它找出来，并围绕这一点作教学设计，那么书信体文章的阅读教学则可能会变得有趣一些、也有价值一些了。

在《致女儿的信》中，有没有属于书信体的共同特点？有没有为适应表达需要而精心选择的表达方式？这些能不能作为语文教学的主要目标呢？下面的设计是按照这一思路所作的一点尝试。

教学目标

1. 了解书信的主要用途（主要是交换看法、信息传递、感情交流），语言特点（娓娓道来，亲切、自然等）。知道文本表达的形式与所表达的内容之间存在密切关系。

2. 通过阅读、分析，发现作者借助三个故事来传达自己爱情观的用意，以及“依据话题和对象选择恰当表达方式”的好处。

3. 理解作者关于爱情的认识与主张，体会爱情的古老神秘与神圣美好，培养对待爱情的健康态度。

教学活动

一、课前预习

1. 默读课文。

任务：默读2~3遍。

要求：适当控制阅读速度，读得相对慢一点，就像聆听一位你所信任的长者的知心话那样，用心默读课文。

2. 概括思路，能说出作者对爱情的理解，以及他给年轻人在爱情观方面的建议。

3. 摘录2~3句喜欢的警句，说说对这几句话的理解。

说明：布置预习可节省课堂时间，还可培养学生自主学习的习惯。但是，布置预习作业要注意以下几点：

（1）任务要具体。如“默读第3~5段，圈画出你喜欢的关于爱情的警句”。

（2）要求或提问题要清晰。如“你赞同他哪些观点？”不能大而空甚至有歧义，如“你有怎样的感受”？

如果能设计成专门的预习作业纸，效果就更好了。预习作业使学生有轨道可循，可提高预习效能，大而空的预习作业很容易流于形式。

二、课上交流

1. 交流预习作业。

先交流第3条预习作业：摘录的警句。再交流第2条作业：作者关于爱情的理解与建议。

落实：爱情的特点。

参考答案：神圣的、古老的、神秘的、美好的、忠诚的、神也无法抵达的。

说明：既然布置了预习作业，应该以某种方式进行检查或作出回应。检查作业可作为课堂导入、或作为教学活动的第一个环节。至于交流顺序、交流重点，则视具体情况而定。

2. 理解书信在交流方面的特点、优势。

任务：通过生活体验或比较，理解书信的优势。

问题：（1）平时家长与你交流关于爱情的话题吗？（预设：一般中国家庭关于这个话题交流得比较少）

（2）有没有想过是什么原因？（预设：话题私密、难为情，没有机会）

（3）如果用写信的方式，会怎么样？（预设：可能好多了）

小结：理解作者用书信的形式与女儿谈爱情话题，比面对面谈话有很多便利。

说明：上述这个环节，也可以采用比较不同的表达方式的差异，让学生体会书信在交流某些话题上的优势。

推荐女儿看描写爱情的小说等书籍：优点……

可能带来的不利因素……

面对面讨论爱情：优点……

可能带来的不利因素……

专门写文章阐述自己的爱情观：优点……

可能带来的不利因素……

这个环节的时间不宜太长，只是帮助学生理解书信的交流优势，为下面探讨《给女儿的信》的表达特点作铺垫。

3. 理解作者选择的独特表达方式。

任务A：梳理、理解所谈的内容（谈什么）

问题：关于爱情，作者对女儿提出了哪些主要观点或主张？

参考答案：人的爱情应当不仅是美好、诚实、坚贞的，同时也应该是理智和慎重的、机警和严肃的，只有这样爱情才能带来欢乐和幸福。

任务B：梳理谈话方式（怎样谈）

问题：道理是怎样讲出来的？即这些观点，为什么没有直接、正面讲道理？

参考思路：

父亲与女儿谈的是什么话题？（爱情）这个话题讨论起来有什么障碍？即与女儿讨论这个话题要考虑哪些因素？

谈话对象：年龄理解力问题，既要严肃又要有趣；面对女孩，既要讲明白道理，又要含蓄暗示。

双方观念：可能存在代沟，既要使女儿接受自己的观点，又不能生硬灌输。

谈话目的：既要希望女儿接受自己的观点，又需委婉含蓄，做到润物细无声。

任务 C：梳理讲述内容与方法的关系

参考思路：

第一层：做铺垫

你：定身份，你有权利谈

他：普遍性，大家都在谈

我：也有同样经历

——做好了铺垫

第二层：如何谈

讲道理，还是说故事？

讲什么故事效果好？

故事 1 节，爱情与人类繁衍有关

问题：这个神话故事可不可以不由祖母讲述，直接由作者讲述呢？

参考思路：代代相传，爱之感情需要是人之常情，有困惑属于正常现象，"我"以前也遇到过类似困惑。

问题：神话故事与其他故事相比，有什么不同？

参考思路：描述爱情的故事类型十分丰富，如民间故事、小说、周围发生的故事，自己的亲身经历。用爱情话题，更显得爱情之古老、内涵之神圣，不容亵渎。

故事 2 节，爱情美和力量——青年人的爱情

故事 3 节，忠诚——老年

故事 4 节，追念（对失去伴侣的依恋）

说明：这一环节是整个学习活动的重点。教学中，如果用一节课的时间，不一定面面俱到，可集中在第一个故事上，通过联系生活经验，引导学生体会学者讲的内容以及他在选择表达方式方面的良苦用心。

也可以分小组分别研读不同故事，由学生谈谈通过故事讲述与直接阐述道理的差异，体会文章的写作特点。

三、课后巩固与迁移

（一）回顾与总结

1. 在作者看来，爱情的特点是________________________。

2. 本文在表达形式上的特点有哪些？

3. 简述本文表达形式与表达内容上的关联。

（二）阅读舒婷的《致橡树》，想一想，在写这首诗的过程中，诗人预设的读者是什么样的人？她在诗歌中表达了对爱情怎样的看法？她的观点与其表达形式有什么联系？

（课例设计：郑桂华）

智慧点示：

《致女儿的信》是前苏联著名教育家苏霍姆林斯基写给女儿的一封“真实”的信件，即表达作为一个教育家对爱情的思考，也反映了一位父亲对女儿成长的关心。用书信进行沟通，具有书面交流和私密交谈的双重优点。与面对面交谈相比，它显得更正式，思虑也更周全；与严谨的议论文相比，它又显得亲切自然，自由从容。这封信的表达特点十分突出，其主体内容是祖母为年少的“我”讲述的一个神话故事，借此将爱情的古老（自古以来就有的）、普遍（每一个想变得智慧的人都期待的）、神圣（神也不能理解、不能主宰的）、忠诚（历久弥新的忠实）进行了形象地阐述，是难得的教育经典。

教学中，向学生传达这样的“知识”并不难，难的是让学生从具体的语言出发，在阅读中感受作者的良苦用心，发现书信这种文体的表达特点。从我依据这个设计在几所学校进行的教学来看，设计意图基本上能得到实现。需要注意的是，如果用一节课来完成，既不能纠缠于具体的故事细节，但也不能只为完成“文体知识”的教学而匆匆一带而过文本。如果是日常教学，当然就可以突破“一节课”的时间局限了。

【知识链接】

近些年来，我国的古文教学，在教学内容的选择与教学目标的设定上，已经出现了一些变化，这些变化是值得肯定的：

1. 在学习重点上，从单纯的文句串讲到文章的整体理解。

2. 在学习内容上，从较多的主旨理解到有了一定的文体特点、表达方法的意识。

3. 在表达方式的学习上，从基本的修辞表达效果的分析，到篇章结构的鉴赏。

4. 在教学步骤上，从模糊、笼统的感觉到具体、可操作的训练。

……

另一方面，我们也不妨以现代文章学、叙事学等视野来重新审视古人的文章，发掘出这些文章里被忽视的另外一些教学价值。如：

1. 《曹刿论战》的人物塑造（环境、对比衬托）技巧。

2. 《愚公移山》里“障碍——排除”式叙事模式。

3. 《桃花源记》里的悬念设置。

4. 《捕蛇者说》叙述中大起大落的“情绪曲线”。

5. 《出师表》的精心选择材料、多角度铺陈的说服艺术。

6. 《湖心亭看雪》里的简约至极的白描手法。

如上所列，如果抓住这些古文在文体、结构及表达上的突出特点，应该能设计出一些很精彩的教学方案。（郑桂华《初中语文专业能力必修》）

第十编

文本体式：实现阅读课『助学』的多样化

沈建军

【内涵阐释】

长期以来，语文课似乎只有一种课型——分析课，就是教师讲，学生听；似乎只有一种教法——介绍背景、划分段落、概括段意、归纳中心、分析写法。课堂上教师“言者滔滔”，学生“听者藐藐”。本来充满活力的课堂变得机械、沉闷和程序化，缺乏生气与乐趣，学生厌学，教师厌教。学生不爱学习母语，不是学生出了问题，而是语文课出了问题！

如何解决这一问题呢？笔者以为，课堂是教师帮助学生学习的主阵地。“学为中心”的阅读课必须确立多样化助学的指导思想。而多样化助学的阅读课必须遵循阅读的基本规律，依照文本的基本体式，进行有针对性的阅读指导。下面，笔者就不同文本体式下的语文阅读课堂教学做一个简要的阐释。

首先，不同文本体式的课堂教学形态应有所区别。

文本的教学价值往往依赖于文本的体式。文本的体式不同，语言学习能力的着力点也会不同，培养学生的语言思维模式也会不同（详见下页表），因此，文本阅读功能定位往往需要依照文本体式的特点，找准学生阅读这一类文本体式时的困难点，根据不同文本的体式要点，确定不同的教学价值，这就要求阅读课堂教学形态应该多样化。

阅读课堂教学形态主要包括精读课和略读课两种。从教学目标而言，知识为目标的教学应该是教师讲授为主，能力为主要目标的教学应该是学生自学为主。从学生认知水平而言，学生水平高应该以学生自学为主，水平低应该是以教师引导为主。从阅读要求而言，精读课应以教师指导阅读方法为主，略读课则以学生运用所学方法自己去解决问题为主。精读课要选最典范的、文化含量高的文章（有学者称之为“定篇”），不同文体均要有所涉及，如今散文精读量占总量的76%，显然比例太高；略读课是教师指导学生读不同体式的文本，

（有学者称之为“例文”），借以努力达到“教是为了不教”。这样区分目的是为了避免用模式化的解读来代替学生的体验和思考，有利于提高阅读能力培养的针对性和有效性。

不同文体的助学变式表

文体	诗歌	散文	小说	戏剧
文体特点	意象抒情	语境表意	以故事情节观照社会	以矛盾冲突表现生活
语言着力点	谋词	谋句	人物、情节	人物、矛盾
代表作品	《蒹葭》等	《背影》等	《孔乙己》等	《枣儿》等
思维模式	形象思维式	发散思维式	推理思维式	因果思维式
课堂教学变式	“品词—悟情”想象式	“情境—点拨”体验式	“发现—提出”结构式	“结果—原因”表演式

其次，不同文本体式的能力提升点要有所侧重。

提升语文能力必须立足于教材中的文本，文本中所含的语言知识又散见于各册课本中。这便要求教师在授课中应具有全局意识，在文本与文本之间串联起能力提升点，做到能力训练不重复、不杂乱，在无序中求有序，螺旋式提升能力的态势。而就某一个能力点来说，因受课堂教学的时空限制，不可能面面俱到，要突出一点，一课讲好讲透一点，其他的例如学生已经懂的或通过自学可以掌握的要舍弃，老师讲了学生也不懂的也要舍弃。从整体而言，如果每个能力点都能落实到位，点就能串成线，线就能织成网，而不是像以往那样千课一面，老调重弹，避免逐字逐句的过深分析和远离文本的过度发挥。

再次，不同文本体式的教学设计要有适当的突破口。

突破口不一定是文章的难点、重点，但必须是能带动全篇的关键点。常见的突破口有从题目突破、从结构突破、从线索突破、从人物突破、从文眼突破、从作者突破、从写作背景突破、从疑点突破、从动情点突破、从语言风格突破、从特殊的语言形式突破等类型。总之，课文教学的突破口形式多样，不能一一列举，只需要教师依据文本体式的特点，高屋建瓴地设计以学为中心的课堂活动方案，打破笼统的、僵化的教学模式，避免自主、合作、探究，防止流于形式，防止用集体讨论代替个人阅读。

最后，不同文本体式的思维培养必须依托核心问题。

阅读课堂必须从“主题化”向“问题化”转化，强化学生的问题意识。问题按来源不同分学生和教师两大类，前者就学生存在的普遍性问题（预习中的反馈信息），通过有针对性的“点拨”来释疑解惑。后者教师以有层次的具有思考价值的核心问题为主导，整合学习情景，设计学习活动的助学范式。不管问题来自何方，只要用精、少、实、活的问题将学生深深地引入课文情境，引入思维活跃的状态，学生阅读的驱动力就会大大增强，课堂教学的效能就会大大提高。可以说，没有问题就没有理解，没有理解就没有阅读。要避免以教师的分析代替学生的阅读实践，要避免用成人的思维代替学生的思维。

“一枝独放不是春，百花齐放春满园。”文本体式是语文阅读课实现多样化助学的有力抓手。语文课堂教学只有实现了多样化，才能充分调动学生语言思维及操作的积极性，才能提高教学效益，收到事半功倍的效果。当然，除了文本体式之外，我们还要综合考虑课标、教材编写者、学生等因素，在此不再赘述。

【课例展示】

课例一

且听且吟，寻找千年蒹葭梦

——《蒹葭》助学课例展示

学习目标

1. 通过朗读和借助关键词体味诗歌韵律美、朦胧美和情感美。

2. 学会从多种角度分析诗歌的主旨，体会诗人执着追求理想、永不放弃的精神。

自主学习

读课文注释，或查找资料，了解《诗经》。然后回答下列问题。

1.《______》是我国第一部诗歌总集，原名《诗》或《诗三百》，汉代以后尊称为“经”。共收录西周初年到春秋中叶约500年间的诗歌305篇，按乐曲分类，内容可分为“______”“______”“______”；表现手法有“______”“______”“______”，与分类并称“诗经六义”。《诗经》在章法上具有重章叠句、反复咏唱的特点。

2.《蒹葭》是一首________诗，它描写了________的情景，表现了主人公________的精神，感情是真挚的，但结果是渺茫的，处境是可悲的。

3.《蒹葭》中表达了作者执着追求、意志坚强的句子是：______________________；说明爱的路上困难重重、道路曲折的句子是：________________

________________。

4. 《蒹葭》中塑造了一个什么样的人物形象？《蒹葭》中写“蒹葭”和“水”的意象，作用是什么？____。

5. 朗读《关雎》，请发挥你的想象，描写君子第一次见到“采荇女”的情景：____。

读读想想

一、渲染情境，导入课文

导语：在很久很久以前，在一个长满芦苇的河畔，发生了一个凄美的故事，历经千年岁月的洗礼，它愈加散发出醉人的芬芳。今天，我们就一起走进这长满芦苇的河畔，去品味醉人的《蒹葭》。

［多媒体展示：薄雾中的水边芦苇，芦叶萧萧，茫茫苍苍。画面衬托下投影出诗歌原文。（蓝色字幕）低声播放背景音乐——钢琴曲《水边的阿蒂丽亚》。（文采飞扬的导语，清新自然的背景画面，悠扬恬静的音乐，使课堂中的每一个角落都充满了美，使学生体验了情境美，奠定了本堂课的基调，帮助学生进入想象的天地。）］

二、初读课文，唤醒情感

全班自由朗读。配乐朗读，指名三位同学各读一节。在《水边的阿蒂丽亚》音乐中，教师范读，学生仿读。（乐曲播放与诗歌朗诵同时进行，激发学生的迷茫而略带忧郁的情感，引起学生的联想，从而产生共鸣。）

三、细读课文，品味感悟

1. 俗话说“诗中有画，画中有诗。”《蒹葭》是一首诗，也是一幅画。下面请你细读诗歌，走进画面。请以“我依稀看见了________”这个句式，说说你的发现。

2. 每个同学的心中都有一幅属于自己的画面，但它们都是朦胧的、凄美的，当置身其中，我们还会听到很多声音。请再次细读全诗，以“我仿佛听见了__________”句式，说说你都听见了什么。

3. 这是一幅有声有色的画面，更是一幅有温度的画面。请以“我真切感受到了________”句式，说说你的感受。

（三次想象训练，既让学生掌握意象的概念和作用，又让学生学会从整体上感知诗歌的思想内容：向往和追求纯洁的爱情，求而不得后主人公依然执着的追求。）

四、走出课文，探究主旨

1. 自由讨论“蒹葭”“芦苇”“道路”等意象的象征意义。（让学生调动自己的生活积累，通过想象和联想，准确体会意象的象征意义。）

2. 因为伊人身份、面目的含蓄朦胧，千百年来读者对“伊人”的解读也是众说纷纭。伊人是否有更深一层的含义呢？

明确：对“伊人”的理解，不必太拘泥。可以是贤才、友人、情人，可以是功业、理想、前途，甚至可以是福地、圣境、仙界。是一个情感的对象物，代表的是一种精神家园，而且是由此岸世界到彼岸世界一直追寻的、永远的精神家园。《蒹葭》没有对“伊人”性别作出明示，也没有对其容貌展开细描，却并不妨碍我们对于“伊人”之美产生无限的向往，因为用来衬托“伊人”的环境已做出了充分的暗示与衬托。（让学生互相帮助，借助资料检索，开展以学习小组为单位的合作探究学习，此题为开放性的题目，极大地鼓舞了学生的学习兴趣，培养创造性思维。）

想想写写

1. 在这首诗的基础上想象扩写，进行再创作，写成100字左右的文章。（这个设计迁移性、挖掘性很强，它点燃了学生创造性自主学习的火花，进一步巩固课堂中助学的结果。）

2. 有感情地背诵这首词，要体现《诗经》重章叠句、一唱三叹的语言风格。（帮助学生品味诗歌重章叠句、朴素清新、风格洒脱的语言特色。）

结束语：同学们，《蒹葭》一诗中，主人公对“伊人”的追寻是“溯洄从之”“溯游从之”，可谓上下而求索。他在追寻什么？是表明自己的高洁品质、美好理想，抑或是神秘的可望而不可即的思念和惆怅？总之是凡世间一切因受阻而难以达到的种种追求。“虽不能至，然心向往之。”这是自古以来追求者的无奈，也是自古以来追求者的可贵。让我们沿着先人的脚步，且听且吟，去寻找千年蒹葭梦！

（课例设计：范圣龙）

智慧点示：

诗歌是一门古老而高雅的艺术，是一种韵律、意象与读者经验的结合体，是抒发情感、陶冶情操、追求审美的文学表现形式。《蒹葭》语言短小精悍，凝练隽永，微言大义，内涵丰富，具有极强的韵律美、朦胧美和情感美，让人产生无穷无尽的联想和想象。

学生阅读诗歌这种文体时，遇到最大的困难就是无法从一个个意象中展开联想和想象，因而就无法把握诗歌的思想情感。教师的作用就在于打开学生形象思维的空间，从配乐中入境，从朗读中悟景，从品词中悟情，从讨论中悟理。本节课的亮点就在于帮助学生发挥联想和想象，在读诗悟诗中提升诗歌的鉴赏能力。

诗歌教学必须先学后教，学为中心。在"自主学习"的预习过程中教师先让学生读课文注释，查资料，了解《诗经》，对不同层次的学生进行有计划、有针对性的个别指导。当然，若发现普遍性问题，教师也可集中进行提醒或指导。课中教师让学生自己读诗，熟读成诵，读到文从己出，读出意境显现为止。在此基础上再让学生进行小组交流、质疑、互学等。这节课教师保证学生充足的读诗和悟诗的时间，体现了"学为中心"的课堂本色。

诗歌教学在学生读诗的基础上，教师还着重让学生想象诗歌的意境，在意境中体悟诗歌的主旨。按照"品词—悟情"的思路，寻找诗歌中的"意象"，例如"蒹葭""芦苇""道路"；通过对具有"诗眼"即"伊人"意义的词语的着力思考，初步了解诗歌的内容和主旨；通过品味意象的组合和变化，把握抒情主人公的思想感情。尤其是让学生以"回放"的形式在脑海中呈现出一幅幅画面——"我依稀看见了……" "我仿佛听见了……""我真切感受到了……"这种"回放"就是艺术再造，就是高层次的诗歌阅读能力。

课例二

体味精准的言语表达，分享作者的人生经验

——《背影》助学课例展示

学习目标

1. 体会作者独特的情感和人生经验。
2. 体会作者朴实无华、饱含深情的语言表达。
3. 领会本文表现出的父子之间的感情。

课前预习

1. 字词梳理。

（1）给下列加点的字注音。

差（　　）使　交卸（　　）　奔丧（　　）　踌躇（　　）（　　）

赋（　　）闲　颓（　　）唐　琐（　　）屑　蹒跚（　　）（　　）

（2）下列词语书写完全正确的一组是　（　　）

A. 悲哀　衰弱　妥帖　诸多　　B. 惨淡　踪迹　栅栏　钩留

C. 晶萤　交御　奔丧　狼藉　　D. 亏空　赋闲　谋事　踌躇

（3）选出加点字解释完全正确的一组　（　　）

A. 变卖典质（抵押）　妥帖（恰当，合适）

B. 颓唐（失败的样子）　不能自已（控制，抑制住）

C. 琐屑（细小而繁多）　家中光景（时光）

D. 举箸提笔（筷子）　触目伤怀（心）

（4）判断题。（对的打“√”，错的打“×”）

①本文写父子相爱相怜的感情，真挚动人。但这种感情中渗透着淡淡的哀愁。　（　　）

②本文共有四次写“背影”，首尾两次详写，中间略写。　（　　）

③本文以“背影”为题的原因在于将父亲老境的颓唐、心情的忧郁、父爱的真挚都浓缩在“背影”这一特殊的外貌上，留给读者自由想象的天地。（　）

④本文表面上是以作者的行踪为线索，实则是以“背影”为主线贯穿全文。（　）

2. 搜集有关朱自清的资料，完成下列填空。

资料助学：

写作背景介绍：《背影》写于1925年10月，当时作者在清华大学任教。1917年冬，作者的祖母去世，父亲朱鸿钧原任徐州烟酒公卖局局长，被解职。文中的“祸不单行”正是指这两件事。作者当时在北大哲学系读书，得知祖母去世，从北京赶到徐州与父亲一道回扬州奔丧。丧事完毕，父亲到南京找工作，作者回北京念书，父子二人在浦口车站惜别。

走近作者：朱自清（1898—1948），字佩弦，江苏省扬州市人。现代散文家、诗人、学者、民主战士。有诗文集《踪迹》，散文集《欧游杂记》等，收在《朱自清文集》里 。我们在去年学过他的散文名篇《春》，另外他还有其他散文代表作品《匆匆》《荷塘月色》《绿》等。

（1）《背影》一文是现代作家____________写的一篇反映____________的散文，我们曾学过这位作者的散文有________________和_______________。

（2）我看见他戴着__________，穿着黑布__________，深青布________，__________地走到铁道边，慢慢 ________ 下去，尚不大难。

（3）课文写了 __________ 次背影，着重刻画的是__________________。

找找读读

导语：父亲是一座山，伟大而坚强，扛起家庭的重担，压弯了挺直的脊背，他从无怨言，默默用自己的血汗浇灌着儿女成长。今天我们就走进朱自清的情感世界，从父亲的背影中感受这种至爱的亲情。

文中一共提到了四次背影，请找出相应的句子读一读，细细品味，体验情感。

读读品品

一、“实话实说”

1．说一说文中的父亲与儿子。(请找出例子)

例：从第4自然段中的再三嘱咐茶房中体现了父亲的细心，对儿子放心不下。

从________________________中体现了父亲的______________________。

从________________________中体现了儿子的______________________。

2．文中一共出现了几次背影？着重写的是在什么时候、什么地方看见的那个背影？

3．课题为“背影”，第2～5自然段为何不提背影，你认为这样是离题吗？

4．文中抒发了作者怎样的思想感情？

二、“交换空间”

1．如果你是文中的父亲你会怎么做？

2．如果你是文中的“我”你会想些什么？

三、“重点研读”

1．复述父亲过铁道买橘子的过程，体验父子之间的深情。

2．朗读第6自然段，勾画出描写父亲穿戴和动作的词语，体会这些词对表达父子情的作用。

四、“说说自己”

1．父亲给了儿子自己最真切的关怀，并给予他深深的爱，那么作者是否理解了父亲对他的爱？如果是的话，从哪里可以看出来？

2．说说自己的父亲，举一件令人感动的事情，注意定点放大生活的细节和体验。

3．说说你体验到的父爱。课外互相推荐有关父爱的文章，试着模仿课文写一篇歌颂父爱的文章。

结束语：同学们，当我们年轻时，个性张扬的我们也许不会懂得父母那蕴含在细微言行中的深沉的爱；当我们长大成人，自己为人父母时，甚至是经历了坎坷的人生后，我们才开始真正懂得感恩，但这时我们的父母已垂垂老矣。所以让我们现在就去发现和理解他们，并尽自己所能回报他们给予我们的无私的爱吧！

（课例设计：施　群）

智慧点示：

朱自清的《背影》是中学语文教材的经典篇目，其最大的特点就在于用朴实自然的语言表达作者真挚的情感。本文的教学重点是让学生体味精准的语言表达，分享作者的人生经验。教学的要领是在“情境”中不断地点拨学生的体验，不是靠概念讲解或思想说教，而是让学生能体悟到情感的表达方式、个性化的语言表达和语句章法。

本课的设计紧紧围绕一个“情”字，通过“实话实说”“交换空间”“重点研读”“说说自己”等教学环节，尽可能让学生在自主阅读、自主体验、合作交流中，感受作者与父亲之间至诚至真的情感。教学方法与文体相匹配，教师抓住了散文的文体特征，确定了散文的教学内容：作者的情感和散文的语言。教学重点是体味作者对父亲的感情。

《背影》教学的误区是：由于文中大量涉及有关“父亲”的内容，因此教师容易把对“父亲”的描写作为教学重点而大谈“父爱”，要学生说文中的“父亲”是怎样一个人，作者是如何描写“父亲”的，在最后通常还要学生写一写自己的“父亲”。《背影》既不是介绍父亲的传记，也不是讨论“父爱”的论文，而是一篇抒发作者对父爱的特殊体验与感受的散文。

朱自清在《文心序》中就这样论述阅读教学的弊端：“读的方面，往往只注重思想的获得而忽略语汇的扩展，字句的修饰，篇章的组织，声调的变化等，只注重思想而忽略训练，所获得的思想必是浮光掠影。因为思想也就存在于语汇、字句、篇章、声调里；中学生读书而只取其思想，那便是将书里的话用他们自己原有的语汇等重记下来，一定是相去很远的变形。这种变形必失去原来思想的精彩而只存其轮廓，没有什么用处。”

散文是一种自述体，要关注作者的行为体验和认识。散文除诗歌、小说、戏剧之外非典型的文学作品，具有其他文学样式所没有的独特性，更贴近生活，更注重写实性，更关注抒发个人情感的写意性和艺术表现上的灵活性。散文的语言是自由体，没有固定的规则限制，散文的魅力在于多样化的个体语言风格。因此，散文教学要让学生领悟文本作者独特的生活经验，要让学生学习用精准的语言表达自己的思想和情感。

课例三

给每一个孩子以温暖和热爱

——《甜甜的泥土》助学课例展示

学习目标

1. 概括叙事类的文章，理清文章的结构，把握文章主旨。
2. 掌握细节描写的写作知识，品味细节描写的表达效果。

读读找找

导语：泥土应该是苦涩的，怎么会是甜甜的呢？（解题设疑，明确：一包奶糖化为甜甜的泥土。）

1. 课文默读竞赛，简述故事情节。
2. 传授概括内容的基本方法，在文中找到关键词句，并归纳主旨。

记叙为主的段落：人＋干什么

描写为主的段落：景＋特征

（小组交流并合作完成以下知识线。）

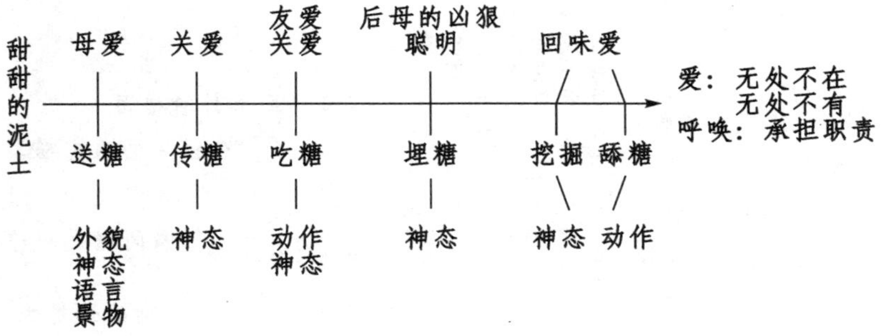

找找说说

找出细节描写的段落，品味细节描写的表达效果。

1．画出环境描写的语句（段落），有何作用？学生交流讨论。

环境描写的作用：（1）交代故事发生的时令。（2）为下文把奶糖埋在雪中伏笔。（3）为人物的悲剧命运定下基调。

2．画出人物描写的语句（段落），圈出富有表现力的词语，并开展交流讨论。

（1）“她，倚着学校门口的一棵杨树，一动不动，宛如一座雪雕。”

“倚着”表明站立时间已久，句式采用生动的比喻形象地刻画了母亲专心致志等待儿子，对儿子的至爱亲情呼之欲出。

（2）“一阵电铃的急响。她黯淡的眼神里，射出热切的光。”

采用画眼法，刻画了母亲将见到儿子时兴奋、激动的神情。“黯淡”表明不能看到儿子给她带来的创伤，“热切”表明即将见到儿子的激动。

（3）“她一阵晕眩，几乎站立不住，跌跌撞撞地扑过去，双手紧抓铁栏使劲地摇着。”

采用动作描写，富有表现力的词语：“跌跌撞撞”“使劲”，生动地刻画了母亲见不到儿子心灵受到的沉重打击。

（4）“几年级几班？”“今天，刚过，八个生日。”

看似答非所问的对话，由此可见，她好久没有与儿子见面了。

（指导学生品味语言的方法，让学生自由说话，学会自主阅读，培养学生语感。）

3．归纳并理解细节描写的方法：

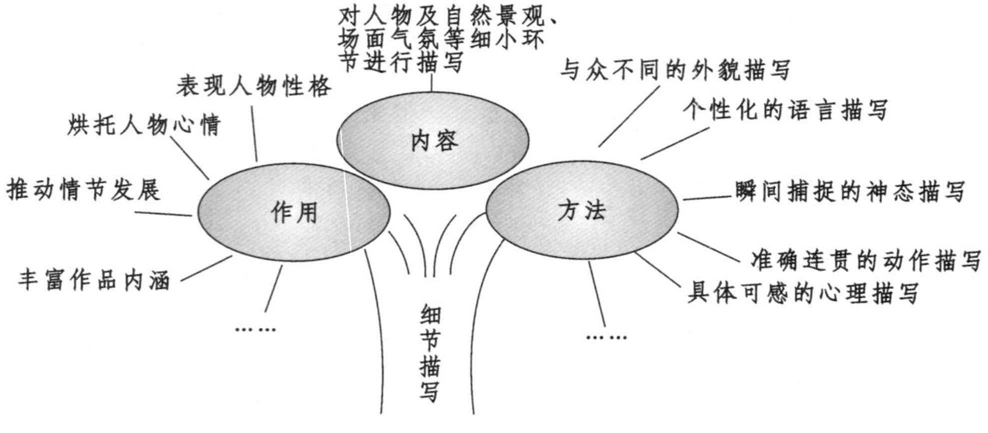

细节描写：是指抓住生活中的细微而又具体的典型情节，加以生动细致的描绘，它具体渗透在对人物、景物或场面描写之中。没有细节就没有艺术。同样，没有细节描写，就没有活生生的、有血有肉的个性的人物形象，丰富的作品内涵以及起伏跌宕的情节。

读读议议

1. 朗读课文（故事的结尾跳开不读）。请你来尝试为小说续尾。

2. 再读文中小说结尾，比较小说结尾的新奇，交流讨论：小说本应是悲痛式的结尾，为什么王小亮当时尝到的泥土却是甜甜的？这“甜甜的泥土”有什么含义？

结束语：母亲是个神圣伟大的称呼，让我们高唱一曲献给母亲的歌：“世界上有一种最美的声音，那便是母亲的呼唤。”（但丁）“人的嘴唇所能发出的最甜美的字眼，就是母亲，最美好的呼唤，就是妈妈。”（纪伯伦）愿天下所有像王小亮一样的孩子永远幸福快乐！

（课例设计：张金凡）

智慧点示：

《甜甜的泥土》是现代作家黄飞写的一篇小小说。小小说又叫“微型小说”“超短篇小说”。小小说虽然篇幅短小，但“麻雀虽小，五脏俱全”，仍具有小说的一般特点。小说通过一包奶糖化为“甜甜的泥土”的故事，表达了离异家庭的孩子渴望得到母爱的强烈愿望。这篇文章以一包奶糖为线索，通过送奶糖、吃奶糖、埋奶糖、化奶糖，使全文结构严谨，浑然一体。同时通过多处对比手法的妙用，推动了情节的发展，成功地塑造了鲜明的人物形象。立意新奇，给人新鲜独特之感。结构严谨，妙用对比手法。这个故事照理是一个悲剧，但作者却别出心裁，在结尾安排了一个喜剧性的结局。这是一个诗化的意蕴丰富的结尾，给人无穷的联想——让这些离异家庭的孩子获得了应有的爱和幸福。

本节课很好地把握了小说的体式特点，在“发现—提出”的思维过程中，培养学生的推理思维，在故事情节的分析中，开展扎实有效的学法指导，归纳并整理细节描写（环境描写和人物描写）的方法作用，通过“知识树”这一结构导图，让学生直观地记住小说叙事的主要方法。帮助学生学会概括文章内容的基本方法，在文中找到关键词句，并归纳主旨。尤其值得一提的是，教师对小说结尾的处理，抓住小小说的文本特质——小小说的结尾往往出人意料又在情理之中，让学生为小说续尾，比较作品的结尾，讨论交流小说奇妙之处。

小说是一种叙事性文学，是对讲故事的体验与认识。其语言的表现功能侧重叙事上，是讲述生活的故事，展现活灵活现的生活状貌，语言要形象生动，要设置一个设身处地、感同身受的审美空间，让读者在这个空间里获得真切的生活体验和逼真的审美感受，让人沉浸在故事发展变化的趣味之中。因此，小说教学一定要抓住小说的结构，从叙述语言、叙述视角、描述语言、人物语言、语言风格五个方面加以突破，帮助学生会读小说，爱读小说。

结构式助学要抓住两条线：以教学内容为“知识线”，是“明线”；而学习某一类知识或解决某一类问题的思维方式为“方法线”，是“暗线”。在整个教学过程中，教师始终用“暗线”控制引导“明线”。通过教师的引导，“知识线”使学生掌握了基本知识，“方法线”让学生形成了能力，老师的教法转化为学生的学法，学生在“学会”的过程中变得“会学”和“乐学”。学生通过掌握“两类结构”，有利于形成阅读的认知图式，并通过大量丰富的阅读实践，快速提高自己的自主阅读能力，这样学生就能自主地学习，独立地学习，高效地学习，最终实现教师少教或不教，而学生能多学的目的。

课例四

在表演中领悟戏剧之美

——《枣儿》助学课例展示

学习目标

1. 了解剧情，把握剧中的人物形象。
2. 品析剧本，体会老人和男孩的孤独与期盼。
3. 感悟人类“开拓生活”与“家园之恋”这对永恒的矛盾。

听听想想

1. 倾听童谣，导入新课。

师：听着童谣，同学们想到了什么？看到这个题目又想到了什么？

（一个关于枣的故事、也可以指人的名字，有关枣儿的故事。）

枣儿甜，枣儿香，
要吃枣儿喊爹娘；
爹娘给个竹竿竿，
打下枣儿一片片；
爹不吃，娘不吃，
留给娃娃过年吃。

师：也许现在还有很多人不了解这部戏剧，今天我们就为这场话剧拟一张海报。教师在台上预先准备了一张很大的彩色海报，上面有“编剧、剧情、主要人物、精彩看点、上演时间、主要演员、导演”等空白栏目。然后让学生逐个回答，了解本剧的梗概。

2. 比较异同，了解戏剧的特点。

童谣描绘的是一种怎样的生活场景？童谣和文中剧情有何不同？

明确：戏剧是一种以矛盾冲突来推动情节发展、塑造人物形象的舞台艺术。可以说，没有矛盾冲突就没有戏剧。正是有了一对对矛盾冲突，戏剧才精彩耐看。

3. 小组讨论：《枣儿》这出戏剧，围绕四个人物展开了哪些矛盾冲突？矛盾的双方、矛盾的焦点各是什么？

明确：老人盼望儿子回来，但是没有回来。盼望儿子回来，但是枣儿叔叔没有回来。巧克力与枣儿的冲突。焦点是男孩的父亲和男孩之间的矛盾，期盼他回来，却很久没有回来。

过渡：我们概括为“走与留”“等待与不归”，下面我们细细品味一下，老师找出几个片段大家分角色表演一下。

演演想想

1. 表演课本剧一

（多媒体展示：老人的等待 儿子的不归）

男孩：爷爷，你为啥把枣儿放在匾子里晒了又晒？

老人：我等儿子回来。枣儿回来了，就喜欢一边嚼枣儿，一边听我讲故事。

男孩：枣儿叔叔啥时候回来？

老人：不知道。

男孩：迷路了吧？（见老人沉默，自语）不会的。这棵树好大好大，会老远就瞧见了，枣儿叔叔哪儿会看不见？（见老人不语）爷爷，你怎么了？

老人：（仍在沉思。）

表演要领：关键点是“思”与“叹”。分角色表演这一幕剧，深入剖析老人的言行，揣摩其内心的失落与伤感。

2. 表演课本剧二

（多媒体展示：男孩的期盼 父亲的冷落）

男孩：（拍拍口袋）爷爷，我带回家吃。

老人：枣儿到了口袋里，就想回家了。

男孩：（低声地）……我在等我爹。

老人：爹嘛，天天回来的，急什么。

男孩：不，我爹他——

老人：他怎么？

男孩：我爹兴许今天能回来。

3. 表演课本剧三

（多媒体展示：男孩的“走”　老人的“留”）

男孩：我该回去了，我要回去等我爹。（将口袋里的枣放入匾子里）

老人：时辰还早呢，再坐坐。

男孩：爹回来会带巧克力，巧克力你吃过吗？可好吃了！

老人：（心事重重）你有了巧克力，就不会来了。

表演要领：关键点是“走”与“留”。品析文中三次“男孩要走，老人极力挽留”的片段，分角色表演这一幕剧，要求表演出老人和男孩的孤独与期盼。

4. 小组讨论：（1）讨论“枣儿”与“巧克力”哪个更值得追求。

（2）产生这些矛盾的根本原因是什么？

（多媒体展示：《回首20世纪90年代》

20世纪90年代，随着我国现代化进程的加快，农村青年大规模离开家园，闯荡世界。据统计，到90年代末期农村外出从业青年达1.2亿人，相当于有一半的农村青年外流，这种趋势随着人类历史的发展还在加剧。）

表演要领：关键点是“今”与“昔”，追寻老人往日的温馨，引发对老人今昔生活境况的思考。

（多媒体展示：

链接资料《开拓生活》

外面有一个广大无边的世界。这个世界充满艰辛，充满危险，然而又丰富多彩，富有刺激性。它总在诱惑着人走出家门。因此，人的内心总在呐喊：走啊走！

——曹文轩《前方》

链接资料《家园之恋》

“故乡，我要跪下去亲吻的圣地，我用大半生想象和乡愁装饰过雕琢过的艺术品，注定了终生要为你魂牵梦绕……”

——作家　王鼎钧）

想想说说

（多媒体展示）

男孩：我娘说，出远门的人有时候不认识回家的路了，只要家里人天天喊，他早晚会回来的。

提问："不认识回家的路"是否还有话外之意？

明确：因为还在努力奋斗打拼，也有可能在灯红酒绿的生活中沉沦了，迷失了，忘记了回来。无论多远，他们的心里总有个远方，总想回家和亲人团聚，然后就不再分开了，所以一直在奋力想赚钱。所以只是暂时迷失了。

思考讨论：剧本最后，他们在翘首期盼，他们盼望什么呢？呼唤什么呢？

感悟人类的发展进程带给我们的关于"开拓生活"与"家园之恋"这对永恒的矛盾。

师：我们就用这张海报作为宣传吧，其实大家呼唤的是一份真正的亲情……出远门的人该不该回来呢？

明确：即使是出了远门也应该回来，所有的亲人都在等待着你。在应该回来的时候回来，如果没有达到目标就继续打拼。如果心里觉得不如意了就回来，正如伏尔泰说，对于亚当来说，天堂就是他的家；对于亚当的后裔来说，家就是他们的天堂。

（多媒体展示：精神"回"乡

因为家，它是生存的寄居之地，又是生命的最终去所。失去了精神家园，灵魂就无所归依；离开了精神家园，个人便失去了生命凭借，成了漂泊天涯的游子。在人的开拓生活与家园之恋的生存悖论中，"故乡"将是一个永远的不断被追求着的梦。）

师：不管是回去还是继续远行，唯一不变的是我们要把亲情随身携带……因为家，它是生存的寄居之地……铃声响了，但是枣儿的戏剧还在上演，主角也许是你，也许是我……

（课例设计：杨烨楠）

智慧点示：

戏剧文本是代言体，是记录他人说的话的体验与认识。它集音乐、美术、文学于一体，语言风格适合舞台演出的要求，以激烈的矛盾冲突来表现生活吸引观众。戏剧语言必须是个性化和动作性，能推动剧情发展，演员容易说，观众容易懂。戏剧语言全凭人物对话和独白来刻画性格，推动情节发展，具有高度的个性化。这不同于散文的语言（自由灵活，多样化的语体风格），也不同于小说（以叙述语言为主，人物对话仅占次要地位，侧重于故事性），更不同于诗歌（以高度精练的语言为主，侧重于抒情性）。因此，戏剧单元的教学必须抓住戏剧的语言特点，最适合用表演的形式学习语言。

《枣儿》全剧围绕“枣儿”展开情节，描写了老人和男孩之间的一段亲切交往，表现了老人对儿子、男孩对父亲的深切亲情，反映了我国在现代化进程中的社会变迁。《枣儿》一课能紧紧扣住人物之间的矛盾冲突，在“结果—原因”的思维模式中展开对“开拓生活”与“家园之恋”这对矛盾的思索，这个话题是人类发展进程中必须直面的，具有广泛的生活基础，很能扣动普通人的情感心弦。

本课设计的亮点是抓住戏剧不同于其他文学样式的“舞台艺术”的体式特点，通过个性化语言、舞台表演动作、戏剧性的矛盾冲突，辅以学生的表演体验，引导学生了解戏剧文学，学会欣赏戏剧文学，受到戏剧文学的熏陶。在戏剧冲突中展现人物性格，让学生在表演中体悟戏剧的独特魅力。

课例五

该放手时就要放手

——《旅鼠之谜》略读课助学课例展示

学习目标

1. 学习运用概括提要的方式整体把握课文内容。

2. 理解本文独特的写法，体味其知识性、趣味性，学会生动形象地介绍科学知识，清楚明了地说明复杂事物，逐步提高写作能力。

教学过程

导语：一对北极旅鼠，一年竟能繁殖967118只！奇不奇！还有比这更奇的，一旦旅鼠太多了，毛色竟会变化，灰黑色变成鲜艳的橘红色，莫非要招引天敌来吃掉自己？还有比这更奇的，要是死不成，数百万只旅鼠就汇集起来，直奔大海，跳将下去，这叫“旅鼠死亡大迁移”。所有这些行为究竟是为什么？科学家们研究了好几个世纪，至今还没有解开谜团，这篇《旅鼠之谜》就详细地讲述了旅鼠的一个个奥秘。

独立学习

1. 看导语，默读课文，标注课文段落，画出每段的中心句。给课文划分结构，初步了解文意，圈点勾画，注意积累重要词语。

2. 搜集有关旅鼠的图片，作为学习的资料，可以制成课件。

展示成果

1. 结合课本注释和工具书注音，解释并抄写下列词语。

媲美　挑衅　笃信　徘徊　迁徙

2. 注意积累下列词语：

仓皇逃窜　紧追不舍　小心翼翼　急中生智　饶有趣味　自言自语　神秘莫测　无言以对　齐心合力　焦躁不安　东跑西颠　永无止境　无所畏惧　浩浩荡荡　前仆后继　全军覆没　难以置信　鼠目寸光　传宗接代　稀奇古怪　道听途说　若有所思

3. 用下列词语写一段语意连贯、观点明确的话。（100 字左右）

永无止境　无所畏惧　鼠目寸光　齐心合力

合作学习

1. 筛选信息，概括归纳北极旅鼠的三大奥秘，小组内交流。

2. 课文主要为我们介绍了旅鼠的三大奥秘，知识性强，但读来生动有趣，引人入胜。想一想，它和一般的说明文有什么不同？你认为文章的写法有什么独特之处？

3. 重点体味课文最后丹尼斯说的话，他说得有道理吗？为什么？

明确：（1）自然界本身具有调节作用，一旦打破生态平衡，就出现向新的平衡转化的趋势；(2) 从自然界的调节中人类应当觉悟：人类也应注意自我调节，以求和谐发展；(3) 科研过程要不断调整研究方法和思维方式，只有创新研究方法和思维方式才能解开大自然之谜。

4. 除旅鼠之外，其他动物也有一些奇异的现象。请根据你的观察和了解，写一段文字，说明某种动物奇异的表现及其原因，并在班上交流。(本题意在迁移应用，读写结合。培养科学兴趣，引导我们观察自然，研究自然。)

5. 复述“旅鼠”的第二个难解之谜。

拓展训练

北极昆虫的绝技

①在北极地区，由于环境严酷，气候恶劣，昆虫的种类要少得多，总共也不过几千种，主要有：苍蝇、蚊子、螨、蠓、蜘蛛等。其中，苍蝇和蚊子的数量很多，占昆虫总数的60%～70%。

②大的动物和鸟类，可以靠身上的长绒毛抵御严寒，但昆虫却永远只能赤身裸体。那么，它们怎样才能度过北极严酷的冬季呢？实际上，绝大多数昆虫，在一年当中大约有9个月的时间身体都处在冷冻状态，它们存在于土壤、泥巴或沼泽里，和周围物质冻在一起。我们知道冰是一种晶体，但是，如果昆虫的身体结晶的话，就有可能扭断它的脉管从而破坏其肌体。为了防止这一点，北极的昆虫们演化出了一种绝技，就是它们能够自动地将其细胞中的水分减少到最低限度，从而有效地避免结晶。还有北极的牛蝇，是一种极可怕的寄生昆虫，它将卵下在驯鹿的绒毛里，孵化出来之后即钻进驯鹿体内，顺着血管周游全身，长大之后又回到驯鹿的脊梁骨附近，穴没而居，而且开了一个天窗，以便呼吸新鲜空气，直到长成之后钻出驯鹿体外，进行新一轮的繁衍生殖。按理说，小驯鹿细嫩鲜美，又无防御能力，是最好的美食佳肴，但牛蝇却从不攻击它们。因为如果牛蝇在小驯鹿身上产卵繁殖，虽然要容易得多，但却有可能导致驯鹿群的锐减甚至灭种，到那时，牛蝇本身也就难以生存下去了。小小的牛蝇，竟早于人类数十万年之前就懂得如此深奥的道理，不得不引起人类去深思。不仅如此，牛蝇在每群驯鹿中下卵的数量也有一定的限制，它们使受卵驯鹿的头数保持在一定的比例，也尽量避免在同一头驯鹿身上下卵过多。如果在一群驯鹿

的身上下卵过多，就有可能导致整个驯鹿群的灭绝。而如果在同一头驯鹿的身上下卵过多，就有可能导致其死亡，或者由于体弱而被天敌吃掉。这样，它们的后代也就会随之同归于尽了。

③生活在北极的昆虫，还面临着另外一种特殊的困难。毕竟北极地广人稀，连动物也很稀少，昆虫怎样才能找到自己进攻的对象呢？据生物学家研究表明，蚊子身上有一种非常先进的红外线探测器，能在相当远的距离，准确无误地遥感到人和动物身上发射出来的红外线，从而顺藤摸瓜，群起而攻之。而人类所用的红外线探测器，只是最近几十年才发展起来的，不仅庞大笨重，而且所显示出的图像还模模糊糊。若与小小的蚊子相比，人类落后了不知有多少个世纪。至于那些蛾子和蝴蝶们，是怎样相距遥遥就能谈情说爱，就更使生物学家们百思不得其解了。

④在北极的陆地上进行野外工作，最可怕的东西是黑蝇。它们有非常灵敏的嗅觉，老远就能闻到人的气味，便立即成群结队地飞来，“嗡嗡”叫着，轰炸机似的，使人心惊肉跳。因为即使你穿再厚的衣服也没有用，它们那钢针一般的嘴，连脚上的老皮也能叮透，然后深深地扎进你的肉里，吸食你的血液。与此同时，还吐出一种毒液。被叮咬之处，凸起一个大泡，肿胀疼痛，甚至溃烂，那滋味可不是好受的。

⑤在北极，昆虫的世界就是这样奇妙。

1. 生活在北极的大多数昆虫遇到了哪些困难？它们是怎样克服这些困难的？

2. 第②段中“如此深奥的道理”指的是什么？这一点对人类有什么启示？

3. 本文的主要说明方法是什么？请举一个例子说明。

4. 从文中介绍的北极昆虫绝技中，我们可以得出一条什么自然规律？

结束语：同学们，课文通过“我”与丹尼斯的对话，我们知道了旅鼠奔赴死亡之约的神话不会像旅鼠从天而降的神话那样轻易消失。不管专家们如何澄清，这个神话会一直被当成一个科学事实、作为一个有教育意义的自然奇观流传下去。毕竟，对许多人来说，一个美丽的谎言胜过冷酷的事实。大自然的智慧是无与伦比的，它在无形地控制着自然的和谐发展。

（课例设计：张玲玲）

智慧点示：

本文是一篇科学小品，要求学生了解科学小品文的文体特点，了解北极旅鼠的三大奥秘，理解本文独特的写法，学会生动形象地介绍科学知识，清楚明了地说明复杂事物。本课教材编者定为略读课。教师在略读课中应该做什么？尽可能地把学习的空间留给学生。学生能做的尽量由他自己做，学生一时做不了的教师才出手帮忙。“道而弗牵，强而弗抑，开而弗达。”（《礼记·学记》）

“授之以鱼，不如授之以渔。”如果说精读课是为了传授捕鱼的技术，那么略读课就是学生利用精读课上所学的经验自己去运用实践。略读课的重点在于训练巩固学生良好的阅读方法和阅读技能，培养学生独立分析和探究的能力。本课“独立学习”和“展示成果”旨在培养学生自主学习的能力，“合作学习”环节旨在培养学生筛选信息、概括归纳、鉴赏文本的能力。尤其是本课紧紧抓住科学小品的独特体式，让学生思考“它和一般的说明文有什么不同？你认为文章的写法有什么独特之处？”

略读课的实质是帮助学生发展。学习的阅读行为不是教师能替代的，最终必须由学生独立完成。学习要靠每位学生的自觉行动，这种自觉有两个起点——自读（书中学）和自做（做中学）。因此，语文教师一定要从精读课的窠臼中跳出来，为了学生的语文能力的提升，该放手时就要放手。在学生独立完成任务时要放手，例如让学生复述“旅鼠”的第二个难解之谜。让学生思考“除旅鼠之外，其他动物也有一些奇异的现象”，以及同类题材同类主题的拓展阅读《北极昆虫的绝技》。

略读课教师要关注学习的核心处，即新旧知识的突变处、思想的发生处、概念的形成处，激活学生原有的经验（知识、生活、思维）。避免学习内容的碎片化，指导学生从整体把握知识，鼓励长期的独立学习，如一个学期、一个单元等。另外，课后反思也要学生独立完成或学生互助完成。形式上可以多样化，例如有全组反思和个体反思，有综合反思和分科反思，有学习内容反思和方法过程反思，还包含了优劣得失的归因和今后的态度瞻望等。在这样的课堂上，学习主体性得到了最充分的体现。学生之间互查、问答、质疑，甚至直接代替教师进行全班领读、答疑、小结、评价，最后带着更多的问题离开。

略读课从文本体式来看，主要是非文学作品和非典型的文学作品的阅读，基本操作流程如下所示：

略读课训练式助学操作流程图

独学	⇄	群学	⇄	审学	⇄	反思
明确目标		学生质疑		方法提炼		学生自评
尝试练习		小组互练		当堂训练		错题提炼
复习旧知		教师点拨		交流互审		教师点评

1. 实用科技文——展示式助学。

非文学作品包括实用科技文（科普文章、访谈、新闻、演讲、调查报告、传记等）和社科论说文（论文、评论、杂文等）两大类。当然包括为个人而阅读的非连续性文本，如书信、电子邮件、小说、传记、书籍或杂志、地图、博客等；为公共应用而阅读的材料，如通告、规则、计划、小册子、报纸、表格；为工作而阅读的材料，如说明书、手册、时间表、备忘录、报告、数据表、图表等；为教育而阅读的材料，如文章、地图、图表、数据表等。

实用科技文是为了增长知识，发挥潜力，并参与社会活动，强调运用阅读知识与技能来解决现实生活情境中的问题。通常，课型流程是明确目标→独立学习→交流反馈→方法梳理→反思小结。重在用展示阅读成果或过程的方法，达到教学的预定目标。

展示分两个层次：各小组小展示和全班大展示。对于展示中需要教学的问题而学生没有展示的，老师可以通过字条或提问的形式进行穿插巩固。学生在预习中已经掌握的内容不展示。需要展示的主要是学生有疑难、有困难、容易出错、与日常生活联系紧密、能培养学生能力和创新思维的内容。这就要在预习课时切实把握准，否则，展示就会五花八门，甚至乱七八糟，偏离或严重偏离教学目标。展示后要以优等生讲解为主，这样才能保证质量和培养优生，同时，也不能让优等生承包，不能形成优等生讲，中下等生听的课堂局面。结好对子，让学生一帮一，一对红，只有这样才能“兵强兵”。学生是课堂的主人，老师是课堂的组织者、策划者、引导者、参与者、合作者、评价者和提升者。

2. 社科论说文——思辨式助学。

社科论说文的教学关键是理清论说的三要素，梳理内容内部的逻辑关系，学习说理的方法和技巧，并在类似话题的论说中训练学生的思辨能力，重点是全面的、发展的、矛盾的哲学观点分析问题和解决问题。展开辩论其实也是另一种特殊的展示方式，需要学生之间展开思维的碰撞，将问题的思考引向更深一个层次，打开思维的广度和深度，训练思维的灵敏度。

【知识链接】

链接一　文章究竟有多少种类，中外古今说法不一。最基本的分类法把文章分为记叙文和论说文。如果再分细些，从这两种里把“记”和“叙”“说”和“论”分开，就成四种：记述文、叙述文、说明文、议论文。这种分类都不过是大概的说法，指明文章有这几种性质而已。实际上一篇普通的文章往往含有两种以上的性质，全篇纯是一种性质的文章不能说没有，可是很少见。每篇文章的性质虽然难得全体一致，但各部分究竟逃不出上面所讲的四种或两种的范围。哪一种成分较多，就属于哪一种。（夏丏尊、叶绍钧《国文百八课》）

链接二　依据文本体式确定教学内容，首先要面对的问题是如何辨识文本体式。文本体式，即文本文体的特定样式，好比一个人，既具有作为人类的共性特征，又具有自己独特的个性风采。文本体式包含体变、体性、体貌三个基本要素，辨识文本体式，需要对这三个要素加以系统的考量。了解“体变”、明确“体性”、认识“体貌”构成了辨识文本体式　进而确定教学内容的三个考查维度。（步进、史玉辉《辨识文本体式　确定教学内容》）

链接三　当然，语文教学是不能忽略“文本体式”的。但我这里所说的“文本体式”是大略或者说大体来分的。基础教育中的语文教学文本体式意识应该分为叙述体、议论体、说明体、应用体，而诗歌、剧本则另当别论。

从课改的角度讲，最好不要固守一些这样或那样的教条。这不仅指狭隘的体式论，也包括我所说的广义体式论。因为我们的学生从小学到初中再到高中，文本解读，特别是叙述体文本解读，充斥在语文课堂的话语都是一样的，什么主旨、细节、形象、性格、视角、过渡、照应、悬念等等，所变的只不过是故事的篇幅长短，内容简单与复杂的程度而已。这从心理上讲也是让学生厌烦的，文本解读需要走出这些窠臼，语文老师要多练两套把式。（徐江《要有正确的“文本体式观”》）

链接四　好的阅读教学，往往基于合适的文本解读；不那么好的阅读教学，其原因往往是不顾文本体式，采用了不恰当的解读方式、阅读方法。比如散文，不管是什么体式的散文，不少教师都采用“整体感知”“重点段分析”“词语揣摩”的模式，这样的“文本解读”方式，不出问题才是怪事。

阅读是一种文体思维，即对某一种特定体式、特定文本的理解、解释、体验、感受。“阅读能力≈阅读取向+阅读方法”。阅读取向，是指抱着什么样的目的、以怎样的姿态看待文本；阅读方法，就是对某种体式的文章，应该看（注视点）什么地方，从这些地方看出（解码和解释）什么来。阅读教学要做到两方面的工作：指导学生抱着合适的目的去看待特定的文本；指导学生在特定体式的文本里，能从重要的地方看出所传达的意思和意味来。文本的教学解读，是指教师在备课时需要依据文本体式来解读课文，进而确定合宜的教学内容。（王荣生《依据文本体式确定教学内容》）

链接五　要读懂并讲清楚这篇文章，关键在于要弄清其文体：这是一篇说理的散文，而不是描写、纪实的散文，更不是抒情的散文。（钱理群《说什么“理”，如何“说理”》）

链接六　在中学教育中，我们长时期以来用整齐划一的、类似于对作品进行定性的教学参考书来指导教师的教学与学生的学习，使之得到强化的手段则是高中毕业会考与升入大学必经之路的高考。这种教育造成的怪现象，是关于一首诗、一篇小说、一篇散文的思想内容的解释，乃至于形式特点，是有定性的答案的，教的方法也是标准的流水线操作。（王富仁、郑国民《作品与阐释：文学教学引论》）

后　记

张水鱼

时间滑落到2012年末的时候，我在《语文教学通讯》初中刊“课堂”板块做主持人也整整10年了，加上做语文教师的10年时间，厮守语文与课堂，是整整20年的时光。

有10年的时间，我沉浸在语文的曼妙和课堂的琐碎里，用俯首躬耕的劳动践行自己的教育理想；有10年的时间，我站在了课堂的幕后，隔着文字去审视课堂里发生了和发生着的一切，看语文教研潮起潮涌。

也许是因为这两份工作的关系，我对语文与课堂有着别样的情结，对于工作在语文和课堂田野里的语文教师有着格外的关注和别样的瞩望。策划这一套丛书，一是想总结一下20年的工作积累，二是想呈送给语文老师们一份精致而实用的礼物。

与其他科目相比，语文课堂更注重走向心灵。最有魅力的语文课堂是作者（文本）、教师、学生心灵交融的情感场。走进作者的心灵，就需要重视对文本的解读，并立足于学情进行合理而有创意的教学设计，进而引导学生发现语文之美、生活之美、人情之美。这样，发现与创造的“精彩”往往也会不期而至。

当然，课堂教学永远是遗憾的艺术，每一堂课都不是完美的，而不完美的部分正是需要修正和改进的地方，是我们的进步空间。所以，课后老师们还需要细心听取他人评价，并能就课堂教学之利弊谈点自己的看法。这也就同时进入了教学反思阶段。对课堂教学进行反思，一个重要的技能就是能把所讲的课说出来，写出来。这里还涉及一个教学写作的问题。

鉴于以上种种情况，这套丛书最早定位于这样6本：《文本解读的智慧》

《教学设计的智慧》《课堂生成的智慧》《课例品评的智慧》《教学反思的智慧》《教学写作的智慧》。因为精力有限，后两本书尚未启动，以后有机会也许能再续前缘。而《教学设计的智慧》一书因为内容多而细，分为“阅读”和“写作”两块，即《阅读教学的智慧》和《写作教学的智慧》两本。目前呈现在大家眼前的就是这样 5 本书。

如果说关于这套丛书的构想是一个创意点的话，那么这个创意的背后却是一个宏大的工程。因为编写者不仅要自己是语文教学的高手，具备一定的写作能力，更要有工作的热情。完成这套书，需要在浩瀚的杂志与报刊中采集花种，广泛吸收近年来所有语文开创者和践行者的智慧，在这些已经被认可的精神产品中再行采集与筛选，并进行艰苦的叩石垦壤、披沙拣金的工作。这些工作，使我在细读丛书的过程中一次次被感动，并忍不住为他们独特的发现和阐释喝彩。

现在，看到这套丛书的终校稿，我感慨万千，要表达的感谢实在太多。

首先要感谢余映潮老师。作为当今课堂教学艺术上的一座高峰，他对这套丛书的出版给予了充分的肯定，这使我有了坚持下来的勇气。在丛书筹划阶段，他百忙之余还对各本书职能的切分和体例的调整给出了建设性意见，并参与了整套丛书的终审，亲自撰写了丛书的序，这些实在让我感动。

其次要感谢每本书的主编。没有他们在语文教学方面的研究和存储为积淀，没有他们的俯首耕耘，这套书也只能存在于我的想象中。编写一年来，从选题论证的集思广益，到编写过程中的碰撞交流，以及生动的编写故事，都值得反复回味。《课例品评的智慧》一书的主编冯大海老师说过：丛书的智慧，不唯追求用语的整饬，更主要的是着眼于智慧点的精准提炼，通过精要的阐释，让一线教师在阅读时，一眼就能捕捉到课例品评的妙处，力避不着边际的叙述，耗费读者的时间。冯老师为了出精品，除调配优质教师资源，还动用了自己 10 多年来积累的库存。这些宝贵的积累不只体现在教学方面，还包含文学评论、文学欣赏，甚至是文化的、哲学的内容，他将最近的文学社科方面的新成果提供给大家，为其他编者提供了重要参照，开阔了视野。

再次要感谢书中涉及的所有作者。书中除编者的精心撰写外，一些在国内有影响的名师也加入其中，如黄厚江、李卫东、蔡明、郑桂华、王君、王佑军、邓鑫、沈建军老师等。作为国内课堂教学的领军人物，他们提供的稿件不仅是教学艺术的展现，还闪烁着学说的魅力，弥漫着创造之芬芳，提升了丛书的品质。此外，丛书引用了一些课例或者案例文本，对这些独到的文字，以及文字中体现的作者的实践智慧，我表示敬意。对最早刊载这些文章的语文类报刊，如《语文教学通讯》《中学语文教学》《语文学习》《中学语文教学参考》等杂志的编辑同仁也表示深深的感谢，是他们最早从海量来稿中选出来的宝贵成果，丰富了语文丰收的原野，这是语文人之幸。书中我们选用的这些案例，有部分作品未能与作者取得联系，请作者朋友在看到本书后与我们取得联系，以便表达我们的谢意。面对语文，我们友谊长存。

最后我要感谢山西教育出版社的刘晓露女士。她精细的工作作风以及孜孜以求的敬业精神是我学习的楷模。

此刻，在丛书即将出版之际，我对亲爱的读者朋友说几句心里的话：

课堂是个宝地，它既是一块可以种植的肥沃田野，也是一座蕴藏丰富的矿山；既可以种植，也可以开采。所以，朋友们，用你的智慧创造课堂的惊异，用你的爱心品享课堂的精彩。观察课堂，阅读课堂，阐释课堂，调整课堂，创造课堂，充实自己的教研生活，丰富自己的教育人生。

如果说，这套丛书在教研生活中能给你带来一点帮助，那是我最大的快意。如果你在阅读和使用的过程中发现了书中的疑点，还请不吝赐教，来信交流，以便再版时调整、更正。

与你同行，真好。